罪惡鑑定人

資深測謊專家與14名殺人犯的心理對決，
識破連續殺人、分屍凶案、滅門謀殺的暗黑真相

劉一◎著

高寶書版集團

目錄

CONTENTS

自序

大家好，我是測謊師劉一，寫這本書的初衷是想透過行為分析學將形形色色的案件呈現在大家面前，以引起大家的警惕，遠離犯罪。同時，具體描述犯罪的特徵，希望大家能夠透過通俗易懂的「讀心術」和「識人術」，及早預知危險，遠離傷害。

在寫作過程中，我漸漸又賦予了文章其他的意義：善良就應該被歌頌，邪惡就應該受到懲罰。生命至上不只是原則，更應該是信仰。

我在書中的隊友，都有真實原型。

劉隊是我的大學師兄，他當過十年緝毒警察，當過十六年刑警，後被任命為刑事偵查一組組長，我們都叫他「劉隊」。根據內部可靠消息，劉隊獲得過「八一勳章[1]」，公安部[2]為了保護相關人員的人身安全，所有表彰均不對外公布，因此他經常被我們調

1 授予軍人以獎勵建立卓越功勳人員的勳章，是其現行榮譽制度中最高階。
2 負責安全和治安管理、管理戶籍、出入境等的機構，類似於警察機關。

侃為「隱祕而偉大」的存在。

他對於緝毒的經歷總是三緘其口，我只知道劉隊身上有四處槍傷，一處距離心臟不足兩公分。我曾經試探著問過他一次，遇到「麻煩」時，第一時間在想什麼——我把「死亡」弱化成了「麻煩」，希望將「過往」的心理傷害降到最低。

劉隊點了一支菸，左手大拇指戳在太陽穴上。這個動作代表糾結，他應該是擔心我不相信他要說的答案。沉默了片刻，他說：「什麼也沒想，當時我聽到了國歌，真的，從腦袋深處傳出來的。」

鄭爺大名鄭鶴天，做了一輩子痕跡證物檢驗工作。他興趣廣泛、博學多才，從本職工作到鬥蟲、遛鳥，再到火星遺跡無所不知。又因為他是滿族人，我們就幫他取了一個外號叫「鄭爺」。他累積的「微物跡證」經驗，可以從足跡判斷出對應的嫌疑人，以及嫌疑人在近十年內的身體狀況和體重變化。

李時是刑事技術科主任法醫，刑事偵查一組成員之一。他在醫學院當助教的時候，曾經用自製的炭火爐在上面煮頭骨標本，下面烤地瓜。這絕對不是傳言，而是真實發生過的。他沒有「潔癖」之類的職業病，冷不防地會蹲在街邊的一滴血跡旁，一本正經地告訴我：「有人在流鼻血。」

我曾經問過他：「你到底怕不怕鬼？」李時靦腆一笑，說：「怕。可是妳怕的鬼也許正是別人朝思暮想也見不到的人。」

其實作為一名警察，我也有職業困惑。一直困擾我的問題是：「一個人為什麼會成為罪犯？」在完成這本書之後，我似乎有一點釋然了。

比如一個酒鬼，在酒精的麻醉下，可能會大哭大笑、胡言亂語、胡作非為，可是這種「酒勁」只能讓他暫時忘記困境，脫離煩惱。清醒之後，他想要擺脫的東西還在，需要承擔的責任和義務也沒有絲毫改變，需要付出的代價反而更大。

剛當上警察的時候，我認為讓人做出錯誤決定的是情緒。做警察的年頭多了，經手的案件多了，我才終於意識到：讓人做出錯誤決定的不是情緒，而是認知。

當你遇到了不公正的事，試著用合理合法的方式去抗爭；當抗爭無效，你可以換個環境、換個活法，提升自我。當你真正站起來，再回望當初的自己，發現不知不覺間已經走過萬水千山，你早已不是當初那個魯莽的自己，這就叫「拉大犯罪距離」。提升了認知，拉開了距離，犯罪的可能性也就變小了。

最後要聲明一下，為了保護文中當事人和有關單位的隱私，本書中的相關人物名稱、地名和單位名均為化名，如有雷同，純屬巧合。

第一案　沉重如山的愛

在母子關係裡，愛到極致，比恨更可怕

案發時間：2011 年 4 月

嫌疑人：陳一博

涉嫌案件：不作為殺人

嫌疑人陳述證詞之表現：

- 表情漠然，抿緊嘴唇，沉默不語
- 雙膝不自主內扣，雙手合攏，後背緊緊貼著椅背
- 縮身、低頭
- 鼻孔擴大，頭部不自主地輕微晃動

你好，我是劉一。

當你讀到這段話，意味著你即將進入我的測謊室，完成一場真實的謊言測試。

正式測謊之前，請你熟讀並默記以下內容：

你有一個女朋友，你很愛她，但是察覺出她對你不忠。

你借著旅行的名義開車帶她去爬山，趁她在車上睡覺時，你解鎖了她的手機。

手機裡的曖昧訊息讓你怒火中燒——她果然出軌了！

於是，你在帶她爬山的時候，找機會把她推了下去，並用火在沙石地裡焚燒了她的屍體。

不久後，你因為「女友失蹤」接到了警方的傳喚。

記住你的身分了吧？

好的，現在，讓我們開始。

你好，我是測謊師。

你的女友失蹤了，你是本案的第一嫌疑人，我們將進入測謊室對你進行測謊。現在已經確定，你的心理、身體狀況良好，無心臟病、癲癇等特殊病史，當日無感冒、發燒等症狀，無吸毒、酗酒史。請你在測謊協議書上簽字確認。

我會在你的食指、無名指、腹部連接一些感測器，同時使用高解析度攝影機。放心，這些儀器對你的身體不會造成任何影響。

儀器就緒，現在，我會問你幾個問題，請你如實回答。

「你的姓名？」

「你的年齡？」

「你的興趣？」

「性格特徵？」

「這裡面有四組動態模擬圖，分明標注了A、B、C、D四個選項，請你在心中默選一個。」

A. 海水

B. 沙漠

C. 火焰

D. 水果刀

現在，我要猜你選中了哪個。

你選擇的是「C.火焰」，對嗎？

在我說到「C.火焰」時，儀器讀取到你的脈搏和血壓有明顯起伏，「膚電」也有類似反應。

我想……你失蹤的女友，已經被你放火焚屍了。

不承認？別急、別急。

你看儀器上的這條綠色線條，它代表膚電反應。膚電反應可以反應人體汗腺分泌的情況，你說謊時，這個峰值很高，圖譜很明顯。同時，「心電」也伴隨著變化，說謊時人的生理反應是控制不了的。

根據綜合測評系統的結論和微表情辨識分析，我認定你對本案知情——你在說謊。

人為什麼會說謊？有些人是為了融入周圍環境，有些人是顧及他人感受，有些人是為了避免傷害，有些人是為了化解衝突，而有些人是為了逃脫法律制裁。

我是劉一，某地刑警隊女刑警，也是一名測謊師。

測謊經常被大家神化成「讀心術」，其實這個工作並沒有你們想象中那麼神祕。作為測謊師，確實要有過於常人的地方——敏感性和預知力，因為測謊師要測的不是「謊言」本身，而是案件背後的真相和動機。將測謊儀資料與受測者的微表情、語言動作等現場反應結合起來，觀察偏離基準的身體表現特徵和行為特徵，才是我工作的本質。

作為一名有十二年從業經驗的測謊刑警，我深知只有將專業技能、心理素質與應急機制相互結合，才能確保測謊過程中的公正性和準確性，這也是理性分析和敏銳洞察的基礎。

我工作的測謊實驗室是特別訂製的。測謊室採用封閉設計，沒有窗戶，北邊有一塊巨大的「單向」玻璃。從測謊室內部來看，這就是一塊玻璃隔斷；而對於隔壁的刑警組來說，測謊室裡發生的一切都一覽無餘。這種設計可以確保測謊過程無干擾和私密性，同時也能保證測謊室內的人員安全，提高聯合辦公的效率。

測謊室面積約四．五坪左右，牆體為乳白色，而為了防止受測者突發自殘、自傷行為，牆面使用了防撞壁貼。這個房間給人的第一感覺比較像家裡的客廳，舒適的環境可以營造輕鬆的談話氛圍，讓受測者舒緩情緒，進入狀態。

房間北邊有一把可以調節高度的測試椅，側邊有兩張辦公桌，用來擺放測謊儀、電腦、感測器、印表機等工作設備；而房間朝南是以綠色植物為主的背景牆，可以穩定受測者的情緒。

我做測謊這一行，純屬「逼上梁山」。

十六年前，距離高考還有一百〇五天。

公式、考卷、垃圾桶裡殘留的泡麵湯汁、厚得像瓶底一樣的眼鏡片，這些並沒有給我帶來很美好的青春回憶。我基本上放棄了讀書學習，完全「躺平」，甚至擅自把課桌椅搬到了教室後門。班主任在兩個星期之後發現了我的這種行為，她得出一個結論：叛逆期來得不是時候。

在一個炎熱的夏日，我從掰彎的鐵欄杆縫隙鑽出了學校。

學校後面是一座廢棄的公園，裡面長滿了雜草。公園外面有一排平房，是批發市場用來儲存貨物的倉庫。

我坐在公園的涼亭裡放空。不知過了多久，身後傳來腳步聲。

我回頭一看，是個五十多歲的男人，粉刺臉加禿頭。

「小妹妹，我帶妳去玩呀！」

軟綿綿的口音讓我起了一身雞皮疙瘩。

他笑嘻嘻地向我靠近，透過涼亭周圍高高的雜草，我注意到他的下身：軍綠色的褲子已經褪到了腳踝，堆著的褲子裡露出一雙紅色高跟鞋的鞋尖！

紅，是那種特別炫目刺眼的血紅；尖，是那種非常銳利戳人的尖。

我嚇得大叫了一聲，他看起來更加興奮了，繼續向我靠近，嘴裡說著：「小妹妹，一起玩呀！」

「救命呀！」

我下意識呼救。喊聲高昂、尖銳，好像能傳得很遠，連我自己都覺得很陌生。

他被嚇了一跳，趕緊提起褲子。逃跑的時候，他左、右手各拎著一雙鞋，左手是紅色高跟鞋，右手是黑色帆布鞋。

糾結了很久，我開始後怕，萬一那變態再來糾纏怎麼辦？最終我選擇了報警。

結局很出乎我的意料，警察通知我去指認嫌疑人，紅鞋男人已經變身為穿著工作服的批發部老闆，一副敦厚老實的模樣，站在他老婆身後，那雙紅鞋就穿在他老婆腳上。

那個老闆沒說話，他老婆指著我的鼻子破口大罵：「現在的女孩子不學好，年紀不大倒學會勾引男人了，還惡人先告狀。」她的嘴裡蹦出各種生殖器官稱呼，意思就是我冤枉了她老公。

警察叔叔用懷疑的眼神看著我，問：「是不是認錯人了？」

我覺得很委屈，嗓子哽得說不出話來。

警察又說：「李老闆在這條街已經做了十幾年的生意，為人老實，誠信經商，按時納稅，鄰里關係很好。妳確定是他嗎？」

雖然我不清楚警察所說的這些優良特質和他的變態有什麼直接關係，還是倔強地點點頭：「是他。」

學校人事室室長陪我一起過來認人，聽了警察叔叔的話，馬上站到敵方陣營，賠著笑說：「可能是個誤會。」他還轉身罵我，「妳要是不蹺課，在教室裡好好讀書、天天向上，怎麼會惹出這麼多麻煩？」

我一時啞口無言。

變態老闆的胖媳婦看警察和學校老師都站在她這邊，更加肆無忌憚，甚至衝過來用力推我，嘴裡還罵著：「你看她那副德性，肯定是學校的小太妹，不是好東西。」

變態老闆也開始落井下石，說我羞辱他，要求我賠禮道歉。

有一種惡，叫顛倒黑白。

我在各方壓力下，血液湧上腦袋，憤怒到顫抖，卻說不出一句有力的證詞。我努力控制自己，不讓眼淚掉下來。當時我覺得如果哭了，就是輸了。

人事室室長看我寧死不屈的樣子，替我妥協：「她平時腦子就不太清楚，看在她還是學生的份上，原諒她吧！」

就這樣，在所有人都看似正確的對話裡，我成了那個說謊的人。

那一刻，我忽然覺得這個世界很荒謬，好人想證明自己是好人，遠比壞人讓人抓住作惡的證據要難得多。

就在那個夏天，我做了決定，我要當警察。

後來，原本是吊車尾的我經過最後一百天的拚命努力，終於考上了警察學校。雖然是全校最低分，但我還是成功了，憤怒果然更有力量。那一年，是警校開設測謊專科的第一年，我義無反顧地選擇了這個大家都不熟悉的專業領域。

測謊技術興起於二十世紀初，它以生理學等各類學科為基礎，逐漸被應用到刑事司法領域，統稱「刑事心理技術」。目前的測謊技術儀器有測謊儀、聲紋測謊器和高解析度攝影機三種。

當時測謊在歐美國家比較盛行，主要用來輔助偵查、運用於軍事等方面。這門技術剛剛起步，最早只作為反貪的輔助工具。但近年來，在刑事訴訟中已經開始廣泛應用測謊技術，旨在透過捕捉、分析受測者在測試過程中產生的一系列生理反應，確定對方是否說謊。

我當時的心態很單純：如果我擁有一種特異功能，能識破謊言，對犯罪嫌疑人一劍封喉，那有多厲害。可是當我真正進入這個行業，才發現想要掌握這門技術，並沒那麼容易，因為很多專業知識完全是挑戰常識的。比如高智商的人更容易暴露，反而是那些看起來平平常常、遵紀守法的普通人更難識別。謊言如同生長在他們身體上的一個隱形器官，甚至成為一種本能的保護色。

高智商的人會有計畫地說謊，考慮的細節比較多，反而會出現「破綻群組動作」，在動作、語言、聲調、微表情都會有一定表現。這些密集的暴露點或許能騙過普通人，卻會成為測謊師眼中的突破點。

普通人來不及計劃，會應激性地說謊，出現的「破綻群組動作」較少，通常是一、兩個動作，比如顫抖或者吞口水，緊張也會造成這種情況，因此是不足以證明這個人在說謊的。謊言對於這類人來說是本能，本能比計劃更難識破。

測謊師實際上就是另一種「心理醫生」，我們要看到器官背後的病變，瞭解病因，最好能親手切除它們。

這些年，我看到了形形色色的案件：為了一億，豪門贅婿被人殘忍殺害；整了八次容的殺人犯在逃亡期間，上大學、創業、經營企業、談戀愛，甚至生孩子；凶手憑空消失，在死者背後刻上「情書」……這樣驚悚、怪異，卻又發生在真實世界裡的故事，我見識了太多、太多，於是，我選擇寫下它們。

我會把自己經歷的案件以一種特殊的方式展現，以測謊儀為放大鏡，讓你看到謊言背後的世界。

那裡的天空黑暗且詭譎，地面是晃動的，充斥著各種生物，有的天真無邪，有的殘暴血腥。

那是一個你從來沒有見過的世界，是另一種暗網般的存在。

二〇一一年四月二十六日，受我處刑警中隊委託授權，經嫌疑人陳一博自願同意，我準備對陳一博進行測謊。

陳一博涉嫌在母親劉瑜珍服用過量巴比妥（安眠鎮靜類藥物）之後，沒有緊急急救，導致其呼吸衰竭、循環衰竭，造成不可挽回的損害，繼而死亡。

陳一博在警方訊問過程中稱對母親的死亡不知情，更沒有見死不救，堅稱是母親自主服藥不慎造成的。經警方查證，劉瑜珍的確長期失眠，經常購買那種藥物。

本案最大的疑點是陳一博在母親去世後第三天才選擇報警，其間劉瑜珍的屍體一直仰臥在自己房中。警方懷疑陳一博是為了讓藥物揮發，因此拖延報警時間，但巴比妥屬於緩慢散發藥物，在屍體剖驗中還是被檢測了出來。

開始測謊之前，需要進行許多相應的準備工作，大致可以分為三個階段。

首先要聽取刑事偵查隊員及鄰居、親友等周遭人員對案情的詳細介紹，之後調閱、分析案卷文件，最後還要到案發現場實地勘查。

我在調閱案卷時，發現陳一博家是單親家庭。他十歲時，父親有了外遇，和劉瑜珍離婚。家庭關係破裂，使母子二人的感情更為緊密。

劉瑜珍是小學教師，據同事和鄰居反映，她在照顧兒子這件事上無微不至。

陳一博從小體弱多病，劉瑜珍不讓他做任何家務，甚至連陳一博的內衣、內褲都由劉瑜珍來洗。陳一博國中時，劉瑜珍還在餵飯給他吃。同時，劉瑜珍對兒子的要求非常嚴格，如果成績不好，就會懲罰——讓陳一博高舉考卷在家門口罰站是常態。好在陳一博很爭氣，成績一直名列前茅。

劉瑜珍的死亡時間在四月二十日晚上十點左右，身體沒有任何外傷和暴力侵害的痕跡。我和辦案刑警小李決定先回到案發現場進行實地勘查。

距離劉瑜珍死亡已經過去四天了，警戒線還沒有撤。房內物品擺放整齊，可以說整齊到嚴苛的程度，堪比紀律部隊。洗手間裡，母子二人的毛巾都折疊成了正三角形，牙刷刷頭朝同一個方向放。

劉瑜珍的房間沒有異常。翻看相冊時，我發現劉瑜珍保留著陳一博從小到大的所有照片。在一家三口的老照片中，陳一博父親的部分已經被剪去，照片中只留下一隻手。

來到陳一博的房間，我看到他的房門後掛著一個很舊的背包。打開背包，裡面空無一物，卻散發出一種類似於過期糕點的奇怪味道。

我把背包倒過來，輕輕抖動，一些碎屑灑落在提前擺好的證物袋上——像是餅乾的殘渣。我和小李準備拿回生物鑑識科化驗。

四月二十五日，生物鑑識科出具報告，從陳一博包裡抖出來的殘渣是狗飼料。

測謊通常分為背景瞭解、測前會談、激勵測試（模擬測試）、主測試和測後會談五個部分，其中激勵測試是知情測試法的一種，是測謊前的預演。測謊師會在正式測謊前向受測者講解測謊問題，對於受測者不理解的地方做出解釋。

有些受測者的程度不高，不容易理解題目，在這種情況下，測謊師就需要將題目的內容解釋清楚；有些受測者在回答問題時會使用方言，而某些詞彙在不同地域表達的含義可能不同。比如「窩心」在中國北方表示難受，在南方卻表示貼心，意思截然相反，很可能讓受測者產生誤解。在這種情況下，測謊師就需要將這些詞彙做注解。此外，一些語音上的差別也要做標記。

激勵測試的前三組題目被稱為「基準問題」，是衡量受測者是否說謊的指標。基準問題包括一些常識問題或已知問題，如姓名、年齡、職業等，有確定答案。

測謊師還會準備一份應急預案，也就是另外一套測謊問題在突發情況下使用，以應對受測者撕毀測試題，或者看到部分題目受到刺激突發精神障礙等情況。

在激勵測試中，測謊師還需要覆核受測者的生理反應（這裡的生理反應指的是健康狀態）是否正常，合理調整儀器參數，為後審工作做好準備，這也是為了提高測謊的準確率。

測謊師要經過系統的學習和嚴格的訓練才具有出題資格。測謊師會透過搜集受測者在回答問題時的現場反應和生理反應，來判斷受測者的心理狀態。

測謊本身是為協助刑事偵查、為精準訊問做準備，全面確認嫌疑人涉案的可能性，所以也叫「多變項心理測試」。

測謊問題通常是有針對性的，針對受測者的成長背景、經歷以及涉案細節，可分為兩大部分，包括準繩問題測試和涉案問題測試。題目會以小組形式出現，最多為六組，每組十題。前兩組被稱為依據題，即準繩問題測試，是對受測者已知問題的瞭解，比如姓名、年齡；後面是與案件相關問題的測試，根據受測者對兩類問題的反應，可以清晰判斷其是否有說謊行為。

我根據掌握的資料，針對陳一博設計了六組問題。

測謊開始之前，我和陳一博做了一次溝通，告訴他警察機關使用測謊儀時，非常慎重，不會以其結果定案，更不會以測謊儀替代刑事偵查工作，請他不要緊張。另外，我需要瞭解他對案件的知情程度，還要確定幾個案件細節，最重要的是向他解釋清楚測謊的整個過程，包括全部測謊題目的內容，以防因理解不同造成誤解。

在整個談話過程中，陳一博一直低著頭，表情漠然，最後自願在協議書上簽名，主動接受測謊。

四月二十六日上午九點整，在確定心理、身體狀況良好，無心臟病、癲癇等特殊病史，當日無感冒、發燒等症狀，無吸毒、酗酒史後，陳一博進入測謊室。

整個測謊過程由我主持，我分別幫陳一博的手指和腹部連接呼吸感測器、脈搏感測器、膚電感測器以及血壓感測器。這些感測器並不奇特，和在醫院裡見到的醫療器械差不多。

感測器連接測謊儀（一個路由器大小的黑色小盒子）後，會在我的筆記型電腦上顯示圖譜，藍線代表呼吸，綠線代表膚電，紅線代表血壓，黑線代表脈搏，這四條曲線將會詮釋身體密碼中隱藏的人性密碼，將身體反應轉換成可識讀的圖譜，讓我可以目測「謊言的樣子」。

測謊正式開始。

「我不是來審訊你的，只是技術部門的測謊師，來幫助你自證清白。首先，我們要進行的是激勵測試，算是個小遊戲吧。這種測試可以提高測謊儀對比分析的準確度，同時也能讓你瞭解一下測謊儀的性能。」

我把一個平板電腦放在陳一博面前，螢幕上有四個頭像。

「你可以看到螢幕上面有四個人物，分別標明了A、B、C、D四個選項，你可以根據個人的喜好隨意選出一個。」

回到工作檯後面，我問：「選好了嗎？我現在要根據你的反應圖譜開始猜你選中了哪一個。」

我依次報出頭像的名字：「A.執業律師、B.甜美蘿莉、C.中年女性、D.高中同學，你選擇的是『B.甜美蘿莉』嗎？」

陳一博略顯驚訝地點了點頭。

「我在讀B的時候，你的脈搏和血壓有明顯起伏。儀器的準確率很高吧？」

其實，這四個形象的背後，代表他生活中接觸的四類人群。A代表法律，B代表女朋友，C代表母親，D代表朋友。

「我們要開始正式測試了，準備好了嗎？」

陳一博點點頭。

「你的名字叫陳一博，是『博士』的『博』？」

「是。」

「你今年二十五歲嗎？」

「是。」

「你在疾豐電腦公司工作？」

「是。」

「你和母親的感情很好嗎？」

陳一博停頓了一下：「還行。」

聽到這個問題時，陳一博左手食指輕輕內扣，顫抖了一下——這表示他對相關問題有所顧忌。

回答以上問題時，嫌疑人思緒清晰，語調平和，儀器沒有任何異常反應。

「母親對你進行教育時，使用過暴力嗎？」

呼吸感測器輸出的藍色曲線突然大幅度波動。

陳一博抿了抿嘴唇，沉默不語。

「我……十一歲那年，放學回家，發現日記本的鎖被撬開，我媽偷看了我的日記。她把日記撕成一片片的，扔到垃圾桶裡。我在日記裡寫暗戀同班一個女生，寫我媽每天逼我吃有腥味的豬腦，還寫了以後要考一所離家很遠的大學，遠到她再也找不到我，等她老了，也不回來看她。」

「你母親很生氣嗎？」

「是的，她當時正在剁餃子餡，手裡握著菜刀。我記得，她突然舉起菜刀朝我揮了揮。她當時的表情我一輩子也忘不了，好像真的要把我砍死。那天晚上，她罰我不准吃晚飯，跪在地上寫一千次『我錯了』。」

「你和母親經常發生衝突嗎？」

「沒有……她精神有問題，經常會情緒失控。我曾經建議她去看醫生，結果她覺得我有病。」

「她情緒失控和你女朋友有關嗎？」

陳一博一臉驚詫，身體縮進椅背：「我沒有女朋友。」

當事人想隱藏一些想法時，會減少身體的曝光面積，做出縮身、低頭等動作，盡量遠離提問者。

我面前的圖譜顯示：陳一博對相關問題的反應明顯大於激勵測試時的反應，尤其是在聽到與母親有關的問題時，膚電反應圖譜高峰迭起，幾乎接近臨界點，對應率達到百分之八十以上。

膚電反應即皮膚電導反應，表現出來的是人體汗腺的分泌情形。人在說謊時，身體能量的改變促使汗液大量分泌，這種變化會透過食指和無名指上的感應器傳輸到測謊儀上，再透過測謊儀的「翻譯」以圖譜的形式呈現，讓說謊行為具有可視性。圖譜上的峰值越高，說謊的可能性越大。

排除情緒波動因素，我可以判定他在試圖隱瞞一些事實。

「你喜歡哪一類書籍？」

「沒有什麼特別喜歡的。」

「有什麼個人愛好嗎？」

「我喜歡小動物。」

圖譜恢復平穩。

「養過小動物嗎？比如小貓、小狗。」

「上國中的時候養過一隻小狗。」

「後來為什麼不養了？」

聽到這個問題，陳一博出現了遲疑。

「我媽說不衛生，她對狗毛過敏。」

「小狗被你母親拿去送人了？」

「被我媽……摔死了。」

「為什麼會摔死？」

「我媽說，我要考進百人榜前十名，才可以養。結果那次我失誤了，只考到了三十五名。」

我停頓了一下，注意到陳一博在語氣用詞上和同齡人有所區別：他的表達更加單純直白，不會刻意掩飾，對於不想回答的問題通常保持沉默。

我開始進入涉案關鍵問題組。

「你母親服藥過量那天，你們也發生了爭吵嗎？」

「沒有。」

陳一博在回答這個問題時，低下頭，雙膝不自主內扣，雙手合攏，整個人緊緊貼在椅背上。他的說謊動作是以組的形式出現的，可以分為三個階段：低頭，是為了盡量減少表情曝光，以防對方找到破綻；雙膝內扣，是為了提醒自己保守祕密；雙手合攏、後背緊緊貼著椅背，是為了讓身體呈現關閉狀態，將自己「縮」起來，盡量拉開我們之間的距離，以防被識破。

「你熟悉母親吃藥的習慣嗎？」

「睡不著的時候才吃。」

高解析度攝影機抓拍到他頻繁眨眼，表明他有衍生心理狀態，在這個問題上他有所隱瞞。眨眼之後出現吞嚥動作，表明他有情緒波動——螢幕上的膚電反應值有所上升。

「服藥過量那天，你母親失眠的原因和你有關？」

「不清楚。」

說這句話時，陳一博鼻孔擴大，頭部不自主地晃動了兩次，看來他在對我說謊的同時也抱有很大的敵意。我的問題喚醒了他腦海中某些不愉快的回憶，晃動代表他想要拋開或者甩開，他很討厭那些回憶。

「記得你母親的生日嗎？」

「應該是七月，確切日期我記不得了。」

「還記得她為你做過最感動的事嗎？」

沉默。

「還記得她對你說過的最溫暖的話嗎？」

沉默。

陳一博的第一輪測謊工作結束。接下來是針對每組問題開始重複提問，這樣做是為了比較相同問題上的圖譜變化，以便更準確地進行測謊評估。這次測謊大約會進行兩個半小時。

在第二輪開始之前，陳一博突然提出中斷測謊。

陳一博的集中反應說明測試已經擊中其心理要害，在測謊中他對主題問題，也就是涉及母親問題的反應明顯大於回答激勵測試問題時的反應。

儀器顯示，說謊機率為百分之七十八。

說謊機率是根據受測者對問題的敏感性反應，由特異性公式在電腦中計算出來的。陳一博在回答與母親的感情如何、是否有女朋友、母親失眠原因這些問題時，出現的躲閃性動作便屬於敏感性反應——即他在說謊。在母親是否服藥這一關鍵問題上，他膝蓋內扣，脈搏、血壓峰值較高，這也屬於說謊表現。在這些涉案問題上，如果圖譜峰值的平均值很高，就會被認定有說謊反應。

陳一博不承認自己說謊，並質疑儀器有問題。

針對他的質疑，我平靜地向他解釋：「你看這條綠色的線是膚電反應的線條，膚電反應就是人體汗腺分泌的情況。你在回答一些問題時，這個峰值很高。峰值越高表明說謊的可能性越大，說謊時，人的生理反應是控制不了的。」

根據電腦測評系統的結論，我認定陳一博對本案知情，即在測謊鑑定書上認定陳一博「有說謊或隱瞞反應」。

得知結論後，他沉默了十分鐘，然後突然雙手抱頭，哽咽著說道：「可以說是我害死了她，也可以說不是。」

隨即，我們把陳一博帶到隔壁的口供室。

測謊打開了突破口，在他心理防線最脆弱時很容易拿下口供。

口供室內，面對我和兩名刑警，陳一博開始講述他的成長經歷。

「我討厭我媽，甚至可以說是憎恨。她用『人肉炸彈』來控制我的一切。我曾經想過，要麼她死，要麼我死，否則誰都無法解脫。」

「你能解釋一下『人肉炸彈』是什麼意思嗎？」

「就是透過傷害她自己增加我的內疚感，讓我聽話，達到控制我人生的目的。我長得非常像我爸，有時候她會把我當成我爸的替身，只要不聽她的話，她就會用各種方法來威脅我、折磨我。上國中時，我爸偷偷來學校看過我兩次，還接我出去吃過幾次飯。她知道了，一連三天躺在床上，不吃不喝，一定要讓我答應她，以後再也不見我爸。我知道離婚的錯主要在我爸，但他對我還是挺好的。我媽一再威脅我，我才答應。之後，她還讓我轉學，徹底斷了我和我爸的聯繫。」

看到陳一博有些激動，我把一杯水放到他面前。

「高一時，我住校。那時候玩心重，我和室友翻牆出去通宵打網咖。老師發現後，打電話告訴我媽。她把我帶回家，替我辦了走讀證[3]，每天親自接送我上、下學。她斷了家裡網路，拆了我房間門鎖，賣了家裡電視，就是為了切斷所有干擾，隨時監督我讀書。那段時間我非常害怕回家，覺得家對於我來說像一座監獄，讓人窒息。

有一次，我蹺課了，在公園坐了一整天。晚上回家時，她很平靜，還做了一桌子我喜歡吃的菜。奇怪的是，她把家裡的存摺藏在什麼地方，瓦斯、水電怎麼繳費之類都很詳細地告訴了我。

半夜我起來上洗手間，差點被嚇死。客廳的牆壁上到處是紅字，嚇死人了。我也不知道是用血寫的，還是紅色的筆寫的——是一封很長的遺書。

她穿著她最喜歡的裙子坐在沙發上，還化妝了，右手握著一把手術刀，並架在左手的動脈上。她說，我讓她失去了活下去的動力和勇氣，生不如死。從那以後，我再也不敢違背她的意願。」

劉瑜珍先用自殘的行為對陳一博進行感情綁架，進而開始無節制地進行情緒勒索。此時，陳一博激動了起來：「成績不好，自殺；上學蹺課，自殺；偷看課外書，自

3 用於准許學生不在學校住宿，在規定時間內離校回家的憑證。

殺。自殺、自殺、自殺！自殺成了她威脅我的撒手鐧，每次都能翻出新花樣，上吊、跳樓、通電、跳橋。我快要被她逼瘋了。難道我是她用自殺『塑造』出來的兒子嗎？我從來不是我自己，我都不知道我是誰，應該做些什麼，能做些什麼。她就會說『聽媽的，媽都是為了你好』……我很想逃離她，又沒辦法離開她，我真的怕她出事。」

陳一博把手插進頭髮裡，狠狠揪著頭髮——嫌疑人的情緒開始不穩定了。

我試著轉換話題：「你女朋友的出現，緩和了你們母子之間的緊張關係，還是激化了矛盾？」

「妳怎麼知道我有女朋友？」陳一博顯得非常吃驚，身體頻繁換了幾個姿勢。

「你母親服藥過量和你女朋友有關吧？你還記得確定測謊基準的四個選項嗎？你選了『B.甜美蘿莉』，代表你正在戀愛或者被異性吸引。我接著問你有沒有女朋友，你回答沒有，但你的身體大幅度後靠，說明你想隱瞞事實。

當我問你母親為什麼失眠，你回答不知道，但測謊儀的數值有明顯的波動。在案卷調查時，周圍的人都說你沒有朋友，很少外出。把所有線索串起來，可以推測你現在很可能在談戀愛，而且女朋友應該是在網路上認識的。

被你母親發現之後，她對你女朋友不滿意，非常生氣，你們發生了爭執。之後你母親情緒失控，要服藥自殺。

這一次，你沒有阻攔，眼睜睜看著她把藥全部吞了下去，對嗎？」

「不是的，不是妳說的那樣，我沒有。」

沉默了幾分鐘之後，陳一博接著說：「一個月前，我在網路上認識了一個女主播叫小雪。她不是特別漂亮的那種女孩子，但是很溫柔，說話聲音很好聽。我需要找個地方發洩，才找她聊天，時間一長覺得挺投緣，就開始打賞[4]給她，還加了她的微信。

她小時候的遭遇居然和我很像，這讓我們有了更多的共同話題。後來，她不再要我的錢，只是每天陪我聊天，我們還約好一起去大城市工作。沒想到，這件事被我媽發現了。我過生日的時候，我媽送了我蘋果手機當生日禮物。我還挺高興，沒想到她在我的手機裡安裝了監控軟體。

她罵小雪是騙子，想騙我的錢，想毀了我，還罵我和我爸一樣都喜歡狐狸精，身體裡流著雜種的血，是匹忘恩負義的狼。我說我和小雪是真心相愛的，一定會過得比她和爸爸好。她又哭又喊，撒潑打滾，說我翅膀硬了就要離開她。

我當時很生氣，就告訴她，這一次絕對不會讓步。我要獨立的生活和人生，不希望她再囚禁我，我不是她的私有財產。她拉著我求我一輩子留在她身邊，說她會幫我找一

4　即贊助實況主或是直播主，臺灣通常會說「斗內」（Donate）。

個門當戶對的女孩子，如果不聽她的話一定會後悔的。

我聽了更生氣，甩開她的手就走了。沒想到三天後回來，發現她真的自殺了。她躺在床上一動不動，我……」

陳一博開始哭。

「雖然我對她從愛變成恨，但更多的是可憐。她一輩子都沒從失去我爸的陰影中走出去。我可以原諒她的自私獨裁，可她就是不肯放過我。我也不願意讓她死，她畢竟是我媽。」

「你這三天去了哪裡？」

「我……我去了南山果園。」

「你去南山果園幹什麼？」

陳一博躊躇了一下，說：「我去南山果園餵狗。」

我一下想起陳一博包裡的狗飼料。

劉瑜珍的死亡時間大約在晚上十點。按照陳一博的交代，他坐當天下午五點多最後一班車到達梨花洞，上山餵狗再下山，至少要四個小時。

陳一博說，晚上九點多，他還在梨花洞小超市買了泡麵，當晚住在一戶果農家裡，然後待了三天，那麼他就不具備做案時間。

訊問結束，我們專案組一行三人趕往南山果園梨花洞。梨花洞距離市區有兩個多小時的車程。

我們在村裡確認了情況與陳一博說的基本一致，還請了一位當地的村民帶我們去梨花洞。這裡原本是個旅遊區，因為來的人少，漸漸荒廢了，路非常難走。

陳一博之前告訴我們，他買了一對母子狗，將牠們關在梨花洞裡做飢餓實驗。陳一博說，那兩隻狗代表母親和他。他媽是感情飢餓，母狗是肚子餓，二者沒有本質區別。

一開始，陳一博每隔幾天就會去梨花洞餵食，起初給充足的食物，後來漸漸減少食物的量。直到最後三天，他已經不餵狗食物了，只餵水。他說：「我相信那隻母狗最後一定會把小狗吃掉，而那一天就是我和小雪離開的日子。」

我們直到靠近洞口也沒有聽到任何動靜。從陳一博上次下山到我們上山已經過了三天，同事小李猜小狗很可能已經餓死，或者被自己的母親吃掉了。

洞口被粗大的梨花木樁封住，當我們三個跟著村民靠近洞口時，都嚇呆了。

我們看到奄奄一息的母狗躺在地上，眼睛直愣愣地盯著洞口；小狗趴在母親身邊，嘴裡叼著母親的乳頭。乳汁早已被吸乾，小狗依然不停地吸吮，因此乳房開始滴血……

我們費了不少力氣才把木樁移開，此時母狗已經沒有力氣進食。村民用水把狗飼料泡軟，慢慢給母狗灌下去。最終母狗和小狗都活了下來，村民把牠們帶回自己家養了。

回來後，我們把拍攝的影片拿給陳一博看，他目瞪口呆，突然跪在地上號啕大哭。

陳一博平靜之後終於承認，他預料到母親可能會出事，但是他在餵狗時，看到母狗的目光始終在小狗的脖子上，並且用舌頭舔舐小狗的脖頸，所以認定母狗早晚會吃了小狗。他狠下心，沒有回家——也就是說，陳一博在預知母親可能死亡的情況下不作為。

陳一博可能涉嫌不作為故意殺人，也可能會被判定為對死亡風險認知不足，並被無罪釋放，一切都要等待法庭最後的判決。

今後，他不再有母親的指引和約束，但可能會有對母親的一份愧疚。

相依為命的母子不是不愛，而是太愛。愛到極致比恨更可怕，母親的「恩重如山」可能會將孩子擠壓變形。

他是妳百依百順的兒子，卻唯獨做不了自己。

用生命去滋養孩子是偉大的，用愛去勒索卻是一種殘酷。

第二案　在死者背後刻上情書

一旦開始，就像上癮一樣，再也停不下來……

案發時間：2011 年 5 月

嫌疑人：王國、許萬金

涉嫌案件：女性連環凶殺案

嫌疑人陳述證詞之表現：

- 眼角、嘴角下垂，咬肌回縮
- 蹙眉、上唇用力、瞳孔放大
- 臉頰輕輕抽動，四肢輕微內斂，聲調下降
- 腳尖內扣，眼皮閃跳
- 瞳孔瞬間放大，伴有吞嚥口水的動作

陳一博的案件剛結束不到兩週，我就遇到了自己從警以來最大的敗筆，讓一個殺人犯從我眼皮子底下溜走了。

二〇一一年五月十四日，天府新城社區外停著五輛警車，警車周圍聚集了不少人。我跳下車，抬頭看了看二單元[5]頂樓六〇一。

六〇一的窗戶上掛著粉紅色窗紗，窗上貼著的「囍」字有些褪色。

那裡就是案發現場，被害人李爽是一名護士。

報案人是李爽的丈夫楊光。楊光在隔壁市工作，每個週末會按時回家與妻子團聚。十四日上午九點多，楊光回到家，打開房門，發現妻子正端坐在客廳的椅子上。他喊了兩聲，妻子沒有回應，走近一看，發現妻子已經遇害了，於是馬上報警。

天府新城社區位於近郊，在舊城區東南方向，屋齡在二十年以上，居住在這裡的勞動階層和外來人口居多，人員結構複雜。

走進二單元，我發現裡面沒有加裝電梯，沒有裝監視設備，每層樓有兩戶人家。我爬上六樓，看到六〇一位於樓梯左側，門前已經拉起了警戒線。室內地上已搭好了踏板，痕跡鑑識科正在現場取證。

5 指的是社區各棟大樓入口的編號。

我一邊穿鞋套，一邊觀察室內布局。

六〇一是兩房一廳，房門沒有被破壞。一進門是客廳，裡面十分整潔，沒有被翻動過的痕跡。客廳東邊是主臥和次臥，客廳朝北的廚房和陽臺相連，陽臺上掛著不少女士衣物。陽臺西側的一扇凸窗半敞著，窗戶上沒有加裝防護網。

我認真觀察著房間結構，試著模擬出凶手可行的入室路線：先從樓梯間窗口翻到擋雨的水泥板上，再從水泥板踩著五樓陽臺頂部攀上死者家的陽臺，然後從半敞的凸窗進入房間。按照這種推論，凶手身手不錯，甚至可能會一些功夫。水泥板到陽臺的距離將近兩公尺，這麼高的樓層普通人很難跨越。另外，現場沒發現任何繩索之類的保護措施留下的痕跡。凶手若是徒手攀樓，膽量非同一般。

進入客廳後，我沒有聞到血腥氣。相反，我聞到一種類似洗滌劑的香草味道。屋內一塵不染，地板上還有用拖把擦拭過的痕跡。

痕跡檢驗科組長鄭鶴天正在現場勘驗。鄭鶴天參與過數起重案、要案的偵破工作，經驗極其豐富，我們平時都稱他為「鄭爺」。

鄭爺在拍照固定，李時站在一旁，緊皺著眉頭。

見到被害人李爽那一刻，我的第一感覺是死者正處於「進行時」——凶手讓她保持著一種奇怪的狀態。

李爽坐在椅子上，頭部微微向左側傾斜，頭上戴著護士帽，穿一身白色的護士服，看起來彷彿正在工作。更為離奇的是，她的下身只穿了一雙黑色絲襪，襪子是新的，可以聞到衣服固色劑特有的味道。

她化著妝，妝容有些濃重，但很精緻，假睫毛黏貼得非常好且緊密貼合，臉上有斑點的部位還用了遮瑕筆，手法專業。她的眼睛微睜，目視前方，臉上殘留著少許血跡，但沒有明顯傷痕。

最讓人匪夷所思的是，她面前的桌子上擺放著兩盤剩菜和四個空啤酒瓶。四個啤酒瓶排成一條直線，瓶口上的標籤一致向東，桌子正中央是一副已經分出勝負的撲克牌。

從撲克牌的牌面看，很明顯，死者一側輸了。

鄭爺說：「第一現場在主臥，主臥的床上和牆壁上都有大量噴濺血跡，之後屍體被搬到了客廳的椅子上。」

李時開始進行初檢，他將李爽從椅子上放下來，讓她平躺在地板上，摘下李爽的帽子後，找到了致命傷。

李時一邊驗傷一邊說：「從死者的屍僵和屍斑看，死亡時間大約在凌晨一點到三點之間。凶手用類似錘子的鐵器直擊被害人頭部，造成其嚴重的開放性顱骨損傷，被害人當場死亡。現場沒有掙扎、反抗的痕跡，死者應該是在睡眠中被殺害的。殺死被害人之後，凶手清理過屍體。」

我問：「你的意思是，凶手先在主臥將李爽殺死，但是沒有急於離開，沒有盜取財物，而是清理屍體，化妝，再將屍體搬到客廳的椅子上，接著擺好飯菜，拿出啤酒，一邊吃喝，一邊和死者玩撲克牌？」

鄭爺說：「我覺得有這個可能。從痕跡上看，凶手進行了兩次現場清理。首先清理的是屍體，他將李爽殺死後，脫掉染血的睡衣，為死者洗了澡，處理了頭部傷口，之後幫死者穿上工作服和絲襪，又化了妝，再將死者放到客廳的椅子上。」

看著桌子上的菜盤，我問：「會不會是受害人生前自己擺好的食物？」

鄭爺搖頭：「不可能，餐具、酒瓶上沒有任何指紋，說明凶手處理了痕跡。如果凶手沒碰過那些東西，沒必要去處理痕跡吧？」

我判斷，從做案凶器和手法上看，凶手應該為男性。離座椅最近的一張撲克牌到桌邊的擺放距離是二十八公分，而人的小臂和身高的比例是一比六，據此估算，凶手的身高可能在一百六十五公分到一百七十三公分之間。酒瓶標籤方向一致和現場被清理得很乾淨，表明凶手很可能有強迫症和潔癖。

鄭爺接著說：「凶手第二次清理現場時，將有血跡的被子、床單、枕頭、睡衣塞到洗衣機裡，之後用清潔劑打掃了現場，抹去了所有遺留的痕跡，還帶走了自己的凶器。

因此現場沒採取到任何有價值的指紋和腳印。」

李時又補充說：「從死者化妝程度，以及洗滌衣物、地面清理的清潔程度來推斷，凶手從殺人到離開至少逗留了一個半小時。」

「凶手很有經驗，做案的整個過程穿鞋套、戴手套，甚至可能戴著帽子。我懷疑凶手有前科，並且心理素質很強。」我說。

李時脫掉死者的護士服，在內衣後背處發現浸染狀血跡。將死者翻轉，剪開內衣，我立刻倒吸了一口涼氣。看看李時和鄭爺，也是一臉錯愕。

在李爽的後背，刻著一個奇怪的文字，手掌大小，乍一看像是用匕首之類的凶器胡亂劃上去的。可是仔細觀察，這的確是一個完整的漢字，甚至可以看出運筆的連貫性。

這個字的左面是個「亻」旁，右邊的上半部分是「文」字，下面是「女」字。

這個字怎麼讀，代表什麼意義？我們三個面面相覷。

再看屍體被小心翼翼盛裝打扮的模樣，難道是情殺？這個字難道是一封「情書」？

我一時也是頭大。

現在唯一可以確定的是，凶手在行凶時帶了兩樣凶器：一把錘子和一把匕首。

李爽被害的時間是五月十四日凌晨，局裡對案件非常重視，成立了「514」專案小組，限期破案，特准由我們一隊負責偵辦案件。

案情分析會上，能拿到的線索少之又少。

李爽，二十八歲，社會關係簡單，做護士六年了。丈夫在隔壁市工作，每個週末回家。二人沒有孩子，李爽只有一個妹妹在本市。透過周邊調查，我們很快排除了熟人做案和仇殺的可能性。

李爽後背上那個奇怪的文字一直在我腦袋裡轉，劉隊也提議從那個字入手。

《新華字典》、《辭海》、《辭源》、《廣韻》、《康熙字典》擺滿了桌面。由於有些工具書的查閱方式和現在常見的不同，我們熬夜通宵，最後終於在《康熙字典》上找到了那個字——這個字讀「ㄇㄠˇ（mǎo）」，但是字典裡面居然沒有注釋。

我們聯絡了博物館的考古專家，他解釋說這個字有兩層含義：一是代表心愛的端莊美人；另外一個含義截然相反，有淫邪和妓女的意思。這個字在現代使用頻率不高，偶爾會出現在字帖裡。

文字的意義是否和死者的衣著搭配相呼應？上半身護士服代表聖潔的端莊美人，下半身黑色絲襪代表淫邪？我聯想到凶手刻字時的運筆和專家說的字帖——究竟是凶手喜歡書法，還是單純地挑釁警方呢？就在我們陷入僵局時，「嫌疑人」被抓到了，伴隨而來的是另一起案件。

這起案子發生在五月二十六日，距離「514」案件只有一週多，案發地點在水晶宮。同樣是舊城區，距離天府新城社區不到兩千公尺。報案的是一位經營服裝生意的女老闆，叫許芹。

許芹離異多年，孩子住校，人際關係簡單，每天的生活三點一線。進入五月，本市的天氣已經熱起來了。晚上為了通風，她把陽臺上的推拉窗開了一半。

半夜十二點多，許芹起夜，迷迷糊糊感覺到陽臺上有動靜。她來到陽臺，不由嚇得半死：廚房門擋住了她的部分視線，她沒看到人臉，只看到一隻腳正從窗外面往裡伸。

許芹大叫一聲，癱軟在地上，窗戶上那隻腳飛快縮了回去，消失了。許芹連滾帶爬地跑出了自己家，叫醒了隔壁鄰居。鄰居幫她打了報警電話，因為報警及時，我們的巡邏車在柳丁巷口抓到了一個騎電動摩托車的可疑男人。

在訊問室裡，男子交代他是外地人，剛到本市一個多月，爬陽臺是想入室行竊，但不承認自己是「514」案的凶手。

警察搜查了男子住的租屋處，沒有找到和「514」案相關的線索和證據。但由於案發時間、做案地點和方式與「514」案高度相似，經局裡批准，我們決定對這名男子進行測謊。

坐在測謊室裡的男子一臉驚慌，看著滿桌的儀器，以為我們要上刑，嚇得直哆嗦。

我替他接上呼吸感測器、脈搏感測器、膚電感測器，以及血壓感測器，然後打開高解析度攝影機，測謊正式開始。

「姓名？」

「王國。」

「年齡？」

「三十八歲。」

「職業？」

「還沒有找到工作。」

「是第一次做案嗎？」

「是第……第一次。」對方開始出現應激性口吃，膚電、心電也有波動。

膚電波動表明汗液大量分泌；心電是心動週期性變化，精神壓力會造成週期紊亂，這種紊亂會以波浪線的方式顯示在圖譜上；應激性口吃則是指某些受測者在緊張或者說謊的狀態下會出現的應激性語言障礙，比如口吃、詞語排列混亂、邏輯不清，甚至說不出話等。綜合以上反應，王國有說謊傾向。

「再想想，是第一次嗎？」

「警官，真的是第一次，以後再也不犯了。」

眼角、嘴角下垂，咬肌回縮──表演型動作。

眼角和嘴角下垂表示後悔、放棄；咬肌回縮，則表示警惕和防備。兩組動作一放一縮是相互矛盾的，如果同時出現在臉上，證明他的表情是表演出來的──他在騙人。

王國和我對視的時間超過三秒，眼神沒有躲閃，瞳孔輕微放大。

說謊者為了讓對方相信自己，會出現一種試圖掩蓋謊言的「逆向」反應，比如直視對方的眼睛、提高聲調等。此時，他的膚電反應波動值為9962，超過基礎值9600（每臺機器設置的參數不同），也指向他在說謊。

「你是怎麼選擇做案地點的？」

「那一帶都是老樓，好爬；路窄，警車開不進去，逃跑的時候不容易被抓住；還有單身女人特別多。」

天府區工廠密集，租金便宜，交通便利，而舊城區一帶的單身女性工作者確實多。

「為什麼要選擇頂樓？」

「頂樓容易得手！」

王國的犯罪經驗提醒了我，攀爬頂樓雖然危險，卻是最隱蔽、最容易得手的。

「你認識這個字嗎？」我把列印出來的被害人李爽身體上的字展示給他看，讓他辨認。

王國歪著頭看了半天：「警官，不認識。我只有小學畢業，沒什麼見識。」蹙眉、上唇用力、瞳孔放大——思考性動作。測謊儀數值正常，他在關鍵問題上沒有說謊。

我又把李爽的生活照和其他女性的照片混在一起讓他逐張辨認，他在看照片時頭部前傾，身體對我呈開放狀態，精力集中。當他看到李爽照片時，測謊儀沒有捕捉到瞬間痙攣反應。

他回答：「都不認識。」

王國的身高只有一百五十公分，心理素質一般，做案時用了繩索，沒有攜帶凶器也沒有戴手套之類的防護措施。再結合測謊反應來看，雖然是入室盜竊的慣犯，但他不是「514」案的凶手。

我們把王國交給轄區派出所處理，案件的線索又斷了。

六月十三日，我們接到報案，住在天府區南宛社區的售貨員趙敏在熟睡中，感覺有人摀住了她的口鼻。她猛地掙扎著醒來，看到一個蒙面的男人正站在她床前，手裡高舉一把鐵錘，正準備往她頭上敲。

趙敏急忙把頭一側，錘子沒有砸中她的頭部，砸在了枕頭上。她從床上跳起來，拚命反抗，又踢又打，高聲呼救，驚醒了住在另外一個房間的兒子。

趙敏的兒子十六歲，正在讀高中，平常住校，剛好這兩天感冒請假回了家。母子兩個人齊心協力和男子搏鬥，趙敏從身後抱住他，兒子去搶奪其手中的鐵錘，並在爭奪中將凶手的頭套扯了下來。

男子嚇得趕緊用一隻手護住臉，有些驚慌，但很快鎮定下來，甚至在逃離之前還和趙敏的兒子握了握手，然後拎著鐵錘從房門徑直離開了。

母子兩人被弄懵了，反應過來之後馬上報警。警方根據母子二人的描述，很快完成了嫌疑人的素描畫像。

畫像上是一個留著小鬍子的男人，前額窄，臉頰消瘦，顴骨突出，左、右臉頰不對稱，頭髮微捲，看起來很普通的一個人，卻完全符合犯罪長相。

我研究過人對外界刺激的反應，當某種反應或某種思維長期、頻繁地刺激大腦，會促進人體內激素和羥色胺的生成，最終形成與之對應的相貌特徵。比如，強姦犯的手臂通常很短，前額窄，髮色和瞳孔顏色淡，鼻子與生殖器畸形的比例很高；搶劫犯大多頭髮粗，頭蓋骨不規則，鬍子濃密，顴骨突出；殺人犯返祖現象嚴重，面部不對稱，有較大的下頷或者顴骨，鼻孔腫脹。

專案組將嫌疑人畫像下發到分局和派出所，將頭套送到DNA測試中心。

公安局在鑑定中心建立了DNA資料庫自動化工作站，有嫌疑人比對資料庫，只要凶手有犯罪前科，就可以直接將其篩選出來。

劉隊讓我去守結果，我立刻跑到實驗室，看到公安部物證鑑定中心高級檢驗師、我的閨密劉宇正在做第一次的頭套DNA樣本採取。

我在實驗室外面等了將近兩個小時，沒有任何消息。

透過實驗室的玻璃，我看到劉宇正在紫光燈下觀察頭套。看到我，她招招手，於是我穿上白大褂和鞋套，戴上手套，走了進去。

「我沒找到任何有價值的樣本，完全沒有採取到帶毛囊的頭髮、汗液和唾液。」劉宇說。

「難道凶手在最裡面還戴了一層類似染髮用的塑膠頭套？」我表示懷疑。

我拿過頭套仔細觀察：頭套是用一種很廉價的黑色彈力布製成的，看手工應該是自己縫製的。我凝視了很久，轉身回到操作檯，試著拉伸頭套，一直拉到最大限度。

劉宇幫忙用固定夾夾住頭套兩端，然後用透明膠帶從上到下依序慢慢黏取，最後把膠帶放到顯微鏡下，分揀出膠帶上的單片物質——頭皮屑。

我們對望了一眼，第二次取樣成功了。

頭皮屑是脫落的角質細胞，可以用來做DNA鑑定，只是採取過程需要用持續振盪法，準確率才能更高。

凶手的頭皮屑數量足夠進行鑑定。看來凶手很焦慮，注意到不留毛髮，卻忽視了頭套品質不好會產生靜電，有彈力的材料褶皺裡可以藏下不少又小又薄的頭皮屑。

凶手終於露出了破綻。

劉宇開始用採取出來的樣本做DNA測試，先用離心機做DNA分離、純化，消除樣本雜質，然後用PCR（聚合酶連鎖反應）擴增。簡單來說，就是透過調節溫度來大量複製DNA，使DNA可以透過儀器用肉眼直接觀察。

DNA的形狀像兩條纏繞在一起的螺旋形梯子，我們用PCR反應將纏繞在一起的兩條「梯子」分開，使其變成單獨的兩條，之後為每一條「梯子」命名、標注，方便篩選比對。

我感覺我們越來越接近真相了。

只要用專業儀器進行基因對比，就可以拿到凶手的DNA。

可是螢幕上突然出現了亂碼，接著閃爍了一下，儀器徹底沒有反應了。

重啟，黑屏，再重啟，又是黑屏。我和劉宇急得一頭汗，誰也沒想到，在關鍵時刻儀器會出現問題。

我趕緊打電話聯絡維修廠商。廠商回覆說，派專業人員維修或者把機器寄回去，最快也要一週的時間，這樣DNA就沒有辦法馬上出結果了。

之前專案組在分析「514」案和趙敏案之後，一致認為兩起案子的共同點很多，比如入室路線、攜帶的凶器、做案手法、凶手異常反應等，說明凶手很可能是同一個人，因此局裡決定併案偵查。在凶手頻繁做案的情況下，晚一天出報告，很可能意味著又有一條無辜的生命要流逝。

我急得不行，狠狠踢了兩下桌腿，趕緊向上級請示。總局研究之後，決定由刑警隊指派專車專人，連夜把樣本送往省鑑定中心。

與此同時，警方已經在凶手做案好發區張貼了一張凶手的模擬畫像，提醒市民提高警惕，幫助警方提供線索。市局還增派了七百名警力巡邏，保護市民安全。這麼大規模的行動，我還是第一次見。

接下來的幾天，一一〇陸陸續續接到不少報警電話，大部分是中年女性。她們反映在晚上外出時曾有人尾隨，尾隨時間大致在晚上八點到十一點。還有兩個報案人說，尾隨者戴著口罩，身高在一百七十公分左右，從外形看，是個很瘦的男人。

此時，整個城市人心惶惶。六月本來是美好的盛夏時節，現在一到晚上七、八點就家家關門閉戶，街上行人寥寥無幾，冷冷清清的，城市也彷彿凝滯了一般。更不可思議的是，在全市警方總動員的情況下，凶手竟然公然挑釁，又作了第三起案子。

六月十七日凌晨，在新華超市打工的林娟遇害，距上一次案發只隔了四天。

我們火速趕到現場。林娟的家在天府新城社區南面，位於頂樓六樓，陽臺是用鋁合金封閉的。凶手故技重施，從五樓和六樓之間的平臺爬上遮雨的水泥板，最後從外面的陽臺進入林娟的屋裡，將熟睡中的林娟用鐵錘砸死。

凶手移動了林娟的屍體，同樣為死者洗澡，處理傷口，換上黑色長裙，穿好黑絲襪和紅色高跟鞋，最後平放到客廳的地面上。不同的是，他沒有在死者身上刻字，而是在死者下身劃了二十四刀。經法醫檢測，沒有性侵行為，屬於虐屍。

凶手在離開前，將地面上的血跡擦拭乾淨，用床單把屍體蓋住，並帶走了林娟新買的手機。

我們調查了林娟的私生活——單身，家在外省，作風正派，同事關係和睦，沒有情感糾紛。

從凶手的做案地圖上看，這應該不是巧合。凶手頻繁選擇在一個區域做案，很可能意味著他的居住地點距離案發地很近。交通工具也不太可能是汽車，案發地是舊城區，街道都比較狹窄，如果做案後駕駛汽車逃逸會很不方便——目標大，容易引起別人的注意。我們推測，凶手逃跑時使用的應該是自行車或者電動車一類的交通工具。

警方將案發區三十公里以內有犯罪前科的人都作為主要排查對象，同時在技術科的協助下，開始追蹤林娟的手機。

手機追蹤顯示，攜帶林娟手機的人已經離開本市。從路線看，他似乎在繞圈子，先是在周邊幾個小城市短暫停留了四天，又開始向省城方向移動。

專案組已經連續七十二個小時沒有休息了。在局裡的安排下，我帶一路隊員趕往省城待命，另外一隊繼續進行技術追蹤。

六月二十三日下午兩點十分，追蹤人員調取到新的手機資訊，結果讓我們興奮異常。林娟的電話清單上出現九次撥號和接聽，最關鍵的是，通話時間在上午九點至十二點十四分之間較為頻繁。

手機很有可能還在凶手手中，而且他還用這支手機打了電話。

警方調查到撥號人有五個，其中一個是林娟的朋友。她回憶說，她打電話的時候對方接通了電話，但是沒有講話。她可以聽見對方所處的環境非常嘈雜，有「咣噹咣噹」的車輪聲。

警方最終斷定，凶手最後的目的地應該是省城，乘坐的交通工具是火車。

劉隊下達指令，專案組馬上和鐵路部門溝通，查詢列車時刻表及車次。在鐵路部門的協助下，專案組調取了當日開往省城的五列車次列車時刻表以及乘客資訊。根據通話時間排除兩列車次，剩餘的三列車次，有一列將在一小時後到達省城。

追蹤時間顯示，嫌疑人很可能就在這趟列車上。

我們協調當地警方，趕到火車站，在列車到達之後進行封車。車上成立了臨時指揮部，由我帶隊的警員分成九組，對十六節車廂的旅客逐一清查。每組負責兩節車廂，餘下的一組對車組人員、餐車服務人員等，共三十二人進行清查。

清查工作煩瑣又複雜，不僅要看人和身分資訊是否一致，還要瞭解年齡、外貌、身高等情況。我們在列車上確定了七名可疑人員，其中一個叫許萬金的中年男子引起了我們的注意。他的相貌、身高都符合凶手的特徵，嫌疑很大。許萬金身上確實有一支手機，不過經確認後，發現不是林娟的手機。

我們將許萬金和警方模擬出來的凶手畫像進行比對，發現許萬金沒有蓄鬚，而且比凶手要胖一些，其身分證上的地址也距離天府區很遠。

我先將他的照片傳回局裡，讓趙敏母子辨認，隨後在警用車廂對許萬金進行詢問。

「去省城幹什麼？」

「找工作。」

「聽說過天府區的入室殺人案嗎？」

「不清楚。」

他在回答這個問題時，左側臉頰抽動了兩次，四肢輕微內斂，聲調是ＢＰ藍音（一種低而嘶啞的聲音）。我看得出來，他有所保留，似乎在掩飾一些東西。臉頰抽動表明他對我提出的問題很敏感，四肢輕微內斂是一種防守動作。人在遇到危險時會出現肌肉收縮，聲調下降則是一種迴避。

我正要問下去，忽然相連的車廂一陣騷亂。有人跳窗逃跑了，兩名同事和一名乘警一起追了出去。與此同時，市局將趙敏母子的辨認結果傳了過來，確認許萬金不是凶手。雖然我有點不甘心，但沒有實質性證據，只能暫時讓他簽字離開了。

抓捕的同事們回來了，我本以為抓到了凶手，沒想到帶回來一個小偷。他在車上行竊，以為我們是來抓捕他的，所以才嚇得跳窗逃跑。

凶手沒有找到，我將嫌疑人資料傳回專案組指揮部，等待進一步調查。

六月二十四日下午四點三十分，警方透過手機定位，終於掌握了林娟手機的大致方位——在省城的某個二手手機市場，包括我在內的五名刑警又立即奔至定位地點。

手機市場生意很好，人非常多，我們開始對市場周邊商戶進行排查。經過三個半小時的排查，終於在一家手機店裡找到了被害人林娟的手機。

據店主回憶，下午三點多，有一個男人要賣這支手機，他以六百元的價格收購了。我再次拿出凶手畫像讓店主辨認，店主回答說不太像。他說賣手機的男人臉很胖，戴著帽子，留著小鬍子，不是本地口音。當我們提出想看監視畫面時，店主說，店裡沒有安裝監視設備。

省城這邊的線索中斷了。

一般情況下，省鑑定中心三天內肯定會有DNA結果，可現在已經四天了，還沒有任何音信。劉隊打電話到省鑑定中心詢問情況，省鑑定中心回覆說，DNA鑑定過程時，省裡的兩臺鑑定儀居然同時出現問題，工作人員一直在搶修，暫時不能使用。修好後還需要重新調整、測試，因此不能確定鑑定結果的時間。

這個案子出現這麼多突發狀況，實在讓人意想不到。

六月二十四日晚上九點三十分，在省城待命的我接到訊息，市局裡物證中心報修的儀器已經提前修復，調整、測試已完成。我和劉隊商量是不是可以把樣本取回，在市局裡鑑定。終於在六月二十五日早上八點十分，我們開了一夜的車，把幾經周折的樣本又送回劉宇手中。

儀器開始進行不同片段DNA長度比對，螢幕上湧動的波浪，終於把凶手推到我們面前——在嫌疑人資料庫裡，許萬金再次出現在我們的視線中。

他曾因盜竊被判九年有期徒刑，兩次勞動教養[6]期為三年，入獄時間共計十二年。這個人和警方在列車上發現的嫌疑人是同一個人——我和凶手擦肩而過了。

六月二十五日下午五點，我們根據許萬金的最新戶籍登記地址直奔其家。在正式逮捕許萬金之前，我們進行了周邊監控。許萬金家住在天府社區東邊，距離案發地點只有六千公尺。

當我們進入許萬金家之後，發現只有他的妻子和兩歲半的女兒在家。妻子李雅說丈夫去省城辦事，過幾天才能回來，其他一概不知，而許萬金家中確實有一輛自行車和一輛電動車。

他家顯得很有文學素養與品味，家裡到處都貼著他手書的諸子百家和「上善若水」之類的警句名言。書架上擺滿了《道德經》之類的經典讀物，還有臨摹字帖。

其中一排法律法規類的專業書籍吸引了我的注意力。所有書擺排整齊，統一都是塑封書皮。書脊上貼的標籤位置相同，標籤上寫著「法律類」，還標注著購買時間。

6　一種行政處罰制度，針對輕微違法的犯罪人進行強制勞動、矯正教育。

我問李雅，許萬金晚上是不是有外出散步的習慣。李雅顯得有些慌張，有舔嘴唇的動作。她說，丈夫特別喜歡孩子，晚上一般都在家陪女兒，很少外出。她還告訴我們，許萬金雖然只念過七年書，但他會畫山水畫和油畫，還喜歡雕刻、寫毛筆字，而且心靈手巧，什麼都會修。

我們向周圍鄰居查證情況。在鄰居眼中，許萬金對人特別有禮貌，人緣很好，喜歡幫助別人，誰家的電器、家具出現問題都會找他幫忙。

他和李雅的夫妻感情也很好，對面住戶的一位先生說，他曾經看到許萬金晚間外出過。和他打招呼時，他說是去練身體，還聽說許萬金年輕時和叔叔學過一些武功。

我們在許萬金家沒有發現凶器，但基本可以確定「514」等案的凶手就是他。

六月二十七日，我們找到了住在老家的許萬金父母。許萬金的母親癱瘓在床，她說兒子從小孝順，特別是對母親，幾乎百依百順，長大後經常買東西給父母，還打算把父母接到城裡家中養老。一提到兒子，老太太就開始抹眼淚。

據調查，許萬金對自己的兩個孩子（包括與前妻所生現年十六歲的兒子）都非常疼愛，從來不打罵孩子，他們要什麼給什麼。許萬金的父親還抱怨說，兒子是個很優秀的孩子，要不是第一段婚姻把他毀了，他現在會更好。

許萬金共有過兩次婚姻。第一次結婚後，夫妻性格不合，妻子嫌棄他沒本事賺錢。

許萬金為了證明自己，自製了一套盜竊工具，跑去偷盜財物，被抓之後判了九年徒刑。

在許萬金服刑期間，妻子和他離了婚。這場變故讓許萬金大受打擊，他生了一場重病，醫生甚至下了病危通知書，從那以後，他就變得沉默寡言了。

許萬金出獄之後一直失業，好在他心靈手巧，經常去打零工，收入還能維持家用。和第二任妻子結婚之後，他特別珍惜家庭。

離開許萬金父母家之前，我看到日曆上七月十四日這一天，有一個大大的紅圈。我清晰地記得，許萬金家的日曆在同樣的日期上也有一個紅圈，詢問之後，瞭解到那天是許萬金母親的生日。

當地警方協同我市警方在兩地同時布控，準備抓捕行動。

聯想到許萬金母親滿眼淚水的樣子，我分析，以許萬金對家人、親情的看重，他很可能在母親生日當天，潛回老家為母親慶生，於是我們在許萬金父母家周邊增設了很多便衣。

七月十四日傍晚，偵查員注意到一個穿藍色T恤的男子出現在許萬金父母家附近的旅館。他多次進出旅館，觀察周邊情況，形跡可疑。

確定是犯罪嫌疑人許萬金之後，警方直接將其抓捕歸案。

許萬金被捕之後，一直不肯承認自己殺人的事實。訊問時，我問他為什麼要逃跑，他說自己沒有逃跑，只是到省城去找工作。

聽說專案組要對他進行測謊，許萬金竟然顯得有些興奮。確認許萬金身體各項指標正常之後，我帶他進入了測謊室。

我對許萬金說：「首先，我們要進行的是激勵測試，算是個小遊戲吧。這種測試可以提高測謊儀對比分析的準確度，另外也能讓你瞭解一下測謊儀的性能。」

我把一個平板電腦放在許萬金面前：「這裡有四張工具的圖片，分別標注了A、B、C、D四個選項，你可以根據個人的喜好隨意選出一張。」

我回到工作檯後面問：「選好了嗎？我現在要根據你的反應圖譜猜你選了哪個。」

我依次報出工具的名字：「A.剪刀，B.鐵錘，C.電鋸，D.鑿子，你選擇的是『B.鐵錘』嗎？」

許萬金臉上出現了驚訝的表情。

「我在讀『B.鐵錘』的時候，你的脈搏和血壓有明顯起伏。儀器的準確率很高吧？我們要開始正式測謊了，準備好了嗎？」

許萬金點點頭。

「你的名字叫許萬金？」

「是。」

「今年四十歲？」

「是。」

「有過兩次婚姻？」

「是。」

「對前妻不滿？」

「沒有。」當我問到這個問題時，許萬金的兩腳由外開轉為內合，表明他對相關問題有所顧忌。

從開到合是一個防守性的動作，表示要保守祕密。人在說謊或預感到危險時，會出現生理性逃跑反應，血液由四肢回流到心臟，腳的溫度會下降，這個「合」也是一種下意識的保溫反應。

「會玩撲克牌嗎？」

「不會！」此時許萬金食指輕微內曲——表明他對此有所隱瞞。

人在聽到一種熟悉的事物時，首先腦海裡會出現這種事物的影像，如果這種事物和他的工作或者經常參與的某種活動有關，他的肢體會產生一個呼應的動作。食指是靈敏度和使用頻率最高的手指，也是瞬間反應最快的手指，雖然他嘴裡說著不會，身體卻在說「我會」。

「喜歡書法嗎？」

「喜歡。」

「在特殊的材質上寫過字嗎？比如人的身體。」

「沒有。」此時許萬金腳尖內扣，膚電有起伏，高解析度攝影機上出現了〇．五秒的眼皮閃跳。

當三組反應同時出現時，說明受測者很緊張。腳尖內扣表示防守和保住祕密，膚電起伏表示焦慮、慌張，眼皮閃跳是眼部肌肉的一種自我防衛機制。

「平常朋友多嗎？」

「不多，沒朋友。」

「喜歡喝啤酒和散步？」

「偶爾。」

「身分證上的住址為什麼與實際住址不符？」

「身分證上是老家的地址。」

我把幾個被害人的照片分別放在他面前，測謊儀上的峰值線終於開始輕微波動。

就在我以為找到切入點時，許萬金突然開始撕扯被害人的照片，並且拒絕回答我的提問。僵持了五分鐘之後，他開始翻白眼、吐口水，還不停用腳踢前面的桌子，趁我不備，他一把奪走了測謊問題，一邊撕，一邊扔得滿地都是。

他大聲叫嚷：「我有精神病！我有精神病！」

公安部明文規定，精神病人是嚴禁測謊的。更麻煩的是，如果他是在無意識狀態下（發病階段）殺了人，可以不用承擔任何刑事責任。

作為一名測謊師，我尊重嫌疑人的沉默權，但並不代表我要尊重他的表演欲。以我的直覺和經驗推斷，真正的測謊才剛剛開始。

許萬金並沒有扯斷感測器的線，我從監視器裡可以看到隔壁的刑事偵查人員嚴陣以待，隨時準備衝進來。我用手勢阻止了他們的行動，因為顯示幕上的聲音分析圖譜起伏明顯，呈鋸齒形上升，域值從三．〇上升到三．八。聲紋分析測謊器是對受測者說話時的語調高低、速度快慢和節奏變化進行捕捉的儀器。

所有的測謊問題都在我心裡，他撕了紙本問卷也沒用。我大腦飛速運轉，一組針對涉案相關問答的備選題很快出現在腦海裡。

我試探著問他：「你的現任妻子知道你的病史嗎？」

提到「妻子」，儀器上的圖譜出現了明顯波動，呼吸頻率加快，心跳從每分鐘七十五次上升到八十五次。精神病人在發病時是不會出現這種感情波動的，因為在他們的概念裡，「妻子」和「陌生人」沒有區別。

「你和第一任妻子離異，對你造成了很大的傷害嗎？」

許萬金的膚電反應出現異常，上升幅度很大，波浪密集度增加。

他緊鎖眉頭，一邊搖頭一邊念念有詞，並不理我。從微表情看，緊鎖眉頭表示恐懼和抗拒。

「你討厭女性？」

許萬金的瞳孔瞬間放大，並伴有吞嚥口水的動作，膚電反應再次出現異常，又達到一個最高上限值——這些表現證明我猜中了。

「你的書架上為什麼有那麼多關於法律的書？」提前做好周密的準備是連環犯罪的突出表現（連環犯罪指的是為後續大量做案做好準備，出自美國犯罪學家約翰．霍根（John Horgan）的《誰是犯罪人》）。

許萬金一腳踢翻前面的花盆，面部開始出現兩側不對稱的表情——他在裝瘋賣傻。看來，殺人狂也怕死，他想假裝成精神病患者，拖延時間，擾亂辦案人員的視聽，以此脫罪。

我飛快地瞥了一眼牆上的時鐘。屬於測謊師的時間最長不超過三個小時，因為長時間測謊，測謊師、受測者的注意力及敏感程度都會受到影響。更重要的是，測謊的時間也包括在審訊時間之內。

法律明確規定，偵查階段能夠訊問嫌疑人的時間為十二小時，最長不能超過二十四小時。他和我糾纏的時間越長，屬於刑警隊訊問的時間就越短。

許萬金的表演「越演越烈」，他一邊撕扯左手上的心電連接器，一邊朝我吐口水，還時不時瞥一眼我桌子上的筆記型電腦。

我示意他冷靜，並把筆記型電腦轉移到最東邊的桌子上。

我把死者李爽的後背照拿給他看，並提高聲音問他：「這個字認識嗎？」

圖譜出現跳躍式膚電反應，波浪線從兩低一高變成鋸齒形升高，接著又是兩低一高，出現了三次類似循環，這表明他的心理壓力很大。

他從扶手椅上站起來，試圖搶奪我的電腦。好在他身體上還連著兩道心電線，他一時解不開，我抱著電腦退到東南牆角。

「鐵錘砸下去的時候會產生生理快感，舒緩心理壓力，所以每隔一段時間，你都會出去尋找目標，對嗎？」

圖譜上的變化顯示，許萬金開始出現生理性逃跑反應——血液進入快速循環狀態，先衝到四肢，再回到小腿，這時候受測者的手腳溫度會下降，通常會出現雙手互握、抓指尖、跺腳、腳尖回扣等動作。此時，他已經掙脫了所有感測器連接線，搬起監控儀器向我砸來。

我無處可躲，努力護住電腦，監控儀器正好砸在我的左膝蓋上，頓時，我感到一陣刺痛。此時，刑警隊員們及時衝了進來，制伏許萬金。

我的問題一一應驗，測謊結論為「對於主題問題有說謊反應」。

「許萬金，你沒有精神疾病，你忘記了開始測試之前，醫生已經對你進行了檢查，你也在測謊協議書上簽了字，確認自己沒有精神疾病。現在再加上我的測謊鑑定書，你不可能推翻結果的。」

許萬金的偽裝被我識破之後，終於放棄了裝瘋賣傻，案件又進入訊問階段。

他轉著眼珠，又開始狡辯：「我是雙重人格。」

「你根本不是雙重人格。雙重人格在置換時，會用一種人格覆蓋另外一種人格，而主人格是不知道的。兩種人格都不會進入另一方的記憶，幾乎意識不到另一方的存在。可是你從始至終都在努力掩飾自己的犯罪事實，這證明你殺人時意識清醒，並沒有人格轉換。」

許萬金聽我說完，突然噗哧一聲笑了，他說：「好吧，妳贏了。想知道什麼？我告訴妳。」

「我們在火車上檢查那天，為什麼在你身上沒有搜查到林娟的手機？」

許萬金一笑：「看到你們上車，我用刮鬍刀刀片在座椅下劃了一道口，把手機關機之後塞到裡面了。下車的時候趁著大家都在拿行李，沒人注意，我又偷偷拿出來了。」

「做案時，只有你一個人？」

「是。」

「為什麼持續做案？」

「有些東西，一開始就停不下來了，像……上癮一樣。」

「鐵錘和匕首藏在什麼地方了？」

「扔進水庫裡了。」

「為什麼要在屍體上刻字？」

他沉默了一陣，突然說：「那是創作。」

「為什麼要刻那個字？」

許萬金嘆了口氣：「女人，我猜不透，好像有兩副面孔，就像那個字，也有兩個截然相反的意思，端莊和淫邪。我覺得還挺配，就刻在她後背上了。」

「為什麼在殺死李爽之後，要把現場布置成打牌的樣子？」

「我就是把她當成一個傾訴對象，把不痛快的事和她說說。兩個人在一起總得做點什麼事吧，我也不會別的，就打打牌，喝喝酒唄。」

「那副牌為什麼是你贏了？」

許萬金突然笑了：「她都死了，還不是我說了算。」

「你和死人相處時，比和活人更自如放鬆？」

「嗯，是吧！」

「你做的第二起案子，為什麼在走之前要和趙敏的兒子握手？」

「最基本的禮貌嘛。」

許萬金的回答有些出乎我的意料。我猜測他有掩飾性人格，表裡不一，反差很大。

「為什麼要賣掉林娟的手機？」

「當時身上沒帶多少錢，她的手機是最新款的，應該值一些錢，就想賣掉換錢。」

「為什麼在死者林娟的屍體上劃了二十四刀？」

「當時覺得很煩躁，就隨便發洩了一下。」

「劃傷屍體的下身也是因為煩躁嗎？有其他意圖嗎？」

「就是煩躁，哪有那麼多意圖。我承認，我改造過屍體，但別的我不會，我又不是變態。」

「為什麼替屍體清潔、換衣服、化妝？」

「那是一種觀賞，我親手製作的藝術品，懂嗎？女人，無論死了還是活著，都必須端莊。」

「為什麼上、下裝有區別？」

「妳猜！」許萬金狡黠地一笑。

他對所有案件供認不諱，至於做案動機，他守口如瓶。他在回答殺人細節時，情緒平穩，還有炫耀的意味，被問急了的時候會說：「你們猜！」

許萬金案在社會上造成極大影響，性質惡劣，最終他以故意殺人罪被判處死刑，終身剝奪政治權利。

案件結束之後，我到物證中心去補了一份鑑定報告，準備呈交法院備案。

見到劉宇後，她問我：「對了，為什麼目擊者和倖存受害人都沒認出許萬金呢？」

我苦笑著搖搖頭：「許萬金逃跑之前有牙周炎。在火車上做筆錄時，他的整個臉頰都腫了，五官變形，所以被害人沒認出來。他上車之後把鬍子剃掉了，去賣手機時又黏了個假鬍子，所以店主也沒認出來。」

「他的犯罪動機，妳到底找到沒有？」

「我不確定。兩天前，我去了他的老家。他小時候在二叔家長大，二叔學過功夫，後來因為臉部燒傷，在鎮上的太平間做守夜人兼禮儀師，一輩子沒結婚。聽太平間的老員工說，他二叔非常喜歡喝酒，經常帶他去守夜。他二叔一喝酒話就多，經常會說什麼『活人是鬼，死人是魂』，還把屍體稱為『屍友』。」

「我想，他殺人之後替屍體化妝、破壞屍體，很可能跟小時候耳濡目染有關。另外，他對前妻充滿失望和怨恨，怨恨前妻的虛榮自私和背叛拋棄，同時，這些怨恨的累積讓他對女性產生了報復心理。」我補充道。

每個人的身體裡都隱藏著善與惡，我們可以去選擇做一個好人還是壞人。當「善」再也壓制不住「惡」，人就有可能走向犯罪的深淵。「日光」之下，「惡」隱藏在人群之中，每當「夜幕」降臨，它摘下面具，化身為恐懼本身，成為殺戮世界的「王」。

我們無法否認，大多數人都有兩面，有些人會忽冷忽熱，情緒失控；有些人會對別人的評價很敏感，卻又我行我素；有些人明明害怕正面衝突，卻又常常去激怒別人。

或許，絕對正常的人並不存在，每個人或多或少都帶著大大小小的「病態」，關鍵在於調試平衡的「度」，一旦越界，便無法回頭了。

如何跟另一個自己和解，這不僅僅是許萬金一個人需要面對的問題。

第三案　爲私利而生的暴行

他唯一的要求，是穿上那條裙子

案發時間：2012 年 4 月

嫌疑人：張建立、王宇謙、王鐵江、賀銘、佘來酉

涉嫌案件：一家五口滅門案

嫌疑人陳述證詞之表現：

- 吞嚥口水次數過多
- 雙腿夾緊，屏住呼吸，身體後傾
- 全身顫抖，臉色慘白
- 下意識將右手放在頸窩上

許萬金的案子過去快一年，由於此案犯罪方式的特殊性，我對《極端犯罪心理學》產生了濃厚的興趣。特別吸引我的是書中第九章的內容，這一章專門介紹了滅門案的基本特點：「屬於極端暴力犯罪，犯罪方式激烈，突發性強……」沒想到，我的「烏鴉體質」很快就應驗了。

二〇一二年四月九日深夜十二點，我睡得正香，手機驟然響起。我立刻驚醒，拿起來一看，是劉隊打來的。劉隊只說了一句：「馬上出動，滅門案。」

報案中心在晚上十一點五分接到高家的報警電話，打電話的人是受害人高語堂十二歲的大兒子高新：「我在新康社區六十六號，趕快來救命，有兩個歹徒闖進我家了！」

重播報警電話的錄音，可以聽到報警環境非常嘈雜，有砸門和打鬥的聲音。從孩子的用詞特點看，應該是在重複父母教的話。

情況極其危急，報案中心接案後，指派距離案發地最近的良安派出所出勤。派出所的兩名民警開車一路狂奔，只用了不到十分鐘便趕到案發地點。當時天色已晚，新康社區屬於北山新開發的社區，住戶稀少，周圍全是農田和建築垃圾，路燈設施還沒有全部安裝完成，社區內一片漆黑。

兩位民警開始對案發別墅展開偵查：樓體正在裝修，外牆還搭建著鷹架。

出警速度如此快，歹徒此時很可能還沒跑遠，甚至仍然藏匿在報警人家中。兩位民警分工，一位負責在高家的院牆外進行警戒，另外一位順著外牆的鷹架翻牆爬到了二樓窗外。

民警敲窗詢問是否有人在家，此時房子裡一片漆黑，沒有任何聲音。

負責勘查周邊的民警發現，西窗有人為破窗的痕跡，意識到可能有大案發生，於是馬上向指揮中心申請支援。

兩位民警重新調整了行動，一位做後援，繼續在外警戒，防止歹徒翻牆逃跑；另外一位掏出手槍，果斷破窗，從東窗進入一樓。

樓梯間裡一片漆黑。

那位破窗的民警姓王，他後來回憶說，自己很快就聞到了淡淡的血腥味。他摸索著上樓，隨時準備和歹徒正面相遇。到達二樓後，血腥味越發濃重。隨著眼睛慢慢適應了周圍的環境，王警官借著窗外月亮的微光看到地面上有大片血跡，此刻他擔心的是報案的小孩子是否還安全。

終於到達二樓臥室附近，那裡有兩扇門，都關著。當他準備打開其中一扇房門時，感覺裡面的門被反鎖著。難道歹徒此時正在房間裡？王警官一腳破門，發現屋裡沒有動靜，打開屋燈後，他發現廁所窗戶敞開著，歹徒很可能是從那裡逃走的。

直到王警官打開二樓的另外一扇房門，才看到地面上躺著三具屍體。戶主高語堂夫妻和十幾歲的孩子全部倒在血泊中。母親趴在孩子的屍體上，父親倒在母子倆的腳邊，床底下有一部摔碎的手機。之後，王警官又在另外一個房間裡發現已經死亡的高語堂的母親和高語堂的小兒子。一家五口，無人生還。

我們刑警隊在深夜十二點三十五分到達現場，開始進行第一輪查驗。茶莊老闆高語堂一家五口全部被害，其中最小的兒子年僅六個月。現場遍布血跡，地上散落著一些小額鈔票，還有一些大米，部分米粒有被燒焦的痕跡。

李時發現，最小的死者面部有青紫色屍斑，結膜和口腔黏膜有出血點，應該是被人摀住口鼻引起窒息死亡。其他受害人均為刀傷致死，其中高語堂身中二十八刀，高語堂的妻子萬蓉身中十六刀。

鄭爺在主臥的房門上採取到兩枚左腳踹門的腳印，一個長二十四公分，另外一個長二十七公分，應該是兩名凶手暴力闖入時留下的痕跡。

我們從現場痕跡分析，高語堂夫妻在死前曾拚死抵門，替孩子爭取到了報警時間。但最終凶手暴力踹開房門，闖入房間，與夫妻二人發生激烈爭鬥後，將他們連同孩子一起殺害。

經過勘查，被害者家中的抽屜裡放著五萬元現金；房間的正中擺放著一把椅子，椅背上搭著一件墨綠色的夾克，夾克內袋有三萬元現金；此外，警方還在高語堂夫妻臥室的枕頭下面發現了兩萬元現金。

我們統計之後發現，高家存放的現金總額高達十萬元。

家裡存放這麼多現金，卻沒有被凶手拿走，凶手似乎不是為了打劫財物而來。再加上下手這麼狠辣，我們初步判斷，仇殺的可能性很大。還有一件離奇的事，鄭爺在萬蓉的包裡找到一張印著食指血手印的名片。手印確定是死者萬蓉的，檢驗科也很快證實了這一點，看起來像是萬蓉留給警方的線索。

名片上寫著「張建立」，是另外一家茶莊的老闆。

我們很快找到了名片的主人。張建立聲稱自己和被害人平常有業務往來，關係非常不錯。案發當晚，他的確去過被害人家送業務款，但九點左右就離開了，之後在街邊找了一家小酒館吃飯，還喝了很多酒，回到家很快就上床睡覺了，但沒人能佐證案發時他到底在哪裡。

張建立被詢問時不停地搓手，時不時拎一下褲腰，雖然這都屬於正常緊張行為，但是目前警方無法排除他的嫌疑，案件陷入膠著狀態。

李時根據現場遺留的大量血跡和物品破壞程度，判斷當時搏鬥過程非常激烈。兩名凶手很可能也受了傷，只是凶手的血跡被受害人一家的血跡淹沒了。

李時開始一寸一寸地在滿牆滿地遺留的血液中尋找凶手的痕跡，最終真的找到了。在樓梯間的牆面上，從兩攤被害人的血跡中間，李時採取到一名凶手的血跡，並成功檢驗出了凶手的ＤＮＡ。

在萬蓉的血衣袖口，李時又採取到另外一名凶手的血跡。

鄭爺根據牆面痕跡還原了現場：兩名凶手和男主人高語堂激烈打鬥，其中一名凶手揪住高語堂的頭髮向牆上撞去。在高語堂掙扎時，凶手的指骨意外撞擊到牆面，因為力度過大受傷出血，血跡留在了牆面上。萬蓉袖口留下的血跡呈條狀浸潤形，很可能是凶手在行凶過程中割傷了自己的手。

將兩名凶手的ＤＮＡ和張建立的進行比對，均不相符——他不是凶手。

至於名片，刑警隊所有人觀點一致。從現場的大量血跡和刀傷分析，女受害人萬蓉應該是當場死亡，不太可能在瀕死狀態去翻找凶手的名片，將自己的血手印按上去，又再次放回自己包中。留證過程過於複雜，不符合現場態勢。

她如果真的想留下證據，完全可以直接用血寫出凶手的名字。這個離奇出現的手印大概是凶手為了干擾我們的偵查方向，故意留下的，但這種設計的細節在殘暴的犯罪現場又顯得過於精緻和用心。

我拿著凶案現場的固定照，盯著地板上散落的鈔票，又有了新的破案思緒。

案發現場遺留的大量現金，很可能是兩名凶手沒來得及搜索房間造成的。凶手入室後很快被發現，父母為孩子爭取到時間報了警；凶手聽到孩子打電話報警，狂踹房門；知道警方很快就會趕到，時間緊迫，凶手慌忙逃竄，只找到一些明處的小錢，兩個凶手甚至急到連地上的現金都來不及撿。

劉隊認同了我的判斷，但地上那些散落的米粒以及被燒焦的米粒，卻讓我百思不得其解。如果這起案件不是仇殺，那麼應該就是劫財殺人。凶手不是隨機做案，他們對高家應該有一定瞭解，知道高家存放大量現金，因此有可能是熟人。

我們在案發當天夜裡，以高家為圓心，在周圍五公里內展開了地毯式搜索。

根據案發現場的狀況，我認為兩名凶手逃跑時全身是血，且拿著凶器。從犯罪心理學角度看，他們逃出去之後會做的第一件事應該是藏匿血衣和凶器，這樣便於逃脫，不容易被發現。案發現場雖然偏僻，但北邊有未開發的北山阻攔，東邊三公里內便是一條大河，按常理，他們只能向西南方向逃竄。西南方向不到一公里便是街路，進入市區之前，他們一定會換下衣服。

我們果然在距離案發地不到一公里遠的西邊玉米地找到一口深水井（機井）。凶手在深水井裡面遺棄了大紅色膠皮手套、紗手套、絲襪、口罩和一件墨綠色的外套。其中一隻膠皮手套上還有一道被利器劃過的破裂處，長約八公分。這和我們的初步判斷完全一致，凶手在做案過程中受了傷。

這口深水井的位置非常隱蔽，被玉米稈遮擋著，只有當地人才會知道。在只有幾千人的郊區，人們大都互相認識，當地熟人做案的可能性增加了。而那件墨綠色的外套上遍布血跡，我們將外套帶回局裡，準備進行仔細查驗。

那是一件墨綠色夾克，材質為嫘縈，樣式普通，價格便宜。出乎意料的是，在外套的內襯裡面縫著一個小小的布條，上面寫著「王一件，欠10」的字樣。看到「王一件」這個名字，我馬上聯想到本市很有名的一個慣犯——王鐵江。

王鐵江是我們的老熟人了，三十五歲，打架、鬥毆、盜竊是家常便飯。他大罪不犯，小錯不斷。王鐵江手下有一群小弟，他在小弟面前聲稱，只要出門便會隨身攜帶一把管制刀具，所以江湖人送外號「王一件」。

我們開始對「王一件」進行暗查，結果發現他最近和一個叫王宇謙的人來往密切。王宇謙從外地到本市剛到一個多月，這兩個人一高一矮，和高家滅門案凶手的體貌特徵非常吻合。

警方很快將二人逮捕，「雙王」到案後，我們對他們進行了審問。

王鐵江長相普通，留著一撇小鬍子，兩隻耳朵不對稱，一開一合，眼神和常人不同，眼睛的聚焦處永遠在左上角。在審問王鐵江的過程中，當我問到四月九日晚上他在幹什麼的時候，王鐵江笑了。

「誰記得當時在幹啥？睡覺、喝酒、打麻將、泡妞唄！」

「你是在持刀搶劫吧！」

王鐵江皺了皺鼻子：「你們知道還問我。」說完，白了我一眼。

「王鐵江，你和警方對著幹了這麼多年，現在已經到搶劫殺人的地步，還在衣服上做標記了嗎？你這是在挑釁警方。」

王鐵江把身子坐正，眨眨眼睛：「啥意思？」

我把拍到了「王一件」字樣的血衣照片拿給他看。

王鐵江身體一縮，趕緊否認：「這可不是我的衣服，出去辦事的時候，我從來不穿墨綠色的衣服。我最討厭綠色，像綠帽子一樣。」

「王鐵江，這可是滅門案，你知道不配合的後果。」

「啥滅門案呀？那個老頭死了？」他一臉驚訝。

老頭？高語堂的年紀和他差不多，不可能被稱為老頭。我沒有急於否認，不動聲色地盯著他。

王鐵江急了：「不可能，那天搶劫的時候，我就拿刀嚇唬他，讓他把錢和手機交出來。那老頭不聽話，和我扭打了幾下。我一腳把他踹倒了，之後就跑了。我沒砍他。」

王鐵江和我說的，很明顯不是同一個案子。

我和隊長對視了一下，繼續問他：「你仔細說說。」

王鐵江咽了一下口水：「我這段時間手頭緊，就約了王宇謙，商量著搶幾票，解解燃眉之急。我們四月九日那天晚上，在宏安社區那邊搶了五、六個。有一個老頭挺倔強的，非常不配合，剩下的都是女的，搶的錢加起來才三千多。」原來市區周邊最近發生的幾起搶劫案是「雙王」幹的，滅門案沒破，居然先查出了其他案。

王宇謙的口供基本上和王鐵江的吻合。結合「雙王」的口供，我們發現市區十幾起搶劫案，包括兩起入室搶劫都是「雙王」做案，現金和物品加在一起，案值已經超過五萬元，但是沒有人員傷亡。對於高家五口的滅門案，「雙王」矢口否認，堅持說與他們無關。王鐵江甚至在審訊室裡破口大罵，說警察栽贓陷害，還說要請律師。

我們立刻採取了「雙王」的DNA，與高家滅門案凶手的進行比對，結果均不相符。雖然入室搶劫時的手法非常相似，比如攜帶匕首、爬窗，體貌特徵也很像，甚至兩人的鞋子尺碼和我們採取到的都一致，但他們還是被排除了嫌疑。

我曾經懷疑會不會是「雙王」手下的人做案，可是王鐵江說，他早把小弟解散了。以王鐵江的個性，這麼一件大案，他肯定會親自動手，不可能安排小弟下手。

本以為已經接近真相，沒想到案件的線索就這麼斷了，我們只能再次從物證下手。

我泡了杯咖啡，盯著證物袋裡的血衣。我發現衣服左右口袋的拉鍊不一致，看來被更換過，而且在衣袋被撕破的地方有縫補的痕跡。從縫補的方式判斷，縫補人很專業，用了織補技術。再翻過來，看看縫的布條，「王一件，欠10」是用藍色原子筆寫的。我突然意識到，這個長三公分左右的小布條應該是乾洗店經常使用的東西，他們為了分辨客戶衣物會在上面做這樣的標記，而且乾洗店也能修補服裝。

「王一件」指的是姓王的顧客，十元是乾洗一件衣服的費用。根據這個推測，我們開始大量排查高家周圍的乾洗店，結果很快就找到了清洗這件衣服的店鋪。乾洗店距離被害者家只有十分鐘路程，但是店裡沒有監視器，而且服務人員也記不得這件衣服是誰送去乾洗的。警方考慮到有一種可能，嫌疑人送衣服乾洗時，隨口報出了一個姓氏，並不一定是他的真實姓名，所以這條線只能暫時擱置。

案子又不動了。

我有點心急，去做了一次案件模擬重現。我走到藏衣服的深水井邊，蹲下身，盯著這口深水井。深水井是乾旱時用來灌溉莊稼的，普通深水井在建造時都會高出地面，用石頭砌好後，再用水泥澆築周邊，防止有人跌落。這座深水井非常隱蔽，明顯低於地面，不是當地人根本不可能找到，難道真凶就來自附近的村莊？

我把自己的想法和局裡一反映，上司馬上安排了大範圍搜查。我們將凶手的DNA與事發地周邊三個村莊將近一千五百戶的村民進行核對，最終卻一無所獲。我們還對剛剛回鄉的工作者群進行登記、查證，可是也沒有找到線索。

不過，在比對DNA採血走訪的過程中，一個六十歲左右的老頭引起了我的注意。他似乎總在跟蹤、關注著我們。我打聽了一下，老頭是村口小超市的老闆，叫賀廣發，此前他已經完成了DNA比對。

如果單純是湊熱鬧，賀廣發不會放下自己的生意，跟蹤我們到隔壁村。這個老頭難道和凶手有關？

我推測，他可能是想打聽情況，然後給凶手通風報信。

我很快拿到了賀廣發的資料。賀廣發的妻子在兩年前去世，有一個兒子叫賀銘，已經外出工作，巧合的是賀銘曾經替被滅門的高家送過貨。

賀銘，大專畢業，長相端正，三十三歲，未婚。據村民反映，憑賀銘的條件找個老婆並不難。賀廣發一直托媒婆介紹女朋友給他，可是都被他拒絕了，理由是不想結婚。還有村民反映賀銘性向有問題，說他喜歡男人，還說賀銘和下口村的「縫臉兒子」關係特別好，兩個人幾乎形影不離。

透過村委會的人，我們瞭解到下口村的「縫臉兒子」叫余來酉，他在七、八歲的時候臉部長過一個腫瘤，做了切除手術之後，在臉上留下一條特別長的縫合疤痕，幾乎貫穿整個右臉。他平常不和任何人來往，獨自一個人在院子裡打家具、織網、編手工，拚命工作賺錢、存錢，據說是想去整容。

我們找余來酉瞭解情況時，余來酉的家人告訴我們，他去外地的整容醫院諮詢了，要過幾天才能回來。警方隨後撥打了余來酉的電話，卻一直無人接聽。

賀銘不光對高家的情況有一定瞭解，還對案發地周邊的環境很熟悉，具備做案條件。我們再次採取了賀廣發的ＤＮＡ，檢驗之後確認他與凶手的ＤＮＡ不相符。

賀廣發的隔壁住著村裡的「小喇叭」——五十多歲的寡婦何繡芸，村裡沒有她不知道的事。每次去賀廣發家瞭解情況，她都在門前看熱鬧。

我想再從周邊多瞭解一下賀廣發家的情況，於是找到何繡芸，問她：「妳知道賀廣發家的情況嗎？」

何繡芸湊到我跟前，小聲說：「警察小姐，我們當鄰居這麼多年了，什麼事能瞞得了我？我跟妳說，賀廣發年輕時在煤礦做三年，他老婆一個人在家照顧婆婆。賀廣發出去工作的第二年，賀銘就出生了。」說完撇了撇嘴，給了我一個意味深長的眼色。

賀銘難道不是賀廣發的親生兒子？

隨後，鄭爺對賀廣發家進行勘查，終於在賀銘離家工作前留下的一把梳子上找到幾根帶毛囊的頭髮。送到實驗室採取DNA之後發現，賀銘的確不是賀廣發的親生兒子，但他的DNA與高家滅門案現場採取到的疑犯之一的DNA相符合。

我們傳喚了賀廣發，他一問三不知。

我問他：「為什麼一直跟蹤我們？」

賀廣發說：「我兒子走之前囑咐過我，如果有警察來，什麼也不要說。我覺得他可能在外面惹事了，有點擔心。所以，你們來調查時，我一直跟在後面打聽，想知道是不是和我兒子有關。」

我問賀廣發：「你什麼時候知道賀銘不是你的親生兒子的？」

「老早就知道，養了這麼多年，不是親生也是親生的了。」賀廣發揮揮手道。老頭雖然不願意談這個話題，但看起來還挺大度。

我又問：「賀銘知道他不是你的親生兒子嗎？」

賀廣發說：「我也不確定。」

考慮到賀銘很可能會與賀廣發聯絡，我們在賀家附近安裝了監視器，布置了兩名便衣刑警，以便觀察賀廣發的動向。

警方馬上下達了對賀銘的通緝令。轉眼一個多月過去了，監視賀廣發的同事說，賀銘沒有回過家，也沒有和賀廣發聯絡過。

鄭爺在賀銘的房間裡發現桌子上有一處長約三十八公分、寬約二十五公分的舊痕，懷疑那裡曾經放過一臺筆記型電腦。詢問賀廣發之後，他告訴我們，賀銘走之前，因為電腦壞掉了，所以賣給了村口的一家二手電器行。我們很快在二手店裡找到了賀銘賣掉的電腦，技術科破解了密碼，登入了他的微信。

沒想到，微信內容已經被清空，沒有找到線索，我們只拿到了他的微信帳號。我嘗試註冊一個新帳號，加賀銘為好友。可是他似乎很警覺，一直沒有反應，這條線我們只能暫時擱置。

逃逸犯的心態是有規律可循的，從最初的驚慌、恐懼，到無助、失落、懊悔，最後是適應。逃逸之初，嫌疑人的心理非常脆弱，在這個時期很容易想念家人。

在做社會調查時，周圍的鄰居都反映賀銘和賀廣發的感情很好，賀廣發對賀銘幾乎是有求必應。賀銘上大學的時候，賀廣發還沒有承包超市，而是像村裡大多數人一樣以種田為生，偶爾出去打零工，所以手頭很拮据。為了湊足賀銘的學費，他幾乎掏光了家底，怕賀銘被同學瞧不起，又借錢幫賀銘買了手機和電腦。

奇怪的是，一個對孩子如此重視的父親，在警方將賀銘列為第一嫌疑人之後，卻並沒有表現出應有的焦慮和擔憂。相反，監視賀廣發的同事回來說，賀廣發每天生活都很規律，超市準時營業，空閒的時候還經常和鄰居們打打麻將。

從賀廣發的通訊紀錄來看，他和賀銘並沒有聯絡，會不會他們還有其他聯繫方式？隨後，我們加強了對賀廣發的監視，在他開的超市附近加裝了監視設備。

我反復回看近一個月監視賀廣發超市的影片，忽然發現一週前的中午，賀廣發在超市門前有個奇怪的舉動。他坐在超市門前的靠椅上，從左衣袋裡掏出手機，看樣子是有電話來電。可是他在接電話之前，出現了一個「巡視」性動作，先朝四周看了看，確定沒有人注意他之後，起身走進超市，還關上了超市的門。等再從超市走出來的時候，他表情很輕鬆，出現了一個嘴角上翹的動作，之後還點燃了一支菸，這組動作意味著解除困擾、放下擔憂。

我們馬上查了賀廣發的通訊紀錄，他提供的手機號碼顯示，當天中午並沒有來電。反復觀看監視畫面後，我發現賀廣發在影片中使用的手機和他出示給警方的手機型號相同。難道賀廣發有兩部一模一樣的手機？

我和劉隊找到賀廣發，開門見山地問他是否有兩支手機。賀廣發出現了瞪眼、臉部肌肉瞬間緊繃的表情，還不自覺地用手抓了抓褲子，這是意外和慌亂的表現。

我們又向他出示了監視證據和通話查詢紀錄。

賀廣發終於承認：「我妻子活著的時候，賀銘替我們買了兩部一模一樣的手機。她去世之後，賀銘沒有把我妻子的手機停話，他說這是媽媽的遺物，他捨不得，想留個紀念，所以一直照常繳話費。賀銘走之前囑咐過我，他會打他媽的那個手機電話給我。」

賀廣發還告訴我們，賀銘最近的情緒越來越焦躁，他在電話裡，曾經對賀廣發說：「爸，我就是個廢物，一事無成，不想活了。」賀廣發還勸了他幾句。

賀廣發已經構成了包庇罪，我們暫時將他羈押。賀銘歸案後，警方會根據賀廣發的犯罪情節輕重量刑。

警方根據賀廣發提供的線索，透過手機追蹤系統定位到了賀銘，發現他就藏在隔壁縣的東江旅館。

局裡馬上開始布置警力，並於當晚十一點二十五分趕到隔壁縣的東江旅館。

便衣找到旅館服務人員，核查後發現賀銘在登記時使用了假身分證。經服務人員仔細辨認，雖然他登記時戴著帽子和口罩，但入住五〇六房的很像賀銘本人。服務人員甚至反映，賀銘的門上一直掛著「請勿打擾」的牌子，房間內的情況她也不清楚。我們在旅館大廳監視畫面中發現，賀銘早晨背了一個包出去之後，一直未歸。

旅館後門有一座外掛旋梯，沒有監視，暫時無法確定賀銘是否在房間裡。為了防止打草驚蛇，同事們藏好配槍，埋伏在五〇六房間附近，嚴陣以待。偵查員打扮成服務人員去五〇六房間敲門，裡面一直沒有人回應。

我們破門之後，發現房間裡沒有人。

難道是警方的行動暴露了？看來情況有變，目前可以確定的是，賀銘在我們準備抓捕的當天早晨離開，甚至連開房的押金都沒有要回去。

我們馬上向局裡報告情況，並讓賀廣發撥打賀銘的電話，結果無人接聽，甚至留言給他也沒有任何回覆。

賀廣發已經被我們羈押，不可能向賀銘通風報信。警方並沒有暴露，也沒有任何破綻，為什麼賀銘會突然離開呢？

一週過去了，我有種不好的預感，我猜測會不會是賀銘的同夥發現了賀銘和賀廣發有聯絡，害怕暴露，於是殺人滅口了。

我把想法向隊長反映，隊長認為有這種可能。我們先聯繫了當地公安局，對方回覆近期沒有非正常死亡的報警紀錄。我想起隔壁縣的殯儀館制度不嚴謹，他們的殯儀館是縣醫院的醫生私人承包的，只要付租金就可以存放屍體，不會嚴格確認屍體的來源與死因，賀銘會不會被存放到殯儀館了？我覺得有必要查一下。

我們馬上聯絡了隔壁縣的殯儀館，結果他們還真的接收了一具不明身分的屍體，時間是賀銘離開東江旅館的第二天。

我們火速趕到殯儀館，等打開屍袋一看，死者還真是賀銘。

李時檢驗屍體後發現，死者身上沒有外傷，賀銘的嘴唇、指甲呈青紫色。後經檢驗科檢驗，證明賀銘死於農藥中毒。表格裡登記的死亡原因是突發心臟病，送屍單位一欄寫著玉華旅館。

玉華旅館距離賀銘曾經居住過的東江旅館直線距離不超過一千五公尺。玉華旅館的老闆說，事發時他本來打算叫救護車，可是發現賀銘已經死了，他害怕一旦旅館出了人命被傳揚出去，會影響生意。另外，他發現賀銘是喝農藥自殺的，怕惹上麻煩，所以沒報警，而是直接把屍體放到了殯儀館，然後再想辦法聯絡死者家屬來認領。在之後的暗訪中，警方發現旅館老闆同樣隱瞞了真實情況。

玉華旅館的監視器是假的，老闆為了節省成本只裝了一個攝影機的殼。雖然賀銘住的房間被打掃過，現場已被破壞，鄭爺還是開始按程序進行現場勘查。在勘查過程中，我發現旅館的服務人員中有一個十九歲的年輕女孩，她在看我們搜查現場時，幾次站在不遠處盯著我們，緊咬下唇，似乎有話要說。

我把她帶到一邊。她悄悄告訴我，賀銘死的那天晚上，她值夜班，去收拾一個剛退掉的房間，無意中看到賀銘在經過七一一房時，在門前站了很久，似乎還敲過門，可是裡面沒人應答，而賀銘住在七一六房。賀銘回到自己房間之後，再也沒出來，直到被發現死亡。

我們馬上找到入住登記表，發現在七一一房住的人叫余來酉，他比賀銘提前一天入住，在賀銘死亡當天，匆匆退房離開。這個余來酉就是賀銘最親近的朋友，村民口中的「縫臉人」。更巧合的是，賀銘出事之後，余來酉以整容的名義也離開了村子，之後警方一直沒有聯絡到他。

這兩個人明明很熟悉，住旅館時卻假裝不認識，我們判斷余來酉可能就是高家滅門案另外一名凶手。兩個人殺人後潛逃到這裡，為了掩人耳目，先後入住旅館。從旅館的登記資料看，他們每週換一家旅館住宿。巧合的是，在我們抓捕當天，他們剛剛更換了旅館，所以才逃脫了警方的第一次抓捕。

我推測，賀銘的死因很可能是因為案發後，兩人沒有搶到多少錢，賀銘又被警方列為通緝對象，由於過度壓抑和焦慮，兩個人之間經常發生爭吵。之後，余來酉無意中發現賀銘竟然與賀廣發還保持著聯繫，他害怕暴露，先下手為強，偷偷潛入賀銘的房間下毒滅口。

李時說：「不可能，賀銘所服下的毒藥是一種刺激氣味極強的農藥，我們在垃圾站找到了裝有農藥的雪碧瓶子。這種藥就算放在雪碧裡，味道也很重，賀銘飲用之前，不可能沒發現。」

正當我們疑惑不解的時候，在周邊搜查的那組同事傳來了好消息，他們在濱河救起一名跳橋自殺的落水者，此人正是本案的另外一名嫌疑人——余來酉。

余來酉到案之後，終於說出了賀銘的死亡原因：殉情。

余來酉說：「我和賀銘關係很好，他看我每天從早忙到晚也賺不夠整容的錢，就出主意說，不如做一票大的。我一開始很害怕，不同意。但賀銘跟我說，他曾經在一個茶莊老闆下面工作過，那個老闆特別有錢，還喜歡把錢放在家裡，不如兩個人合夥把錢偷出來，成功之後一起遠走高飛，神不知，鬼不覺。

我心動了。一開始我們只是想偷點錢，帶上兩把匕首是考慮萬一被發現，可以用來嚇唬對方。沒想到剛爬進房間，就被高語堂的兒子發現了，而且高語堂夫妻的反應、反抗都很激烈。賀銘說不能留活口，要不然警察肯定能抓到我們，我們兩個一狠心，就把高語堂一家都殺了。殺人之後，我們特別害怕，一起逃到隔壁縣的旅館。

後來在電視上看到警方發布了通緝令到處抓我們，我們也不知道怎麼辦才好，經常爭吵，互相埋怨。我又無意中發現賀銘居然背著我打電話給賀廣發，我提醒過他，不要再和賀廣發聯絡。我們是殺人犯，他爸很可能已經被警察監視了。可是，賀銘根本不聽我的，還說和他爸聯絡時，他爸用了另外一支手機，那支手機只有他和他爸知道。我有點急了，想了想，和高語堂一家認識的是賀銘，我從來沒和高家人見過面，就算警察追查出來，也查不到我身上。我想，殺人滅口，這樣一來我就安全了。

我找到賀銘，對他說：『你和你爸聯絡的事被警察發現了，這次我們完了，不如一起喝農藥自殺吧。警察說不定現在已經把我們包圍了。』賀銘一聽說被警察包圍，一下就退卻了，想都沒想就把農藥喝了下去。我瓶子裡裝的是水，看賀銘沒反應了，我就逃走了。」

余來西在說謊，他證詞裡的漏洞太多，比如，他告訴賀銘，他們被警察包圍了，賀銘馬上就相信了；他說要自殺，賀銘毫不猶豫地喝下了農藥。余來西說過，搶劫滅口的主意都是賀銘提出的，賀銘才是主犯。一個殺人不眨眼的凶手，會對一個幫手的話言聽計從，沒有任何懷疑？我建議隊裡替余來酉測謊。

測謊前我做了充足的準備，掌握了很多之前沒有掌握的資訊，我有信心讓余來酉說出真相。

在測謊室裡，我問余來酉：「既然賀銘已經死了，你為什麼要自殺？」

余來酉張了張嘴，沒有回答。

「技術科的報告裡說，賀銘會在每天晚上十二點準時把手機關機，是因為你每天十二點準時去他的房間吧？你們在談什麼？」

余來酉低下了頭，不說話。

「偶爾去是為了看守賀銘，每天都去，還那麼準時，難道你們住在一起？」

「沒，我們沒有。」聽到這個問題，余來酉顯得很慌張，接連吞嚥了幾次口水。人由於過度緊張，消化系統異常，就會覺得口乾舌燥。

「一個三十歲的男人，會對臉上的疤在意到要殺人搶劫嗎？」我質疑。

「在名片上印上萬蓉的血手印是你的設計吧？賀銘沒有你細心。更重要的是我注意到你沒有喉結。我們查過你的經濟狀況，這些年你賺的錢已經足夠整容了，你要做的根本不是整容手術，而是變性手術。你是雙性人。」我肯定地說。

余來酉雙腿夾緊，屏住呼吸，身體後傾，半天才呼出一口氣。一個人的謊言突然被識破後，會有一個抑制性保護反應，雙腿夾緊是肌肉突然收縮的保護行為；屏住呼吸是因為緊張造成呼吸中樞出現抑制反應；身體後傾意味著想遠離危險。

「你既然已經逃走了，為什麼還要自殺？因為賀銘是你的愛人，你在殉情！我問過服務人員，她在整理你的房間時，發現了護墊。你能解釋一下，是做什麼用的嗎？

你的長相雖然男性化，但是身體是個女人，你把自己和世界隔離，是因為你怕別人發現你的祕密，比如上廁所的時候是蹲著的。」

我的一連串問題，徹底擊垮了余來酉——「她」全身顫抖，臉色慘白。

「妳告訴賀銘，妳看到警察已經去過東江旅館，他被警察發現了，他聽到後萬念俱灰。妳說你們已經走投無路了，約好在夜裡十二點一起喝農藥自殺。十二點整，他去妳房間，敲門之後裡面沒有任何回應。他以為妳已經服藥死了，所以回到自己房間，義無反顧地喝下了毒藥。」

余來酉掩面痛哭。「她」終於交代了一切。

殺死高家五口的就是他們兩個，因為害怕警方火速趕到，抓住他們，在慌亂中他們只找到八百多塊錢，甚至連掉在地上的一些錢都沒撿，便趕緊逃走了。

我問余來酉：「為什麼連六個月大的孩子都沒有放過？」

余來酉說：「我發現那個孩子的左臉上有一塊青色胎記，長大後，肯定會被別人看不起，聯想到我自己受的罪，便把他也殺了。」

「地上的米是怎麼回事？」我問。

「我們曾聽說人死之後要燒米，這樣鬼魂就不會找來復仇了。」

「妳和賀銘是怎麼在一起的？」

「賀銘聽說鄰村有個縫臉人，因為好奇來偷看我，沒想到竟然看到我洗澡，發現我和普通人不一樣。他沒有嫌棄我，經常來幫我的忙，熟了之後我們就在一起了。賀銘知道自己是私生子，很自卑，可能他覺得我不會背叛他，不會看不起他，只屬於他一個人，才和我好的。他一直對我很好，還買過一條連身裙給我。他說，等我們湊夠了錢做手術，就能光明正大地生活在一起了，可是手術費用太高，所以我們就想到了搶劫。」

余來酉具有女性的細膩性格，同時也具有男性的肌肉和力量。從實驗室傳來的報告來看，余來酉的染色體為「46，XX」，發育呈男女中間型。法醫在查證過程中也發現她的身體上有明顯的女性特徵，例如生理期和乳房，腹腔內可見卵巢和子宮，雖然會影響生育，但生理特徵應該確定為女性。她屬於先天兩性畸形患者，和遺傳有關，但由於一直被當作男性撫養，因此有一定的心理偏差表現。

案子送交法院後，余來酉被法院判處死刑。

五個月後，她在臨刑前的唯一要求是穿上賀銘送給她的那條裙子。

第四案　金錢與權力的眞面目

家暴是一場漫長的凌遲，

反家暴則是一場漫長的腐蝕

案發時間：2013 年 6 月

嫌疑人：夏雲曦

涉嫌案件：殺人未遂

嫌疑人陳述證詞之表現：

- 用指甲摳著桌面
- 抿嘴唇，臉部肌肉緊張
- 右手緊握，大拇指被其他四指緊緊包裹
- 眼球放大、縮小、轉動頻繁
- 臉部 T 區肌肉瞬間向上，上唇微張

近年來，女性犯罪率逐年增加，並呈現犯罪多元化的特徵，其中高智商女性犯罪所表現出的欺騙性、隱蔽性、獨立性尤為明顯。她們不再以激情犯罪為主，而是有預謀、有計劃、有步驟地「輕刑」犯罪，以為這樣就不會被重判。這類犯罪通常是家庭矛盾導致的，她們憎恨丈夫的控制欲，試圖擺脫畸形婚姻的束縛。我就遇到了一個這樣的高智商犯罪嫌疑人。

二〇一三年六月十八日，推開訊問室的門，我看到那個三十六歲的女人正端坐在椅子上認真地化著妝。

精華、隔離、眉粉、口紅，裝備齊全，每個步驟都一絲不苟。亞麻色短髮映襯下的瓜子臉漸漸生動起來，可是再高超的手法也難掩精緻裡透出的疲憊。

她還穿著工作時的白大褂，修長的手指泛著碧青色。她就是用這雙做過無數臺手術的手，刺了自己的丈夫二十四刀。

她就是市第二醫院婦產科主任夏雲曦，她和丈夫馬彧東是同一醫院不同科室的主治醫師。

在被拘留的四十八小時裡，夏雲曦一直保持沉默。在拘留所裡，她不吃東西，只喝水，面對牆壁坐著，像是在淨化自己的身體和靈魂。

我和警隊申請，在夏雲曦自願下，由我主持測謊訊問，嘗試盡快讓她開口——婚姻一類的案子，女性之間更容易溝通。我的請求很快被隊裡批准了。當我把測謊協議書放在夏雲曦面前時，她真的鬆口了，只是提出個要求，要在測謊之前化個妝。

我最近在進修行為分析學，書裡說化妝在潛意識裡是一種解壓、安適的行為，也是暫時擱置真我的獲益過程。化妝的潛臺詞是從一種普通的狀態轉化到更好的狀態，這種轉化可以完成自我修飾，讓人更自信，有助於緩解人的緊張心理，是一種心理暗示：一切都會好起來的。

夏雲曦很聰明，想到了化妝，把自己打扮得漂亮得體，既會緩解自己的緊張心理，又會模糊對手的對立意識，讓對方的心理天平傾斜，甚至站到她這一邊來，對她所說的話產生認同感。

看來她是一個精通心理學的醫生。

「現在我們可以談談了。」化好妝的她給了我一個得體的微笑。

夏雲曦的案件比較特別，她刺傷丈夫馬彧東的主要原因據稱是兩個人在離婚問題上沒有達成一致。

從案發時的監視畫面上看，二〇一三年六月八日，星期三，午休時段，夏雲曦和馬或東在醫院小會議室協商離婚事宜。馬彧東拒絕離婚，兩個人情緒越來越激動，發生了嚴重的爭執。

其間，馬彧東突然掐住夏雲曦的脖子。五秒鐘之後，夏雲曦突然從左衣袋掏出手術刀刺向馬彧東。馬彧東受傷後準備逃走，在跑出會議室的過程中被椅子絆倒，夏雲曦衝上去連刺丈夫二十四刀。

夏雲曦刺傷馬彧東案屬於案中案，因為我們在對案件進行調查的過程中，還瞭解到她涉嫌倒賣胎盤、私自鑑定胎兒性別、引產活嬰。

馬彧東經搶救後被送人加護病房，三天後，健康狀態趨於平穩。雖然他被刺了二十四刀，但李時的「傷害鑑定報告」上顯示傷情並不嚴重，刀刀皮外傷，刀刀不致命。看來夏雲曦並不想置他於死地。

可是馬彧東在做筆錄時，對夏雲曦並不留情。我到醫院瞭解情況，問他襲擊夏雲曦的原因，他說夏雲曦不可理喻，故意激怒自己，卻又說不出具體理由。

當我向他瞭解夏雲曦的其他情況時，一開始他說自己不知情。在我們告知案件的調查進展後，他突然改口，舉發說夏雲曦一年的非法所得超過五百萬元。

馬彧東在做筆錄時目光游離，每次接觸到問題，他都會以身體不適為由要求休息，這屬於明顯的心理迴避動作。如果當事人出現嗤鼻、上唇抬起、嘆氣、瞇眼、目光游離等伴隨動作，意味著厭惡、逃避責任。

馬彧東的筆錄和我們的調查結果有很大出入。我們的調查結果顯示，夏雲曦涉嫌倒賣胎盤的郊區別墅和全部收入都在馬彧東名下，引產活嬰的私人醫院的法人代表也是馬彧東。雖然他解釋這一切都是夏雲曦為了栽贓和轉移資產的私下操作，他是被騙的，在實際操作方面根本不知情，但他沒有拿出有效證據。

究竟是馬彧東推卸責任還是另有隱情，需要警方進一步查證。

馬彧東在夏雲曦案中雖然是被害人，但自身疑點很多，我們建議他配合測謊。馬彧東躺在床上，按著胸口，以身體未恢復為由拒絕了。測謊要本著自願的原則，我們選擇尊重馬彧東本人的意願。

在測謊工作室，我開始對夏雲曦進行測謊。

測謊是行為分析的過程，真正目的是接近真相。在審訊中，嫌疑人出於自衛，一定會採取種種手段製造謊言以保全自己。在製造謊言的過程中，難免會有心理壓力和相對的應激反應。測謊便是把這些應激反應翻譯成可識讀圖譜，從而進行分析，還原真相。

測試開始之前，測謊師查證受測者身分：夏雲曦，女，三十六歲，身高一百六十五公分，職業為醫生。

夏雲曦是市裡很有名的婦產科醫生，不僅為醫院引進了德國微創技術，還做過國際救援醫生，被派到非洲莫三比克之後，她為當地一個部落的公主成功切除了重達一公斤的子宮肌瘤。

在我為她連接測謊儀時，她情緒穩定地對我說：「連接我胸腹的是呼吸感測器，食指上的這條應該是膚電，剩下測的是血壓和脈搏，和醫院的儀器幾乎一模一樣。我覺得你們多此一舉，測謊儀只是一種身體指標監測設備，把它作為法律鑑定手段，未免太輕率了。」

「它確實是一種身體指標監測設備，所以我們不會僅僅憑藉儀器來給妳定罪，就像妳也不會只憑藉醫療儀器來為病人治病一樣。但我們接觸的儀器都屬於檢測事實的一部分，同意我的說法嗎？」

夏雲曦點點頭。

測謊開始之前，我告訴她：「馬或東已經脫離生命危險。」提前告知可以讓受測者以平復的心態來面對整個測試。

她垂下目光：「我知道，我沒想殺他。」

儀器上顯示受測者情緒沒有太大的波動。

「妳的身體檢測報告一切正常，我們現在可以開始了嗎？」

她輕輕點點頭。

在進行姓名、年齡、職業等一系列基準問題的測試之後，我們開始進入主題。

「妳是一名優秀的婦產科醫生，在從業的八年裡接生過無數孩子，搶救過無數產婦，這證明了妳的職業技能和操守。為什麼會涉嫌倒賣胎盤？」

夏雲曦微微抿了一下嘴唇，這表示她有難言之隱。同時，她右手緊握，大拇指被其他四指緊緊包裹，這屬於保密和迴避的暗示動作。大拇指一般情況下被當作手掌的「頭部」，將「頭部」藏起來，是一種典型的自我保護，這個動作代表她接下來的言辭一定會傾向於為自己辯護，而且會過濾掉那些對自己不利的內容。

我輕輕翻開案卷，向夏雲曦出示案件調查報告：「在妳刺傷馬彧東三天之前，我們在市區公路上截獲了三箱『黑胎盤』，司機口供裡提到和你們夫婦有關。」

三天前，警方在市區公路上截獲了一輛白色麵包車，車主稱車內運送的是中草藥。在搜查過程中，警察發現中藥袋最下面放著五個白色的保冷箱，打開之後，最上層是冰袋，下面是明令禁止倒賣的胎盤，共有一百五十個。

我市查獲這麼大數量的走私鮮胎盤還是頭一次。

被抓獲的車主堅持說這些胎盤是動物胎盤，而警方進行現場勘查時，認為這是人類胎盤。為了進一步明確立證，警察又將樣本帶回局裡進行了DNA鑑定。

白色的保冷箱被抬到鑑識中心，裡面是一團團血腥味撲鼻的圓形肉餅。經鑑定，這些胎盤確實是人類胎盤。

這是我第一次見到如此大規模的胎盤走私，這些來自人類身體上的組織很容易引起生理不適，我想自己甚至再也不想在網路上買生鮮食品了。胎盤有一定的藥用價值，用人類胎盤製作的血清蛋白和免疫球蛋白是搶救病人的重要生物製品。

乾燥的胎盤在中藥裡被稱為紫河車，用於輔助治療支氣管哮喘和結核病，但國家對使用胎盤入藥有嚴格的規定，需要特批證書和一系列嚴格正規的手續，這是「黑胎盤」明顯是沒有的。更為嚴重的是，新鮮的胎盤很容易引發病毒感染，像肝炎、愛滋病都有可能透過胎盤傳播，後果很嚴重。

當警員詢問車主胎盤的來源和買主時，車主說：「我也不清楚，只是負責運到郊區一棟別墅。至於來源，每次會有人打電話給我去指定地點收貨。這些胎盤是裝在黃色的醫療垃圾箱裡，從醫院運出來的，我只要再裝進保冷箱裡，運到那棟別墅就可以了。酬勞會直接轉到我的銀行戶頭。」

我們根據車主提供的資訊找到相關醫院負責清運醫療垃圾的王甬。

我們向王甬詢問：「是否知道垃圾箱裡裝著什麼？」

王甬說：「不知道。這些醫療垃圾是從手術室直接運出來的，每個月都有兩、三次，確認單是夏雲曦主任提前就簽好了的，到我這裡看不到裡面裝的是什麼。每運一次，婦產科都會給我五百元酬勞。」

在司機的帶領下，我們找到了胎盤買主的別墅，調查之後，發現別墅的屋主是馬彧東。警方想要進一步對別墅進行搜查時，遭到了四個黑衣男子的阻攔。他們自稱是別墅的保鏢，有搜查令也不能進入。在勸說無效的情況下，警方採取行動，很快控制了四個保鏢，強行進入別墅。

別墅共兩層，上層類似中藥倉庫，四壁藥櫃環繞，裡面擺滿了珍貴的中草藥；下層大廳全部打通，裝修風格類似於私房菜館，廚房採用全通透裝修，廚具一應俱全，加工過程一覽無餘。

別墅裡有四名女性員工，分別來自四個不同省分，平均年齡二十一歲，都有正規的護士專業證照。

領班員工在做筆錄時說：「我們也不清楚胎盤的詳細來源，只負責私廚加工和拍賣，並向老闆馬彧東報帳。」

調查警員說：「報一下胎盤的價格。」

她回答：「普通黑市的胎盤每個賣到一千元利潤就已經很高了，我們可以賣到五千元甚至更高。」

在加工現場的地下室，我們發現一間監控室。調取以往的監視畫面，我們看到了一場完整的胎盤拍賣、競價的錄影。

錄影上顯示的時間是五月二十四日，下午兩點三十分。

大廳的紅木沙發上坐著四位客人，兩男兩女，年齡在四十到五十歲。兩名女員工身穿改良過的日式護士裝，把要進行拍賣的胎盤放在水晶冰盤裡。

一名員工介紹：「這裡面的胎盤是初產婦的龍盤（生了男孩子），提供胎盤的產婦年齡二十六歲，身體健康，大學畢業，鋼琴檢定十級，有過留學經歷。」

投影機上出現了提供者的照片。

領班托著冰盤給客人近距離展示過後，開始競價……

競價完成後，幾名女員工開始熟練地進行現場加工。可以判斷，整個加工過程雖然開著空氣過濾器，但味道應該還是很重，可以看到所有買家都退到了遠處。

在等待胎盤加工的過程中，美女員工會介紹胎盤的功效，比如抗衰老、美容、補血、治療不孕不育、提升性功能等，還會推薦一些用胎盤製成的其他食用菜品，其間每人發了一冊精裝的胎盤菜單。我們在搜查別墅時，找到了不少類似的印刷品。

胎盤加工好之後，體積變得很小，類似牛肉乾，然後會被放入料理機，按買主要求加入一些珍貴中藥後一起打碎，之後由助手把棕色的混合藥粉加工成膠囊。

她們手法嫻熟，不到半個小時，已經完成加工。

據女員工供述，每個胎盤經過如此加工製成的藥粉大約可以裝一百顆膠囊，胎盤粉加上中草藥，一顆膠囊的價格超過二百元。生意好的時候，白天和晚上都會有客人來，她們會被要求加班。

—W—

夏雲曦聽著我對案情的描述，臉上波瀾不驚。測謊儀有輕微的波動，但沒有脫離基準線。

「我也是頭一次瞭解拍賣過程，這件事我略微知情。我勸過馬彧東，讓他別打醫院的主意，有多少本事賺多少錢，可是他聽不進去。其實我們的婚姻有很多問題，我嫁給馬彧東是對原生家庭創傷的一種療癒。」

夏雲曦很聰明，她會避重就輕地轉移話題，由被動變為主動，試圖引導我的注意力。但她不明白，迴避即關鍵，示弱即掩飾，共情即拉攏，偽裝即謊言。我決定搭一次順風車，不阻止她，鼓勵她說下去。

「我三歲那年，父親就生病去世了，我長大之後一直喜歡年長的男性。馬彧東比我大十二歲，嫁給他可能是因為我有些戀父情結。」

夏雲曦的睫毛很長，很濃密，她喜歡垂下眼睛，給人一種溫順沒有攻擊性的印象，但在我看來，她的臉部肌肉過於緊張，這個動作是她心理調適的一個過程，是「沉浸式製謊」的一部分。

心理調適屬於心理平衡能力，也叫有效選擇能力，比如人在覺得痛苦時，會選擇一種釋放方式，讓自己不那麼難過。由於個體差異，這種能力會有強弱之分，那些有效選擇能力弱的人更容易罹患精神類疾病。

沉浸式製謊則是指類似於自我催眠的說謊方式，說謊者會在腦海裡建立一個場景，再將這個場景不斷完善，先說服自己，再去騙別人，這種謊言的「成功率」會更高。

「父親是一家之主，如果子女犯了錯，就會用相應的手段懲罰，所以馬彧東已經持續對我家暴八年了。」

「馬彧東對妳有家暴行為？」這有點出乎我的意料。

夏雲曦長嘆一口氣：「第一次，是因為我報名參加了國際救援，但是他打算帶我一起去縣城醫院做手術賺外快。那時候和他同期的醫生大部分都升了主任，只有他還是副主任。他覺得既然仕途難以突破，不如多賺些錢。我記得，當時我正在收拾行李，在行李箱裡放一件紫色的T恤。菸灰缸飛過來的時候，我根本沒反應過來。直到我的頭上開始流血，血從眼角淌下來，我才感覺到。那時候我們剛結婚一年。我當時穿一件紫色衣服，血滴在衣服上，居然是黑色的。他不讓我去醫院，親自幫我處理傷口。好在那個傷口不算嚴重，不會影響行程。」說完，她撩起頭髮，讓我看傷疤。

「打完我幾秒鐘後，他跪在地上，抱著我的腿哭了。他說他是著急，他是為我好，他已經是個老頭子了，我還這麼年輕有前途，如果他先走了，錢至少能成為我的依靠。他還說金錢決定一個男人的地位，一個男人沒有錢就沒有安全感，他害怕我會離開他。當時，看著他淚流滿面地跪在地上，頭頂上的髮絲已經開始稀疏，我的心忽然一軟，我信了，原諒了他。」

她的敘述有真有假，我在高解析度攝影機裡看到她眼球轉瞬即逝的運動：先向左，再向右，瞳孔在同等光源下有放大和縮小兩種表現。此前已經講過，眼球向左轉是回憶訊息，向右轉是建立訊息，也就是在編造謊言。瞳孔瞬間放大說明她顱壓過高，壓力很大，又瞬間縮小，預示著她開始緊張。

「後來他還是同意我去參加國際救援。三個月後，我從非洲回來，他做了一桌子我喜歡吃的菜，還買了一枚珍珠戒指給我，告訴我以後不會強迫我做任何事了。他已經都安排好了，只要我在科室的胎盤確認單上簽名就行了，其他的不用我操心。我就知道他要打胎盤的主意。」

「妳是什麼態度？」

夏雲曦沉默、咬唇——表演型人格。

人在開始說謊之前，通常會做一個心理上的預備，同時伴隨一些肢體上的動作，用來提示自己，潛臺詞是「準備好了」，「要開始了」。夏雲曦的尺度還好，不是特別明顯，但表演前，膚電就有了反應：圖譜上出現了兩個小高峰，表示有心理波動。

「一開始我沒有同意。那天晚上睡到半夜，我感覺不能動彈，醒來的時候發現，他用醫用綁帶把我緊緊捆住了。他坐在床邊盯著我，伸出手摸我的臉。他的手很冷，帶著醫院消毒水的味道，我很害怕。

他問我為什麼不聽話呢，只要聽他的話，他是捨不得傷害我的。他每碰我一次，我的肌肉就會反射性地一抖。他坐在那裡把我從頭摸到腳。那一次我是真的怕了，房間裡沒開燈，但我能感覺到他的眼神和白天不一樣，閃閃發光。我只好先答應幫他簽字。」

「為什麼不離婚，或者報警尋求幫助？」

夏雲曦苦笑：「我是醫院的副主任，婦產科的高人氣醫生，電視講座的專家，醫院的招牌，竟然會因為家暴離婚報警？那會成為人們眼中的笑話的。我受不了別人的指指點點，以後還怎麼在醫院工作？我要維護我的尊嚴！」

這句話倒是真的，她表情自然，一臉無奈。

馬彧東就是掌握了夏雲曦的性格弱點，才會一次次碰觸她的底線。她不明白，尊嚴和面子是有區別的，尊嚴是自我保護，而面子是自欺欺人。

「貨源就是財源，妳對馬彧東來說變得更加重要，他還有再傷害過妳嗎？」

「他收斂了很多。有一次，他喝多了還告訴我，除了自己加工，他還會將品質稍差的胎盤賣給同行，如果有需要鮮盤的就走冷藏宅配送過去。我們是主要供應商，從醫院出去的胎盤都有產婦簽名，加工自己的胎盤或者幫胎盤持有人加工胎盤是不違法的。只要打著代加工的名義，遇到問題也只是罰款。」

倒賣胎盤存在空白刑法的疑慮，有需要就有市場，一旦暴露，只處以五千元以上、兩萬元以下罰款，所以馬彧東才會無所顧忌。

「我提醒他胎盤是胎兒和母親物質交換的器官，母體如果感染愛滋病、B型肝炎、梅毒，會存在於胎盤內，就算高溫處理也不一定會把病毒殺死。」夏雲曦繼續說。

「馬彧東是什麼態度？」

「馬彧東說，現在的有錢人為了抗衰益壽，毒藥也敢吃，讓我放心。」

「馬彧東名下的其他財產，妳瞭解多少？」

「登記在他名下的醫院、別墅等財產，具體金額我並不是特別清楚。他不讓我問，說只要我聽話，他的就是我的。」

夏雲曦的話條理清晰，語氣裡略帶幽怨，容易讓人產生同情，這類人格被稱為「維納斯人格」。擁有這類人格的人通常很自信，懂得隨機應變，覺得以自己的人格魅力可以掌控一切。在測謊的過程中，稍不留神，我的天平就會向她傾斜。可是我總覺得這個女人不簡單。她一直試圖引導我同情她，站到她那邊，但她對馬彧東的憎恨又表現得很克制。

測試之前，我見過馬彧東兩次。我還記得他當時的反應，他不顧身上的傷口，用力拍著病床，憤怒地喊：「所有的主意都是夏雲曦想出來的，每個細節都是她讓我去做的，她讓我盡情享受金錢和外面的女人，現在又想把所有罪名推到我身上。那個女人，是個瘋子！」

我問馬彧東：「你為什麼會聽她的話？」

馬彧東忽然頹喪了，沉默了很久。

「沒有任何一個男人能拒絕金錢和地位的誘惑！」說完這句話，他的左腿不自主地顫抖了一下。

我沉默了一下子，決定主動出擊：「倒賣胎盤，是妳想出來的，不是馬彧東吧？」

「何以見得？」夏雲曦輕聲問。此時，顯示器上心電有微微起伏。

「首先馬彧東是外科醫生，利用胎盤賺錢的想法對他而言過於專業。其次是客源，我之前做了調查比對，那些光顧胎盤廚房的人大部分是妳的患者，或者和妳有著千絲萬縷的關係。」

夏雲曦緩緩地說：「是馬彧東逼我介紹的。如果我不做，他會……在夫妻生活時折磨我。」

因為連接了感應器，夏雲曦用小拇指輕輕拉開衣領。我看到靠近左乳的地方有兩塊菸疤，紅棕色的表皮糾纏在一起，看著也能多少想像到她當時的痛苦。

「大腿上也有。其實我真的不明白，他在外面有女人，為什麼還抓住我不放。我已經幫他賺了夠多的錢。」

「他不放過妳，是因為貪婪，這種貪婪的存在是因為妳的退讓。退讓是一種縱容，但這種縱容也可能是一種欲擒故縱。妳認識邱瑩吧？她的技術不如妳，還出過醫療事故，被馬彧東用錢擺平了。據邱瑩交代，妳是她的老師，還是妳親自培訓她的。」

在馬彧東經營的那家私人醫院，婦科主任邱瑩和馬彧東的關係看起來比較特殊。在我們進行周邊調查時，有員工猜測邱瑩是馬彧東的情婦之一。

我在替邱瑩做筆錄的時候，發現這位女醫生和夏雲曦的性格截然不同，二人倒是很互補。邱瑩瓜子臉，皮膚白皙，妝有些濃，白大褂裡面穿著品牌襯裙，塗粉色指甲油。

「夏老師技術很好，對學生要求很高，經常批評我。」

我從邱瑩的額頭上看到了閃亮的汗珠。

「妳和馬彧東是什麼關係？」

「我和馬彧東沒有關係，他是院長，我是醫生。」

「這叫上下級關係，不叫沒有關係。」

邱瑩趕緊附和：「對，上下級關係。」

「巧的是，妳和馬彧東用同一款香水，妳住的房子是馬彧東買的，妳開的車也是馬彧東給的。」

「香水是我送給馬院長的生日禮物，至於房子和車，馬院長說，是醫生的福利。」

「妳和馬彧東的緋聞，夏雲曦知道嗎？」

「馬彧東，不，馬院長說夏主任性冷淡，她什麼都不在乎。」

邱瑩說話的聲音越來越小，似乎放棄了抵抗。可能是年齡關係，邱瑩沒有夏雲曦老練，她有自己的一套語言模式。語言模式代表思維方式，邱瑩每次提到夏雲曦時都會用升調，表示囂張、挑釁；提到馬彧東時用平調，表示親近、依仗；被質疑時用降調，表示心虛、迴避。

我的思緒飄回到此時此刻的測謊室，夏雲曦淡然地看著我，舔了舔嘴唇：「是我培訓她的，可是當時我並不知道邱瑩和馬彧東的關係。」

她一臉真摯。

「本來馬彧東私自開醫院就違反了規定，如果再出醫療事故，醫院的信譽和生意都會受影響，馬彧東自己也會受牽連，所以他讓我在業餘時間幫他培訓一批醫生。一開始我是拒絕的，因為那批醫生的資質不夠。」

「後來為什麼會同意？」

「馬彧東看我不同意，把我鎖在浴室裡，每隔幾分鐘就開啟一次桑拿模式。整整三個小時，那種窒息和灼熱，妳是不會理解的，像……煉獄！」夏雲曦用指甲摳著桌面。

此時，測謊儀上心電反應較大。在心臟的每個心動週期，心律調節、心房、心室的相繼興奮都會伴隨著心電圖的生物電變化，透過連接心電掃描器，從體表引出多種形式的電位變化圖形，就是測謊心電圖。從心電圖上可以發現心臟在緊張、焦慮等狀態下的客觀指標變化，從而確定受測者是否在敘述事實。

「我沒辦法，只能抽出時間幫他培訓。引產手術對醫生的要求很高，醫生要在腹壁上找到羊膜腔的位置，注射藥水，找準這個位置需要經驗的累積，兩、三天之後的刮宮手術也要根據胎兒的生長情況選擇手術方式。手術中的任何一點疏忽都可能帶來無法彌補的傷害，就算順利完成，也可能出現一系列的後遺症。邱瑩之前出的醫療事故，就是因為她在引產之前沒能明確胎兒畸形，結果分娩中的胎兒下降停滯，最後導致病人的子宮破裂。」

「那麼引產活嬰呢？」

「你們調查出的引產活嬰，就是把孩子賣出去，一個養到足月的男孩子可以賣到十萬，這件事我真的不知道。作為一個醫生，我不可能做那種手術。雖然我被他威脅做了錯事，但是基本的職業操守還是有的，我沒有違法。」

最後這句話是強調，也是提示。

我問邱瑩這個問題時，她緊張到聲音有點發抖，說：「這個手術是我做的，不是夏主任做的，是馬院長讓我做的。一開始我很害怕，不敢做。馬院長說那個患者自己按了手印，出了事也不是我們的責任。他還說，不聽話，就讓我滾蛋。我沒辦法才做的。」

邱瑩的表情還算自然，她的問題在語速上。背書語速和敘述語速是不同的，背書是指事先想好了臺詞，語速會比較平均，聽者感覺不到關鍵字和情緒的變化；敘述語速則隨著情緒而變化，是沒有規律的，比如緊張時的語速就會比正常語速要快，至少是正常語速的三倍。她情緒有些緊張，但語速明顯像在背書。

夏雲曦說：「邱瑩名義上是我的學生，其實也是馬彧東的賺錢工具。馬彧東告訴我，邱瑩是他用高薪從上海挖過來的，還給了車、房。你們可以去查證。醫院完全是馬彧東的私人產業，他的所作所為真的和我沒有任何關係。」

我直視這個女人，她像一個圓的中心點，所有事件都圍繞她展開，她卻始終與這些事件保持距離。

「妳在試圖證明自己是無罪的。」

夏雲曦沉默了一會兒，說：「妳說過，僅憑馬彧東的話是不能作為證據的，沒有任何人能舉證我參與過胎盤交易。至於他利用醫院的4D立體超音波私自進行胎兒性別鑑定，我更不清楚。

馬彧東私人醫院裡用的那套設備的確是我們科在處理陳舊器械時淘汰的，因為馬彧東是醫院的員工，所以價格上有一定的優惠。可是那是馬彧東自己聯絡醫院負責人買下來的，走的是合法途徑，就算有問題，也是醫院的失職，又和我有什麼關係呢？

我刺了他二十四刀，刀刀不致命，我是醫生，如果想殺他，一刀就夠了，所以不屬於故意殺人。你們從監視器畫面裡也看到了，當時是他先掐住我的脖子，我屬於正當防衛，頂多是防衛過當，會判什麼罪，你們可以和我的律師去談。」

她平靜地看著我，目光裡沒有一絲躲閃，這段話她應該準備了很久。

「我們確實沒有，或者說暫時沒有足夠的證據，可是妳忘記馬彧東手裡的手術資料了嗎？」

「妳說的是六年前那件事吧？馬彧東私底下有沒有改動過那份資料，誰也不知道。手術時病人的情況千變萬化，手術之後我們也給病人家屬合理的解釋。馬彧東是主刀，所以在責任認定上……也不是我的問題。更關鍵的是病人家屬早就不再追究了，他們現在經常來找我看病，說明他們是信任我的專業的。」夏雲曦很自信地直視我。

我們瞭解到的情況是：那時候，夏雲曦剛參加工作，一開始被分配到外科實習，馬彧東帶她。半年之後，她通過考試，最終被分配到婦產科。那是她的第一臺手術，由於局部病變造成手術部位被擠壓、沾黏，使局部血管的位置發生變化。馬彧東說夏雲曦在手術過程中過度緊張，沒有注意到血管異常，處理血管的順序錯誤，盲目結紮，導致病人醫源性血管損傷。病人大出血，幸好馬彧東搶救及時，終於使其轉危為安。之後，馬彧東替她向醫院和病人家屬隱瞞了事實，還在操作考試上幫她作弊，給了滿分。

「妳在做完這臺手術之後一個月就嫁給了馬彧東，閃婚是不是也和這臺手術有關？如果這場醫療事故被認定是妳的責任，就意味著妳的行醫生涯還沒開始就結束了。夏主任，馬彧東並沒有妳想像中那麼疏忽大意。那是妳的把柄。他偷偷做了手術過程的錄影和資料備份，我們已經在找專業人士做醫療事故鑑定。」

「手術室裡瞬息萬變，僅憑一份備份就認定我有醫療事故嗎？更何況馬彧東有沒有篡改也沒辦法證實。」夏雲曦低下頭，盯著手上的感應器。

「畢竟已經六年了，妳心知肚明，馬彧東和妳在一條線上，如果事情公開，他在整件事上要負主要責任，所以妳篤定他不會提及。只是沒想到他狗急跳牆，為了脫罪把什麼都交代了。他沒有妳聰明，更沒有妳冷靜。

因為被威脅，妳嫁給了自己不喜歡的人，又被傷害，扭曲了本性，一個陰謀需要無數個陰謀去彌補，最後自己就成了陰謀本身。為了達到目的，妳無形中將自己塑造成了另一個讓自己厭惡的人。」

細節是謊言的死神，如果受測者給不出任何細節，就證明他在說謊；可是如果細節太周到、太圓滿，也證明對方在說謊。說謊者為了讓自己的謊言聽起來更真實，會用很多事例來渲染，事例中往往有很多具體詞彙，讓這些事例聽起來更像是日常生活中的一些經歷。但它們並不存在於目前敘述的事件當中，是被強行剪輯、剪接的。

夏雲曦長舒一口氣，沒有說話。

「妳和邱瑩的計畫成功了，妳利用馬彧東的貪婪一步步引他入局。我不明白的是馬彧東也算有頭腦，他為什麼會在邱瑩露面後出現那麼多破綻？」

「劉警官，我不懂妳在說什麼，我沒有計劃。除了邱瑩當過我兩個月的學生，我們私下沒有交集。」

「妳們有，證據就在邱瑩身上。」我說完這句話，夏雲曦突然屏住了氣息。血壓圖譜有波動，呈階梯形上升，達到最高閾值邊緣，三秒鐘之後，才恢復正常。

「我們已經到邱瑩的老家做過社調，並且採集了邱瑩五毫升的血液和馬彧東進行親緣比對，確定她不是馬彧東的情人，而是他女兒，是他和前妻的女兒。她隨了母姓。」

「我……根本不知道這些事。」夏雲曦回答這個問題的速度明顯比其他問題快，「馬彧東只和我提起他離過一次婚，孩子歸女方撫養。」

夏雲曦T區肌肉瞬間向上，上唇微張——她的表情不是驚奇，而是被識破之後的驚慌，兩個食指也從閉合到打開再回到閉合狀態。這是一個從心理到生理的反應過程。祕密被揭開之後，心理上從猝不及防到試圖自我保護，隨後神經受到刺激，馬上做出反應。夏雲曦的身體動作印證了這一點。

「不，妳早就知道了。為了擺脫馬彧東，妳請私家偵探調查過他的過去，技術科已經在妳的通訊紀錄裡，找到那個私家偵探的電話號碼。馬彧東的前妻叫邱春華。馬彧東也對前妻有過家暴行為，他用碎杯子把邱春華的右臉劃傷，她縫了二十四針。邱春華毀容之後，精神出現了問題，兩年前因為大腸癌去世，這和邱瑩出現在馬彧東醫院的時間吻合。邱瑩表面上投靠父親，其實是來報仇的，邱瑩找妳合作時，應該告訴過妳。僅憑她或妳都不足以打倒馬彧東，所以妳們選擇聯手。」

「我發誓，這些我真的都不知道。」

「發誓」這個詞很有代表性，表示強調、威懾。當一個人說話使用這個詞時，意味著他想擁有控制權，占據制高點。

在實施犯罪的過程中，罪犯的心理會異常緊張，他們感知的形象、體驗的情緒和採取的行動（實施犯罪的環境、過程和方式）都會在大腦中留下深刻的印記，如果事後被人提起，都會對他形成一種強烈的刺激。在這種刺激下，罪犯很容易使用鄭重有力的主觀詞彙，來證實自己的清白。

「妳、馬彧東，你們兩個人在邱瑩的身分上保持高度一致，態度曖昧，沒人否認，也沒人承認。讓邱瑩身分邊緣化的原因只有一個：都不想讓邱瑩捲進來。

馬彧東不想邱瑩捲進來可以理解，可能是想保護女兒。當然，從馬彧東的性格上分析，更多的是為了保護自己，怕自己在上一段婚姻裡的暴行被揭露出來。可是，妳為什麼會淡化對邱瑩的敵意呢？順水推舟，讓他們一起承擔後果，這樣似乎更合理。可是妳沒有，原因只有一個，妳們是同夥。

引產活嬰、鑑定胎兒性別，恐怕是妳和邱瑩背著馬彧東做的吧？之後把所有事推到他身上，讓他有口難辯。」

「劉警官，我是一名醫生，有醫生的職業操守。」

「我相信妳的操守，我更相信馬彧東沒必要賺這種高風險、低回報的錢。妳還是不夠瞭解馬彧東，兩年前他已經私下把資金投到隔壁市的一家健康檢查中心。醫院的收入還不及體檢中心的十分之一。」

夏雲曦沉默了。

「我們的測試到此結束，真相就在自己心裡，自己是騙不過自己的。今天的結果並不能成為定罪的全部依據，法律是公正的，妳是否有罪，需要進一步調查取證。但有一點我一直不明白，妳不用親自動手，只要一份舉發馬彧東的資料就能如願以償，何必弄得兩敗俱傷呢？」

夏雲曦轉過臉不再看我，也沒有回答。

—∿∿—

我在測謊鑑定書上寫道：無法認定受測者有說謊行為，因為在測謊的整個過程中，圖譜和峰線波動不大，沒有脫離基準。從行為學角度講，夏雲曦的表現有一部分符合說謊行為，但綜合測試儀參數，並沒有達到特殊反應值，結論上不能認定她有說謊行為。

但是她在測試中的全部表現會在舉證過程中上交法庭，作為參考材料，以確認犯罪事實和量刑標準。

她講述的也許全部是事實，卻不是真相。

夏雲曦離開時，忽然回頭看了我一眼，牽動了一下嘴角。我想，我能讀懂那種表情——不親自動手，難消我心頭之恨。

夏雲曦是個聰明的女人，如她所說，就算自己受到懲罰也不會太重，可以保釋，可以緩刑。

案件結束之後，她還可以在別的城市重新開始。她的案件屬於民事糾紛，即使被定性為刑事案件，因為是輕傷，判刑也是三年以下。

可是馬彧東情節嚴重，有證據、有證人，出院之後，等待他的很可能是十年以上的有期徒刑，並沒收全部非法所得。估計他出獄的時候，已經快七十歲了。

至於邱瑩，也需要承擔一些責任，但前途似乎不會受太大影響。

家暴是一場漫長的凌遲，夏雲曦的反家暴則是一場漫長的腐蝕。

第五案　難以遏止的心魔

當欲望成爲放縱的藉口，
最終理智便會被黑暗逐漸侵蝕

測謊日期：2013 年 7 月

嫌疑人：王順吉、田銘野、蔣子勳、梁小冰、胡駱華

涉嫌案件：過失殺人

嫌疑人陳述證詞之表現：

- 使用拖延性詞語
- 雙手握拳，腳尖內扣，下頜收斂
- 眼神游移，吞嚥口水的速度緩慢
- 不自覺用手背、指關節摩擦和按壓身體部位
- 唇肌用力收斂
- 目光平穩，面部肌肉沒有明顯波動

截至二〇一三年六月底，我們市的治安一直不錯，據我所知，只發生過兩起惡性鬥毆事件，刑警隊算是過著太平日子。

七月十一日，我們刑偵一隊正在辦公室聊年終考核和獎金的事情。

鄭爺開玩笑地說：「但願世間人無罪，何妨架上槍生塵。」

其實，大家都希望能平安到年底。沒想到，我們的美好願望很快就破滅了。二〇一三年七月二十一日上午九點十四分，一一〇報案中心接到報案，案發現場在桃仙別墅區C區六〇六號。那棟別墅共有三層，塔形錯層設計，下層是多室空間。

警察來到別墅第三層，推開了第一現場——臥室的門，發現室內掛著窗簾，光線特別暗，隱約看到有人靠在床邊。

警察打開燈，看到一個女人斜躺在床邊，捲曲的頭髮遮住半張臉。女人的上半身穿著黑色的情趣內衣，下身赤裸，臀部用枕頭墊起，胸口似乎有很多文身。

當警察們靠近女人後，才發現那些「文身」竟然在蠕動——原來是水蛭！

女人早已失去生命體徵，那些水蛭正扭動著尾巴吸血，每一隻水蛭已經飽脹到成人食指粗細。

我們刑偵一隊接到警情後，也火速趕到了現場。走進一樓客廳的大門，我看到一對中年男女正蜷縮在吧檯後面。他們就是報案人，此刻已經嚇得說不出話來。二人是別墅主人僱用的花匠和幫傭，關係為夫妻。在我做筆錄時，這對夫妻對我提出的問題一問三不知。幫傭只告訴我，女主人偶爾在別墅過夜，會帶不同的男人一起過來。

我們在案發臥室的垃圾桶裡發現了保險套，包裝袋上面標注著「蜜桃口味」，可能是凶手遺留在現場的。

李時在初步屍體剖驗後，發現死者是被殺之後才遭到性侵的，在死者體內並沒有採取到嫌疑人的體液。

從死者脖子上的痕跡和屍斑看，死者大致在夜裡十點到凌晨一點遇害，是被人扼頸導致窒息死亡，其他情況還需要進一步驗屍之後才知道。

鄭爺勘查之後說，由於案發當天的凌晨三點多下了一場小雨，室外地面痕跡大都被沖洗掉了。室內現場的線索很多，腳印雜亂，指紋、菸蒂隨處可見。從目前痕跡判斷，除了死者以外，這個房間至少有三個人進出過。同時，痕跡上也存有很多矛盾的地方：比如死者的一支手機被人帶走了，可是包裡的八千元現金並沒有丟失。

我問：「會不會是凶手想製造搶劫的假象，以此擾亂警方？」

鄭爺說：「有這種可能，也可能是凶手比較慌亂，沒來得及查看死者的手提包。」

「現場丟失的還有死者的首飾吧，比如戒指、手錶或者手鍊？」我問。

「妳是怎麼發現的？」鄭爺看我的眼神裡閃出一絲小火花。

「死者中指和手腕上的皮膚明顯比周圍皮膚白皙，說明這個女人有長期佩戴戒指和手錶的習慣。從戒指佩戴的位置看，應該是已婚。」

「還有項鍊！」李時補充說，「我在她脖頸處發現類似金屬物質的殘留物，應該是凶手在扯斷項鍊時留下的。」

「凶手沒有拿走現金也許正是他別於常人的特質，妳是怎麼知道他拿走手機的？」我問鄭爺。

鄭爺指指床頭櫃說：「我在水杯上採取指紋時，發現了床頭櫃上遺留的水漬。有人在喝水時灑出一些，手機應該距離水杯很近，留下的水印是手機形狀。我判斷是最新款的德國手機，因為水印邊緣有兩個半圓形凸起，是指紋解鎖器和專業攝影器的位置。」鄭爺熱愛電子產品的屬性大家都知道。

李時說：「從死者的傷口來看，她的掙扎痕跡不明顯。我認為水蛭應該是在她死亡之後被放到身體上的。」

熟人做案？仇殺？搶劫？案件的疑點太多了，線索太雜亂。

死者的身分很快被確認了，她叫姜靈，三十二歲，結婚八年，育有一子。丈夫蔣子勳在本市經營一家汽車配件廠，她本人經營一家保健品公司，規模比老公的還大。

案發地的別墅就在她名下，奇怪的是，我們在找姜靈的丈夫蔣子勳瞭解情況時，他卻說自己並不知道姜靈還買了一棟別墅。

隨後，我們在做社會排查時，在兩人的親屬那裡瞭解到，因為工作繁忙，蔣子勳和姜靈長期分居，半個月甚至更久才會見一面，兩個人似乎沒有什麼太大的矛盾。

鄭爺在做痕跡調查時，在姜靈包裡又找到了一支國產手機。經過技術部門解鎖後，我們確定就是姜靈所用手機，但這支手機裡只有五十個聯絡人，在通訊錄裡沒有丈夫和任何親屬以及業務聯絡人的資訊，倒是發現她唯一的一個微信標籤（分類）是「男團」。

案情分析會上，劉隊說：「也許在姜靈被拿走的那支手機裡，會有嫌疑人需要的東西。」

「我感覺不是，凶手只是拿走了他看得見的財物。」我說。

「說明一下。」劉隊說。

「已知證據不足，不對，是已知證據太多，一時說明不了，就是一種感覺。凶手很慌張，現場幾乎沒有被清理的痕跡，有新手隨機做案的感覺。另外，他很憤怒，憎恨死者，否則不會在死者身上放水蛭。」

「妳不覺得妳的推論很矛盾嗎？既然是隨機做案，怎麼會憎恨？」劉隊質疑。

「女人的直覺！」李時無奈地搖搖頭。

鄭爺說：「比對結果出來了，水杯上的指紋不屬於死者本人。」

姜靈微信裡的五十個聯絡人都是男性，每個人的頭像都很帥。有些肌肉男的照片很露骨，秀胸肌的更是比比皆是。

我們打開聊天紀錄，發現姜靈是個標準的女「海王」，同時也是個優秀的時間管理「大師」。她可以同時和五十個「男友」都保持著不正當的關係，頻繁約會，最多的時候一天可以見到五個人。在姜靈和男人們的對話裡不難發現，「男友」之間並不熟悉。

經過調查，我們還瞭解到，這五十個人來自各行各業，除了男公關，還有姜靈的同行，還有美容美髮業的、公司白領、歌手，甚至還有一個小演員。

仔細分析過聊天紀錄之後，一個叫王順吉的男人進入警方調查範圍。

從案發前幾天的聊天紀錄來看，王順吉威脅過姜靈，說他已經錄下了姜靈和他的影片，並且向姜靈勒索錢財，說姜靈如果不給他錢，他會把影片傳給姜靈老公，還會傳給她的公司或者放到網路上，於是我們馬上對王順吉進行調查。

王順吉，二十六歲，歌廳駐唱，有一個十九歲的正式女友。我們傳喚王順吉時，他顯得非常慌張。當我問他和姜靈是怎樣認識時，他雙手握拳，把大拇指包裹在其他四指裡面，腳尖內扣，下頷內斂，這些破綻動作都是非常明顯的迴避型動作。人想隱瞞一些事情時，由於肌肉緊張，身體會呈現出一種內縮狀態，包裹大拇指是一種自我安慰，這種姿勢讓人更有安全感。

王順吉告訴我，他和姜靈是在酒吧認識的。姜靈給他的小費比別人高，一來二去，兩個人就熟悉了。

王順吉回答問題時眼神游移，吞嚥口水的速度緩慢、吃力——吞嚥速度變慢則表明內心猶豫，試圖隱瞞部分真相。眼神活躍的人通常大腦反應比較快，但他的眼神暴露了自己大部分的心理狀態。我覺得自己應該能在這個男人身上挖出點什麼。

「王順吉，把你的上衣脫下來。」我突然發話。

王順吉下意識地用雙手拉緊衣領，一臉吃驚地盯著我。

「你的脖子上有抓痕吧？」

「我……我……」王順吉出現了暫時性口吃。

人在準備說謊時，大腦需要一個反應過程，語言中樞會本能地使用拖延性詞語或者重複關鍵字來為大腦爭取時間；在謊言還沒有編造成功的間隙，會造成語速緩慢或者語速延遲現象，通常會出現口吃或者用「這個」、「那個」、「嗯」之類的填充詞。

在高解析度攝影機上，王順吉瞳孔瞬間放大——祕密被人發現時，血壓變化會導致眼睛出現反射動作。人是無法自主控制眼球和瞳孔的變化的，遭遇突發情況時所產生的反應就稱為反射動作，測謊師透過這種變化可以看出人的心理狀態，看來我猜中了。

「除了脖頸，你的右小臂、左胸口也有傷痕吧？」

王順吉從進入室內到坐在椅子上的這段時間，不自覺地用手背、手肘與指關節摩擦和按壓過那幾個部位，這屬於安全性掩飾，有鎮定作用。人在緊張時，血液流速變緩，手腳會變冷。關節不適應這種突然的變化，會產生僵硬、腫脹的感覺，開始出現不自覺的按摩動作。這種動作不像抓耳撓腮之類的大幅度動作那樣明顯，而是自然、順暢的，所以被稱為安全性掩飾。

經過同事小王檢查，在王順吉的脖子上發現兩道抓痕，胸口一處是咬痕，其餘的部位也發現了傷口。

王順吉爭辯說，前兩天他和女朋友發生了爭執，這些傷痕都是被女朋友抓的。

我停頓了幾秒鐘，問他：「你勒索姜靈後，她有什麼反應？」

他下意識地勾了一次右手小指，並且在說「不知道」時，頭部出現了兩次類似點頭的輕微晃動。

人的頭部動作是一種肢體語言，特別是需要回答肯定或者否定的時候，這種肢體語言會表現得特別明顯。如果一個人誠實，那麼他說的話和肢體語言表現的訊息就應該一致。如果他嘴上說不是，頭部卻在肯定，那便是明顯的言行不一表現。這也是在測謊的過程中只要受測者回答「是」或者「不是」就可以進行判斷的原因。

我再次問他相同的問題，他又說了兩次「真的」、「百分之百」、「不知道」，並且在回答時，身體還向椅背靠了靠。撒謊的人往往會利用措辭來增加語言的可信度，向後靠的身體含義則是距離我越遠越安全。短時間內，他已經出現三次破綻，我確定他在隱瞞一些事實。

「美女警官，人真的不是我殺的，我連殺雞都怕。」

「你勒索姜靈二十四小時之後，姜靈死亡，而且你身上還有多處傷痕，不會這麼巧合吧？」

「殺姜靈的肯定不是我。」

「那是誰？」主語後置，除了想要擺脫嫌疑，還在暗示他有可能知道凶手是誰。

王順吉無奈地搓搓手，終於供出了一個叫田銘野的人。他說，田銘野是姜靈的頭號「男友」，但是田銘野嗜賭如命，向姜靈借過很多次錢。

「你怎麼知道田銘野的？為什麼一開始不說？你直接供出他有殺人嫌疑，自己就可以擺脫嫌疑，不是對你更有利？」

「唉！我曾經被田銘野教訓過一次。一個多月前，姜靈把我勒索的事告訴了田銘野。田銘野幫姜靈出頭時，我才知道她不止我一個情人。田銘野把我的鼻骨打傷了，還說再找姜靈就讓我變成太監。田銘野有黑道上的朋友，很有背景，聽說還進過監獄。這種出來混的人，我得罪不起。萬一人不是田銘野殺的，他出來之後報復我，就麻煩了，所以我不敢說。」

「你既然怕田銘野，為什麼還進行第二次勒索？」

「我和女朋友打算去外地，走之前想……撈點路費。」

我們採取了王順吉的DNA樣本。李時在姜靈指甲縫裡採取到兩處不同的DNA，但王順吉的DNA與這兩個都不符。另外，他的指紋也和水杯上的不一致。而且在調查過王順吉的行動軌跡後，發現他不具備做案條件。姜靈遇害時，他正和女朋友在一家小旅館開房，旅館門口的監視錄影可以作證。

我們找田銘野協助調查之前，先在姜靈的手機裡找到了以「TMY」開頭的暱稱，應該是田銘野名字的縮寫。

案發前一天，兩個人有四次通話紀錄，姜靈還匯了五萬塊到對方戶頭。

在對田銘野進行訊問之前，我們採取了他的DNA。檢測報告顯示，田銘野的D

NA和死者脖子上以及從其中一枚指甲裡採取到的DNA一致，但田銘野的指紋和杯子上的指紋不符。另外，田銘野也有不在場證明。

據田銘野交代，姜靈出事的時間，他正和一群兄弟賭博，還有地下賭場的監視影片可以作證。可是死者脖子上怎麼會有他的DNA呢？

田銘野說在姜靈出事的前一天，他們約會過，可能是那個時候留下的。姜靈當時答應他，如果表現得好就匯五萬給他應急。田銘野還承認，為了替姜靈出頭，曾經打傷過王順吉。

田銘野的供詞幾乎沒有漏洞，還有全程監視影片作證，基本上可以排除殺人嫌疑。線索又中斷了，案件陷入僵局。

一週後，進行調查的同事送來一份監視影片。我們在影片裡發現，案發當天，姜靈的丈夫蔣子勳在別墅附近出現過。雖然他戴著口罩和帽子，但推墨鏡時翹起的蘭花指、走路時弓背的身形和步幅都可以證明他就是蔣子勳本人。

因為案發現場沒有留下任何有關他的證據，之前我們一直沒有把蔣子勳作為主要調查對象，現在警方決定對他進行突擊偵訊。

姜靈的丈夫蔣子勳在妻子去世之後，表現得非常悲傷，這種表現屬於正常的居喪反應。我們傳喚蔣子勳時，他沒有刮鬍子，衣領上有一圈油漬，看起來神情頹廢。他的衣袖過長，把手縮在裡面——性格內向的人在隱藏自己的情緒時，慣用這種動作。

「說說你和姜靈的婚姻吧。」

「雖然好多次想掐死她，但我沒有動手，甚至沒有家暴過。她不是我殺的。」

蔣子勳的直白讓我有些意外。

他直視我，目光平穩，面部肌肉沒有明顯波動——他現在在陳述一個事實，應該沒有說謊。

「我們的婚姻就是一個錯誤，結婚半年之後，她就開始出軌。每一次當我想離開她的時候，她都會用尋死威脅我，有一次她甚至吃了四十多片安眠藥。怕她出意外，我一直忍到孩子出生。孩子出生之後，我做過三次DNA鑑定，才確信孩子是我的。」

「妻子出軌對於男人來說是無法容忍的，你為什麼不離婚？」我問。

蔣子勳長嘆口氣：「出軌的事不完全是她的錯。」

對於蔣子勳的回答，我有些詫異。

蔣子勳說：「我和姜靈曾經開門見山地談過，我打算離婚，她死活不同意。我問她原因，一開始她不說，最後拿出一份檢查報告。姜靈在靠近腦下垂體的位置長了一個良性腫瘤，但位置不好，不能做手術，只能持續治療。這個腫瘤導致性激素分泌旺盛，所以……她的出軌其實是生病造成的。她堅持不和我離婚，說她是愛我的，只是控制不了自己。」

「你也不想離婚吧？」我問。

蔣子勳躊躇了一下：「是。我和姜靈是大學同學，有穩定的感情基礎。她生病了，我不能不管她。再說，姜靈對我的家人一直很照顧，特別是對我父母，不但買房和保險給我的父母，還經常陪他們出去旅遊。更何況我們還有孩子，所以將就著過吧。」

「你不是說，不知道姜靈名下有別墅嗎？姜靈出事的期間，你為什麼會出現在別墅附近？」

蔣子勳沉默了一會兒，道：「我跑了很多家醫院，找到一種用中醫和心理結合的治療方法，想帶姜靈去看病，可是她總是找藉口敷衍我。我被逼急了，質問她是不是就喜歡鬼混。姜靈說，反正病也治不好了，讓我睜一隻眼、閉一隻眼，不如把這種病當成她在證明她的女人魅力。」

「姜靈這麼說，你是什麼反應？」

蔣子勳用左手搓了搓眉頭，這個動作代表無奈。

「我被氣壞了，一氣之下僱了一個私家偵探，拿到了姜靈接觸的所有男人的資料，那天晚上去別墅是想用這些證據威脅她去住院治療，否則就和她離婚。」

「你進了別墅？」

「沒有。」

「為什麼？」

「私家偵探把資料給我的時候，告訴我她可能約了男人，就在別墅裡。我的確是想衝進去，可是到了別墅附近，我又放棄了。如果我親眼看到她和別的男人在一起，可能真的會動手殺了她。」

「你的話前後矛盾，既然想將就著過，為什麼又會積極地幫她治療呢？」

「她的病像吸毒一樣，不出軌會焦慮不安，背叛我之後又非常痛苦，甚至無數次想過要自殺，還背著我立了遺囑，要把財產全部留給我和孩子。如果我放棄她，她一定會自暴自棄的。畢竟她是我愛過的人，還是孩子的媽媽，所以我很想幫她。」

說這段話的時候，蔣子勳的臉部肌肉很放鬆，是釋然，他應該沒有說謊。雖然他的DNA樣本和指紋同警方採取到的都不吻合，但他有殺人動機，暫時不能排除僱凶殺人的做案可能。

案件陷入膠著狀態。

總感覺離凶手越來越近，可是卻找不到準確的入手點，我覺得自己像在一個迷宮裡繞圈圈。

同事們正在逐一調查姜靈手機裡的五十個「男友」，李時不時感嘆著「男友」們的「副業收入」過高的問題。

也許有些盲點被我們忽略掉了。我決定重回現場，進行模擬勘查。

模擬犯罪是需要靈感的，要和凶手保持相同的思維。我會根據前幾次勘查現場的全勘線索圖，沿著凶手的軌跡，模擬凶手的做案過程，追蹤凶手的做案動機。我相信在與凶手做案環境基本相符的情況下，更容易找出破綻。

姜靈出事的時間範圍在晚上十點到凌晨一點，當天的氣溫是20℃到29℃，空氣濕度45%。我選擇的這一天同樣是圓月，和案發當天氣候環境高度相似。在得到上級批准後，我換上便裝，和刑偵一隊的一名同事在晚上十點到達別墅。

別墅出事之後已經被封，那裡屬於半山區，面積很大，方圓幾公里沒有民居。別墅關閉近一個月，室內散發著陳腐的味道。

我戴好手套，穿上鞋套，跨過警戒線，直接上了頂樓。同事則留在一樓，開始按照勘查全景圖核對現場。

我推開了第一現場的房門。我沒有開燈，借著月光環顧四周。現場環境幾乎都被還原了，和凶手當天的做案條件完全吻合。

我一直對浴室存有疑慮。李時在浴室找到兩處痕跡，其中一處痕跡我們已經查證，是當天被姜靈用微信叫來服務的「9號」男友留下的。

九號是一個二十二歲的男公關，他曾把用過的浴巾扔在浴室的洗手檯上。我們從浴巾上採取到了他的DNA，但是他的DNA與姜靈指甲裡的DNA不符。

浴室裡面的第二處痕跡是一個拖鞋印，鞋印的前腳掌部分清晰，卻沒有腳跟部分，好像在踮腳走路或者是小腳穿大鞋。別墅裡給客人專門預備了拋棄式拖鞋，統一型號為四十二號，九號男公關就是四十二號，和別墅拖鞋的鞋碼剛好吻合，不太可能出現這種情況。

九號給的口供是自己當天胃痛，吃了藥，休息了一會兒之後，在晚上十點半左右進入姜靈房間，服務之後就從後門離開了。走之前他聽到姜靈接了一個電話，並且聽見姜靈和電話裡的人在吵架。

我在訊問時，問過他是否知道和姜靈吵架的人是誰，他說好像聽到姜靈叫對方什麼吉。經過查證，跟姜靈在電話裡吵架的人就是我們第一個傳喚的王順吉。

九號離開房間之後，姜靈叫了宵夜。幫傭證實當時是十一點多，那時她還活著，是姜靈親自打開房門取走食物的，但這並不能排除九號有延時殺人的可能。

浴室裡的第二處痕跡我們暫時還沒有查到是誰留下的。我把自己的腳放進第二個鞋印中，臉正好面對浴室的洗手檯。

回到臥室，看了看床，我試著躺在死者的位置上（在前幾次勘查結束後，已經拍下現場固定照，做好勘查紀錄，我的這種模擬行為是符合規定的），想用死者視角去觀察周圍。姜靈死的時候，頭部朝向偏右，那裡是一扇凸窗，可以看到月亮。

凶手逃走之前，姜靈已經死了，所以她頭部的朝向應該只是個巧合。不過，我還是來到凸窗前，仔細觀察，凸窗上有圍欄，可以從內部打開。我試著推了一下凸窗，發現正上方好像黏了一樣東西，導致開窗時有一點阻力，這個阻力很容易被忽視。

打開手電筒，我從凸窗爬出去，站在圍欄上，抬起頭，發現凸窗和窗框形成的縫隙裡有一個死角。我好奇地舉起手電筒照了照，還是看不到裡面。我踮起腳尖，用手一摸，裡面似乎卡著東西，用手指夾出來一看，居然是一枚使用過的保險套，淡粉色的。這個新發現讓我頓時精神一振。

我將保險套放進證物袋，帶回了局裡。

經過鑑定，保險套中的遺留物與姜靈指甲縫裡的ＤＮＡ完全吻合，只是暫時還不清楚上面的少許金粉是什麼物質。與此同時，檢測人員告訴我，水蛭的化驗結果已經出來了。在兩條水蛭裡採取到一種相同的成分，那是一種鎮靜劑或者抗抑鬱藥物，其他水蛭的身體裡沒有這種成分。

水蛭大小一致，檢測人員覺得可能源自人工飼養。

我猜測有藥物成分的兩條水蛭在咬姜靈之前，吸食過其他人的血液，被吸食人有可能就是凶手。然而這個人和姜靈的血型相同，這讓我們從一開始便忽略了這個問題，但可以確定的是，死者的血液裡沒有鎮靜劑或者抗抑鬱藥物的成分。

根據新線索，我們一方面要調查和姜靈接觸過的男人中是否有人服用過這類藥物；另一方面可以從源頭下手，在市內出售、養殖水蛭的寵物市場或一些中醫館找線索。

同時，技術科也有了新的發現，他們在核查九號男友的通話紀錄時，發現他在九日晚上十點二十八分到十一點四分有兩次通話紀錄，一次撥出，一次接通，均為同一組號碼，兩次通話累計時長七分多鐘。如果按照九號之前的筆錄，這段時間他和姜靈一起，那麼和他講電話的人是誰，和姜靈之死有沒有關係呢？

九號被再次傳喚的那天，身體一直在發抖。他本名叫梁小冰，是姜靈認識了半年的男友。他顫抖抖地告訴我，姜靈傳微信那天，他身體不舒服，但還是撐著去了別墅。他突然覺得肚子痛、想吐，便跑到閣樓上廁所。

「閣樓？」

「閣樓就在姜靈臥室正上方，她在閣樓裡裝修了一間客房，說是專門為我訂製的，偶爾時間太晚，她會讓我去那裡留宿。」

我們搜查過閣樓，幫傭當時說沒有入住，是用來存放舊物的。

閣樓和臥室只隔著一層樓板，應該能聽到下面的聲音，最關鍵的是，從我發現保險套的位置推斷，保險套很可能是被人從閣樓的小窗口扔出去的。

凶手應該到過閣樓，閣樓的位置很隱蔽，不容易被發現。即使不是梁小冰做案，我也懷疑他很可能隱瞞了一些事情，因此我決定試探他一下。

「你是不是看到有其他人來過？」

「我什麼都沒看到！我們什麼都不知道！外人不可能進去。」一面對我的質疑，梁小冰的臉越來越白，開始出汗。

人在說話的過程中，不會莫名其妙地使用某個詞。哪怕這個人有口吃，每一個字也是經過大腦加工之後說出來的。在加工的過程中，如果他試圖說謊，就會出現一些特定的破綻詞語。比如，在「我」和「我們」這兩個代詞的交換過程中，「我」是單獨指說話人自己，多了一個「們」字，表示群體的概念。一種可能是說話者想加入群體，來證實自己說的話更有可信度；另外一種可能則是有第三者在場，或者有第三者知情。這是一種暗示類型的語言表達方式。

「你知道有一種罪叫包庇罪嗎？包庇罪的刑期視嫌疑人犯罪情節輕重而定，會處以五年以下……」

九號額頭上的汗水已閃閃發光：「警官，我交代。姜靈出事當天，我的老鄉胡駱華來過。」

我點點頭，示意他說下去。

「那天我胃痛、拉肚子，根本沒辦法服務姜靈。可是那個女人死纏著我，非要點名讓我去，還說要是我不去，就永遠也不用去了。姜靈是個大客戶，我得罪不起。實在沒辦法，我吃了兩顆藥之後，到姜靈的別墅。之後我去浴室洗了澡，就再也撐不下去了。我和姜靈說，先去閣樓上洗手間。正在閣樓拉肚子的時候，我接到了胡駱華的電話。他向我借錢，說自己因為錢被偷了，現在連吃飯的錢都沒有了。

胡駱華長得還不錯，文質彬彬的，還在健身房當過陪練，正好是姜靈喜歡的類型，於是我想讓胡駱華替我出場。一開始胡駱華不願意，我告訴他，姜靈挺漂亮的，出手還大方，說不定還能幫他安排一份工作，讓他考慮一下。沉默了半分鐘，他答應了。我告訴他別墅地址，讓他馬上過來，到後門等我，因為平時姜靈都是讓我從後門進去的。

和胡駱華商量好之後，我下樓對姜靈坦白說，身體突然不舒服，實在沒辦法為她服務。一開始，姜靈挺生氣。我趕緊告訴她，我叫了一個特別帥的朋友過來代替我。姜靈考慮了一下，說讓我先把人帶過來，她要看看。

過了一段時間，胡駱華打電話給我，說他到後門了。姜靈讓我從別墅外掛樓梯下樓，這樣到後門比較近，還不用驚動幫傭。我下樓跑到別墅後門，把胡駱華帶了進來。我把他從外掛樓梯帶上去，之後偷偷離開別墅，叫車回了家。第二天聽說姜靈死了，我害怕連累自己，就不敢說實話。」

「幫傭始終沒有發現你們嗎？」

「姜靈不叫幫傭時，幫傭夫妻基本上會待在自己的房間裡，不會出來，也不會替外人開門。」

我記得前期勘查現場時，別墅外面有四個攝影機，監視圍牆的四個不同方向，但院子裡沒有安裝攝影機。巧合的是，最近監視後門方向的攝影機還壞了。

「胡駱華現在在哪裡？」

「姜靈出事之後，我和胡駱華再也沒有聯絡。我也不太清楚，印象中，前一段時間他住在舊城區城鄉接合部的租屋處，那裡離別墅挺近的。」

我們馬上按照九號提供的地址趕到了那間租屋處。一個身高在一百七十五公分左右的男子正從樓梯間走出來。看到我們，他轉身想跑，被我們當場抓獲，他就是胡駱華。

在搜查胡駱華租屋處的過程中，我們找到了他的一些資料，但沒有搜索到屬於姜靈的物品。經過簡單詢問，胡駱華說自己是應屆畢業的大學生，畢業後一直沒找到工作，在四處打零工。

我們馬上對胡駱華進行DNA取樣。檢驗報告顯示，胡駱華的DNA與姜靈指甲裡另外一個未知DNA完全吻合，杯子上的指紋也是胡駱華的，並且胡駱華的血液裡含有抗抑鬱藥物的成分。可是胡駱華不承認自己殺人，他一直在重複一句話：「我是代替髮小[7]去了姜靈的別墅，但人不是我殺的。」

審訊胡駱華的過程中，他始終低著頭不說話。胡駱華是那種外表看起來老實本分、木訥寡言的人。通常這種人因為過分壓抑自己的情緒，出現隨機犯罪的機率很大。

局裡決定對胡駱華進行測謊。

測謊之前，我們對胡駱華的家庭情況進行瞭解。

胡駱華的父母在農村，家裡還有一弟一妹，他一直被父母當作家裡的希望。胡駱華畢業後投了很多履歷，可是一直沒找到合適的工作。他只好打幾份零工，補貼家用。

根據掌握的資料，針對胡駱華的特點，我編輯出六組對應問題，題目都是以組的形式出現，每組問題又包括十餘個小題。

7 北京方言，指父母相互認識，從小一起長大的玩伴，長大之後又經常相處一起的朋友。

測謊問題通常是針對受測者的成長背景、經歷以及涉案細節，我需要瞭解他對案發當晚的知情程度，還要確定幾個案件細節，最重要的是向他解釋清楚測謊的整個過程，包括全部測謊問題目的內容，以防因理解不同造成誤解。

在溝通的過程中，胡駱華一直沉默著，臉上表情漠然，最後自願在測謊協議書上簽了名，主動接受測謊。

第二天上午九點整，醫生在確定受測者胡駱華的心理、身體狀況良好，無心臟病、癲癇等特殊病史，當日無感冒、發燒等症狀，無吸毒、酗酒史之後，同意其進入測謊室。

測謊正式開始。

「我們要開始正式測試了，準備好了嗎？」

胡駱華點點頭。

「你的名字叫胡駱華？」

「是。」

「今年二十四歲？」

「是。」

「重考過兩次？」

「是。」

「你和梁小冰是同鄉？」

「是。」

「你和家人的感情好嗎？」

胡駱華停頓了一下，說：「好。」

當問到這個問題時，胡駱華左手食指輕輕內扣，顫抖了一下，表示對相關問題有所顧忌。

回答以上問題時，嫌疑人思緒清晰，語調平和，儀器沒有任何異常反應。

「你覺得自己是全家唯一的希望嗎？」

此時，呼吸感測器的藍色曲線突然大幅度波動。呼吸感測器的訊息會以呼吸波的方式在圖譜上呈現。人在緊張時，會下意識調整呼吸，比如開始深呼吸、屏息、呼吸節奏變快或者變慢，具體情況要結合其他表現。

胡駱華抿了抿嘴唇，先是沉默，然後點了點頭。

「請回答是或者不是。」

胡駱華咬住下唇，突然說：「知道的都告訴妳了，我不想測謊了。」

這句話是嫌疑人對自己的心理暗示，可以理解為「不能告訴妳的我絕對不會說」。

為了安撫胡駱華的情緒，我說：「我們換個話題。姜靈給你什麼樣的感覺？你討厭她嗎？」

他又用力咬了一下嘴唇：「不知道。」

人在面對自己不想回答的問題時，嘴唇通常會伴隨一個「拉鍊」反應，比如唇肌用力收斂或者噘嘴——可以解讀為把自己的嘴封閉起來，不讓祕密洩露。

「你知道水姪嗎？」

胡駱華的身體一抖。我面前的圖譜上顯示：胡駱華對相關問題的反應明顯大於對基準問題的反應。尤其是在提到與家庭或者案發現場有關的問題時，膚電反應圖譜高峰迭起，幾乎接近臨界點，對應率達到了百分之八十以上。排除情緒波動因素，他在試圖隱瞞一些事實。

之後我針對案件提出問題，他都拒絕回答。

我從案卷裡拿出一張照片放在他面前。胡駱華看著照片，開始發抖。

那是一張全家福，曾經貼在胡駱華租屋處的牆上，被我帶了回來。

「以我們目前掌握的證據，即使是零口供也足以定罪，這次測謊是給你一次機會。

只有你說出真相，法律才能公正地判斷你是故意殺人還是過失殺人。」

胡駱華盯著照片，繼續沉默。

「你可以拒絕回答我的問題，但你要知道，你的父母已經從千里之外趕到省城。接下來他們要跑無數次公安局、拘留所瞭解你的情況，會花光全部積蓄為你請律師，而這僅僅是個開始。終審之後，他們還要對死者家屬進行賠償，並且他們的後半輩子可能都會活在別人的歧視裡。」

聽完，胡駱華開口了：「我父母已經夠辛苦了，他們就是普通的農民，為了讓我上學借遍了所有親戚的錢，終於熬到我大學畢業。我覺得虧欠家人，雖然畢業之後沒有找到正經工作，但我告訴父母，我已經找到了工作，薪水還不錯。」

胡駱華說到這裡沉默了一陣。

「我已經很努力了，可是一直打零工，最後還被騙子騙走了所有的錢。」胡駱華越抖越厲害，「警官，我不是故意要殺她的。梁小冰把我推進房間後，我手腳都不知道往放在哪裡。我覺得自己很老土，一定不符合姜靈的要求，以為她會生氣，趕我走。可是她沒有，而是拉住我，要和我玩一個遊戲，還說會賞我。」

「遊戲？」

胡駱華點點頭：「她從床下拿出一個盒子，裡面有好多水蛭。她讓我脫掉衣服，把其中兩隻放到我胸口，說要玩點刺激的，還說這是免費的保健品，之後感覺會更好。我特別害怕蟲子，拒絕了。她不同意，還要拍照。在爭執的時候，她大喊大叫，我用枕頭蒙住她的臉，另外一隻手掐住她的脖子，想讓她安靜一點。結果一會兒，她就不動了。

我太緊張了，口有點渴，就喝了床頭杯子裡的水。也不知道過了多長時間，等我把枕頭拿開，發現姜靈居然死了……這時候我感覺全身燥熱，控制不了自己，就把她……走之前，為了報復，我把所有水蛭丟到她身上。」

「你中途去過洗手間嗎？」

「去過，我覺得水蛭噁心，去洗手間洗過手。」

如果胡駱華說的是真的，姜靈可能提前在那杯水裡放了催情劑。

「你的鞋碼是幾號？」

「四十。」

看來洗手間留下的半枚鞋印是胡駱華的。他的鞋號比梁小冰的小兩碼，所以他穿四十二號的拖鞋走路的時候，鞋跟不會出力。

「之後呢？」

「逃走的時候，我怕被人發現，關了燈，又拿了放在床頭櫃上的手機、手錶和姜靈身上的首飾，準備從外掛樓梯離開。但我好像聽到有人上樓的聲音，想起梁小冰提過，上面還有一個閣樓，我就上了閣樓，想先躲一躲。」

「到了閣樓才發現，因為慌張，保險套都忘記拿下來了。我急忙摘了保險套，從窗口扔了出去。」

說謊者一般會減少使用「我」、「我的」這類主觀代詞，在心理和說謊拉開距離。胡駱華在正常狀態特別喜歡用「我」，因為生性自卑，他渴望得到別人的重視，所以特別強調主觀代詞。而在談論案件的過程中，他反而迴避這些「我」，只能證明他在說謊或者隱瞞了一些實情。

「你殺姜靈有沒有其他原因？你是不是有所隱瞞？」我問。

聽到這個問題，胡駱華的身體突然一縮。

「你失手殺死姜靈的理由太牽強，我知道你在服用抗抑鬱藥物，這種藥物屬於精神抑制類藥物，可以防止患者產生幻覺和幻聽。」

從目前的測謊反應看，對於胡駱華來說，殺人不僅僅是一種報復行為，也是釋放壓力的出口。

胡駱華用腳在地面上蹭了幾下，終於開口說：「一個星期前，我把自己打工賺來的錢放在背包裡，準備坐公車回租屋處。突然有一輛車開過來，停在我身邊。開車的女人誇我長得帥，還問我去哪裡，讓我搭順風車。我同意了。在車上我和那個女人在閒聊的時候，她炫耀說自己是公司的老闆，讓我去她那裡工作。我們還互相留了電話和微信，可是等到下車之後，我發現自己包包裡的錢不見了，我懷疑是那個女人偷了我的錢。剛好這幾天，我妹妹要繳學費了，家裡打電話跟我要錢。我媽說，供我讀書不容易，到我報答家裡的時候了，還埋怨我不知道賺錢養家。」

「弄丟錢之後，你做了什麼？」

「我打電話給那個女人，傳過簡訊，可是對方都沒有回覆，還把我封鎖了；我還去弄丟錢的地方等那個女人，想碰碰運氣，看能不能再遇到她，拿回自己的錢。」

「可是都失敗了，之後你就開始恨那個女人？」

胡駱華點了點頭。

「後來，你連吃飯的錢都沒有了，所以打電話向梁小冰借錢，用來應急。可是沒想到梁小冰讓你頂替自己替姜靈服務。人窮志短，你答應了。你身上沒錢，藥應該也停止一段時間了。」

胡駱華深深地低下頭。

「當時到底發生了什麼事？你要說實話。」

「我進房間之後，看到姜靈，越看越覺得她就是騙我錢的那個女人。我質問她，她竟然沒有否認，還說只要我聽話會加倍補償我。她提出很多過分的要求，我都滿足了，她還是不肯還錢，竟然提出要往我身上放水蛭的要求。當她放到第二隻時，我失控了，掐住了她的脖子，直到把她掐死。」

「既然你覺得是姜靈偷了你的錢，為什麼不拿走她包裡的現金呢？」

胡駱華眨了眨眼睛，沉默起來。

「難道你有夜盲症，在黑暗的環境裡只看得見發光的東西？殺人之後，你因為太害怕了，所以關了燈，但是隱約可以看到手機、手錶、首飾反射出的微光，所以只拿了那些東西？」

胡駱華點點頭。

姜靈丟失的物品都是金色的，包括金色的手機外殼，胡駱華只能看見那些在月光照射下閃閃發光的金色東西。此時我也弄明白了，原來黏在保險套上的金粉來自手機外殼上的裝飾塗鴉。

「為什麼我們沒有在你的租屋處裡找到姜靈的物品？」

「拿到黑市賣掉了。」

「賣東西的錢呢？」

「都寄回家裡了。」胡駱華低下頭，嘆了口氣。

對胡駱華的測謊結束了，我在他的測謊鑑定書上寫道：關鍵問題無說謊表現。我的鑑定書和所有證據會一起呈交法庭。根據現在掌握的情況，胡駱華會被判處十年以上有期徒刑。

水姪的來源也找到了，是姜靈自己帶到別墅的。她的保健品專賣店在策劃一項水姪養生業務，產品介紹裡寫著：水姪可以治療婦科疾病，有養生駐顏的功效，可以清潔血液、祛斑，增加肌膚彈性，而最後一項是增強男性性功能。

性癮是一種強迫性性行為障礙症，隨著時間的推移會逐漸加強成癮性，而這種成癮性往往又暴露了患者的心理問題，心不解決理問題，就算大腦裡的腫瘤被治好，患者也會出軌。

姜靈，一個有能力且事業成功的美女老闆，本可以有一個令人豔羨的幸福家庭，但她利用腦中的腫瘤讓自己找到了放縱的藉口，最終被越來越變態的欲望所吞噬……

第六案　整了八次容的傳奇逃犯

一個謊言需要用無數謊言去掩蓋，

所有的欺騙，最終都會回歸真相

案發時間：2013 年 8 月

嫌疑人：施學清、韋潔、白路、李慧

涉嫌案件：汽車產子案、孕婦剖腹取子案、殺童埋屍案

嫌疑人陳述證詞之表現：

- 右手包住左手，眼睛向左下角瞥了一下
- 皺起鼻子，眉毛擰在一起，右腳尖不停擺動
- 撥弄頭髮、撫摸指甲、側頭
- 手在桌子上動來動去，腿也不時變換姿勢

進入二〇一三年後半年，大案接踵而來。姜靈的案子剛剛進入收尾階段，八月二十九日，市交警支隊又移交一個案子過來。報案的交警叫王雨順，負責在中央南街的十字路口一帶執勤。

據王雨順描述，上午十點三十五分，一輛藍色的布加迪（Bugatti）停在他面前。車窗搖下，眼前的一幕嚇傻了王雨順：駕車的女子不停呻吟，穿著白裙子的下半身已經被鮮血浸染。駭人的是，女子兩腿之間夾著一個新生嬰兒。

女子強忍疼痛告訴王雨順，自己叫韋潔，正在預產期，本來今天準備去醫院備產，沒想到車開了一半，自己突然早產，並且很快誕下一名男嬰。

王雨順發現新生兒臉色發青，一直沒有發出哭聲，狀況非常不好。他馬上叫了救護車，然後自己在前面開道，將韋潔送到醫院。可還是晚了一步，孩子因為缺氧窒息，搶救無效，失去了生命。

韋潔的身體看起來非常虛弱，半跪在急救室外面，拒絕醫生的檢查。醫生擔心產婦出現傷口感染或大出血的情況，建議她住院觀察，被她再次拒絕了。韋潔告訴醫生，這個孩子並不是她的第一胎。她之前有過自己生產的經歷，比任何人都瞭解，她沒問題，不需要住院觀察。

得知孩子去世的消息之後，她情緒非常激動，悲痛之餘顯得手足無措。她一邊說著要聯絡孩子的父親，一邊慢慢向樓梯間走去。

等王雨順和醫生們準備再次找她溝通時，她已經消失了。

在接到王雨順報警四十五分鐘之後，報案中心又接到另外一通電話。報警人因為受了刺激，顯得語無倫次。在接線員的安慰下，她終於說清楚：自己的女兒史茜被人在家中殺害。

我們火速趕到事發地點——光華園社區44A，看到一位中年婦女正癱坐在門廊下號啕大哭，旁邊有兩名物業管理人員在不停安撫。

女人看到我們來了，抓著劉隊的褲腿指著房間，斷斷續續地告訴我們：上午十一點左右，她買了很多補品上門探望距離預產期只剩下一個月的女兒。打開房門時，她看到女兒一動不動地仰臥在客廳的地面上，房間裡有大片血跡。

說完，她摀著胸口開始不停地大口喘氣，臉色也變得越來越差。李時查看了一下，認為她很可能患有高血壓性心臟病，必須馬上送往醫院接受治療。

史茜母親被送走後，我們進入現場。

室內一片狼藉，衛生紙、花瓶碎片、嬰兒用品散落一地，地板、家具、牆壁、電器統統被染上了血跡。一個年輕女人呈大字形躺在地上，頸側被刺了一刀，腹部殘留著大量血跡，胃部下方有一道深深的切口。

李時蹲在屍體旁邊說：「孩子已經被拿出去了，死亡原因應該是失血過多。凶器像是專業手術刀，凶手掌握一定的醫療知識，但從切口看，不是專業醫生。」

除了沒有找到死者的手機，我們在室內並未發現有明顯的財物丟失，門窗也沒有被破壞的痕跡。

桌面上放著一杯果汁。鄭爺在廚房找到一個相同的果汁杯，杯壁上有被稀釋的橙色液體。鄭爺把杯子放進了證物袋，說凶手很可能是熟人，心思細密，離開現場之前，還不忘記清洗自己用過的杯子。

牆上掛著史茜的大幅孕照，卻沒有看到結婚照，房間裡沒有男士用品。我推測史茜很可能是單身媽媽。

我們在門廊的入口處發現有嬰兒爽身粉灑落，鄭爺在上面採取到半枚鞋印。根據鞋印推斷，對方為女性，身高在一百六十五到一百七十公分，體重不會超過五十五公斤。

兩起案件的時間和邏輯吻合，局裡決定將汽車產子案和剖腹取子致孕婦死亡案併案偵查。很快，DNA鑑定報告顯示，之前王雨順幫忙送到醫院，那個未能救活的新生兒和死者史茜的基因吻合度為百分之九十九．九九——也就是說，那個叫韋潔的女人帶去醫院的新生兒其實是史茜的孩子。

殺死史茜的凶手，很可能就是韋潔！

劉隊在分析案件時認為，韋潔屬於預謀做案，行凶時做了全套保護措施，離開時還帶走了史茜的手機。

我和李時盯著醫院提供的監視影片，同時發現韋潔的臉整過容。

李時仔細觀察後說：「整了還不止一次。韋潔的兩側顴骨和下頜都動過，導致臉部的固定骨骼發生了很大變化。」

根據史母提供的資訊，孩子的父親在六個月前因車禍去世，史茜當時已經懷孕一個多月。她不顧家人的勸阻，執意要留下孩子，說是未婚夫留給她的紀念。

史母還提到，史茜生前經常去一家叫「孕嬰媽媽」的俱樂部上產前課。我找到俱樂部的經理，她向我們提供了會員登記明細，上面不僅有史茜，還有韋潔。

我看到大廳正中央擺了明星會員牆，上面有一張合照，把手搭在史茜肩膀上的女子很像韋潔。

經理說，這是六個月前在徵集孕婦照片時拍的，韋潔是史茜推薦來的，史茜還說，韋潔是她最好的朋友。她和最好的朋友一起懷孕、生小孩，以後要結娃娃親。

後經王雨順確認，史茜身邊的女人就是那天他見到的韋潔。然而，另外一組警員在核對韋潔的資訊時，發現查無此人——韋潔在醫院登記的全部資料都是假的。

透過交通路況監視，我們查到了韋潔的車牌號碼，這輛車的擁有者是一個叫施學清的富二代。施學清的個人資料很快傳了過來，二十九歲，華夏投資副總。那是一家家族企業，他掛的是空職。經過社會關係調查後，警方確認他有一位已經懷孕的未婚妻名叫韋潔，兩人在上個月已經訂婚，決定等孩子滿月之後補辦婚禮。

我們傳喚施學清協助調查。施學清個子很高，一身休閒打扮，一臉的玩世不恭。他說他和韋潔認識了一年半左右，因為韋潔意外懷孕，又檢查出是個男孩，他父母急著抱孫子，所以一直在催促他們結婚。

當我們問及韋潔的個人資訊時，施學清有些意外，眼神閃爍。他告訴我們，他和韋潔是在一家運動會所認識的，韋潔做化妝品生意，目前經營一家品牌公司，其他情況他一無所知。

「一個要結婚的男人會不瞭解自己未婚妻的情況？我不相信。」我質疑。

施學清尷尬一笑，接著又嘆了口氣，看向窗外一棵高大的盆栽。盆栽很特別，像一對在跳探戈的男女。

他清清嗓子：「其實，我對她的過去不太在意，只是還沒做好結婚的準備。韋潔先是用孩子威脅我，又跑到我父母那裡說她懷孕了。我沒辦法，才準備結婚。」

「你能提供韋潔的住址嗎？」

「天下良品B區一一三號，不過……她已經失蹤了。」

「你是怎麼知道韋潔失蹤的？」

「她昨天九點四十五分左右打電話給我過，說寶寶早產，讓我直接去醫院。我去醫院沒有找到她，我不放心，又開車趕到她家裡，可是我發現房間似乎被清空了。」

「似乎被清空？」這句話的措辭很特別。

「韋潔打了那通電話之後，電話就關機了，我再也聯絡不到她。我仔細察看了一下房間，書房裡的保險箱開著，所有重要的東西都被帶走了。」

施學清用右手包住左手，眼睛向左下角瞥了一下。

左手距離心臟比較近，當人有情緒波動時，血壓會發生變化，血壓的變化會影響血液對血管壁施加的壓力，左手會最先感知。用右手包裹左手是一種本能反應，是在潛意識中想保護心臟，守護祕密；眼睛向下代表隱藏和逃避，或者在為隱藏和逃避找藉口。

「你是不是還發現了些什麼？」我緊緊盯著他。

施學清的眼神出現了短暫性逃避。

他考慮了一會兒，說：「我在保險櫃和牆之間的夾縫裡，找到一張韋潔從前的求職履歷，我按照履歷上寫的公司工作經歷一家家打過去，發現履歷造假，查無此人。我努力回憶和韋潔在一起的點點滴滴，她從來沒有提起過自己的過去，一直在憧憬我們的未來，而我對這些都沒在意。」

「你還是懷疑過她，否則不可能還去查她的履歷。」

施學清點頭承認：「她給我的感覺很神祕，很會欲擒故縱。」

鄭爺立即去勘查韋潔的住處。我拿著施學清提供的履歷，對比了履歷上的身分證號碼和醫院留存的號碼——最後兩位不同。

我試著在戶籍管理系統中輸入履歷上的號碼，發現身分證主人的確叫韋潔，兩個韋潔的長相有相似之處，但用肉眼能分辨出絕對不是同一個人。另外，身分證上的韋潔在當地戶籍資料裡的血型是O型，而和施學清訂婚的韋潔在產檢報告上的血型是B型。

真假韋潔出現了，我決定先找到身分證的主人——真韋潔。

我查到，三年前真韋潔曾經在市郊的新安醫院做過護士。我聯絡新安醫院醫務科，他們在檔案室裡找到了韋潔的簽名，傳了過來——兩個韋潔的筆跡明顯不同。

我拿出兩個韋潔的照片，讓醫院的護士們辨認，護士們反映，她們只認識真韋潔，從來沒見過另外一個。

真韋潔的資料很快被調查清楚了，她的老家在北方的一個縣城；父母是當地漁民，因為海難早年離世；她由奶奶撫養長大，高中畢業後考上當地的護士學校。奶奶已經在兩年前去世，家中再沒有其他親人。

真韋潔從新安醫院離開時，沒有和任何人打招呼，也沒有寫辭職報告，沒有人知道她的去向——這就叫死無對證。

我本以為這個案子只是簡單的冒名頂替，沒想到鄭爺在假韋潔的住處連一枚指紋都沒有找到。她這麼倉促地離開，也不忘記清除一切痕跡，很可能是慣犯。

我調查了假韋潔經營的化妝品公司，施學清是股東之一。

公司的財務總監是施學清的遠房表姐，她告訴我：「韋潔很有經營能力，來公司不久業務就上了正軌。她還不貪財，從來不讓我表弟買這買那，每個月只在公司帳上領五萬塊薪水，不像外面那些女孩子，只盯著男朋友的口袋。她對我姨父一家還挺關心的，家庭紀念日和每個人的生日都記得。能找到這麼能幹的兒媳，我姨一家人還算滿意。」

我隨手拿起一本公司的宣傳手冊，封面上有假韋潔的照片。

照片上的假韋潔明豔動人，唯一的缺陷是整容留下的後遺症使兩眼間距過窄，耳位過高，讓人感覺她彷彿在警惕周圍的一切風吹草動。

從她親筆簽名的字間距看，她為人謹慎，在簽名的最後，習慣性地點一個黑點。這是一種心理上的自我保護，表示提醒、警示自己要認真，不要出差錯。

照片下一頁是假韋潔的簡介，畢業院校是東南某財經學院國際貿易學系，雖然很可能是假的，我還是決定去這所大學碰碰運氣。如今這所學校已經改名為新海經濟學院。

我和劉隊找到負責管理學生檔案的老師，對方在查詢之後告訴我們，無論是紙本登記還是電子學籍，都沒有叫韋潔的學生。

我們拿出假韋潔的照片讓大家辨認，幾個老師也說沒見過。檔案室裡，有一個年紀較大的男老師，仔細端詳照片之後說：「從眼睛和嘴看，有點像財經七班的涂思思，因為時間太久，我也不敢確定。」他說，自己對涂思思的印象挺深，因為涂思思幾乎每年都會在他那裡申請獎學金，每次還都真的拿到了。

我們很快找到了涂思思的資料，涂思思的老家在東南沿海一帶。根據資料裡登記的住址，我和劉隊連夜趕往當地，在當地警方的協助下，找到了涂思思家。

據當地警方提供的線索，涂思思是個富二代，家裡是做嬰幼用品生意的。目前只有涂思思的父親在家，他說涂思思在三年前出國定居加拿大了。透過涂父，涂思思同意線上查證當年的情況。

北京時間下午四點，渥太華時間凌晨三點。

視訊電話中，涂思思穿著睡衣，長髮完全遮住右半邊臉，像是故意梳成那樣的，看來她的右臉應該受過很嚴重的傷，而她的眼睛也有些腫。

當我們把假韋潔的照片放在螢幕前，她愣了一下，皺著眉頭，仔細打量了半天，說讓我們等一下。她回來時，一手端著咖啡杯，一手高舉著菸。她吸了一口菸告訴我們，照片上的女人很像白潞。

她和白潞的相識純屬偶然。白潞在歡樂門俱樂部賣酒，有一次涂思思喝醉了，吐了一身，白潞把她扶到廁所幫她清理，還替她換了自己的裙子。從那以後，只要涂思思來玩，兩個人都會聊幾句，一來二去，便熟悉了。

六年前，涂思思收到財大的錄取通知書，當時她正在談戀愛，男朋友是個大她九歲的舞蹈演員。她不想讀書，也不想出國，只想陪在男友身邊。男友要去北京發展，她也想一起去。

正在涂思思發愁不能分身時，白潞用開玩笑的口吻幫她出了個主意：「我來替妳讀大學，妳去享受生活吧！」

「有那麼容易頂替嗎？報到的時候怎麼辦？」涂思思有些猶豫。

「我把妳所有的證件都複製一份，再把妳的照片換成我的，不就行了。」白潞笑著回答。

涂思思想了想，覺得這個辦法可行。她答應這四年付白潞三萬塊錢作為報酬，讓白潞替她上大學。在協助白潞完成入學報到之後，涂思思和男友去了北京，而白潞進入了財大，也就是現在的新海經濟學院。

涂思思狠狠吸了兩口菸，然後將菸蒂按滅。她接著說：「白潞入學之後，一開始和我聯絡很頻繁。我記得她說學校對她來說像天堂，她只是換了一個名字，竟然就能過這樣的日子。她讀書很刻苦，經常拿獎學金。時間過得很快，一轉眼要畢業了，我回財大拿畢業證書的時候，又給了她一萬塊錢，算是這幾年辛苦的費用。結果她用這筆錢做了一模一樣的畢業證書，只是照片和名字換成了她本人。」

「短時間內，妳們就達成了交易，對陌生人那麼信任嗎？」

「也不是信任，就是覺得沒什麼。更何況我是戀愛腦，當時覺得只要能和男朋友在一起，其他都無所謂了。」

涂思思是個富二代，有這種心理並不奇怪。她的風險成本低，即使被發現也不用擔心後果，自然有家人幫她處理。

涂思思不再說話了，低下頭，撫了撫右臉上的長髮。

「妳是不是還有什麼沒告訴我們？」我輕聲問。

涂思思搖搖頭。

「妳右臉怎麼了？和白璐有關嗎？」

涂思思側過頭，用左臉對著螢幕。

沉默了很久，她開口說：「畢業那天，我們一起吃了一頓飯。當時，我和男友已經分手，我跟白璐抱怨，浪費了四年青春，什麼也沒得到。當晚我們喝了很多酒。我還記得她感慨地說：『我還不是一樣，努力了四年得來的東西變成了假的。』

我醒來的時候，已經在醫院了。右臉完全僵化，不能哭、不能笑、不能眨眼。醫生一開始查不出任何問題，以為是臉部癱瘓，後來發現我的右臉被注射了過量肉毒桿菌，導致面部肌肉僵硬。」

「是白璐幹的？妳為什麼不報警？」

「我有私下注射肉毒桿菌美容的習慣，那晚又喝多了，什麼都不記得了，根本說不清楚。現在右臉變成了這個樣子。」

涂思思說罷，輕輕掀起長髮，我們看到她的皮膚上有多處腫脹凸起，還有未癒合的傷口，應該是經歷過很多次整容手術。

「我不明白，如果真是她幹的，她為什麼要那麼做。」涂思思緊咬嘴唇。

「妳的出現，把她從安穩和美好中踢出來了。」我回答。

涂思思臉上出現了疑惑的表情。

「妳還瞭解白璐的其他情況嗎？」

涂思思拿起咖啡杯，想了一會兒：「不知道，什麼都不記得了，我的記憶也受到了影響。對了，剛認識白璐的時候，她的左耳上有一串小肉瘤，是紅色的，感覺挺特別。再見到她的時候，她已經做手術去掉了。」

這樣看來，白璐的名字很可能也是假的，是假韋潔的偽裝。

我們在戶籍管理系統中排查了所有同名同姓、姓名相似、年齡在二十到三十歲的女性，都不是假韋潔。我和劉隊商量，既然有了新線索，不如利用全國追逃系統，查一下十年以內的案件中，以耳後有肉瘤的女性嫌疑人為主。

在浩繁的卷宗裡翻找了一週之後，一件八年前的殺童埋屍案被我們找了出來。

八年前，一名七歲的男童在放學途中失蹤，警察後來在離男童家十公里遠的樹林裡找到了他的屍體。警方根據男童父親田相國提供的線索以及周邊監視拍攝的畫面，很快鎖定了殺人嫌犯李慧，但在抓捕李慧時撲了一個空，李慧已經逃走了。

警方審問李慧的丈夫曾志強後，發現田相國對案件有所隱瞞，又對田相國進行了突審，最終弄清楚了案件的真相。

李慧原是十五中的學生，父母在她很小的時候就離婚了。她輟學後，認識了大她十四歲的男友曾志強。曾志強沒有正經工作，每天在社會上瞎混。聽說李慧有個同學家裡特別有錢，住的是別墅，他就讓李慧多去打聽同學的消息。沒過多久，李慧告訴他，同學一家最近要外出旅遊。

曾志強和李慧商量，等同學一家人離開，他們就去「進點貨」，說不定小半年的生活費就不用發愁了。李慧雖然很害怕，但還是答應了。

一週之後，同學一家人出門了，曾志強便迫不及待地進入別墅，撬開窗戶，和李慧一起鑽了進去，沒想到從臥室裡走出來一個女人。

雙方對視幾秒，女人開始大聲尖叫。原來這個女人是李慧那個同學的小阿姨王芬，來幫忙看房子。曾志強和李慧一時情急，將王芬綁了起來，關進了臥室裡的儲藏室，隨後開始搜尋值錢的物品。

就在他們準備離開的時候，又撞上了匆匆趕來的王芬丈夫田相國。田相國原本要和妻子一起看房子，因為加班來晚了。

田相國是一名退役武術教練，李慧和曾志強根本不是他的對手。田相國很快將曾志強打倒在地，用皮帶綁了起來，李慧只能求田相國放過他們。

田相國本來打算報警，看李慧長相漂亮，自己妻子又被關在臥室裡的儲藏室，於是和李慧談條件。他可以放過他們，但他們搶劫的財物要歸他所有，更過分的是他還把李慧拖到一個臥室裡強姦了。

李慧在二十歲便嫁給了曾志強，並很快生下一個男孩。孩子出生沒多久，便被檢查出有基因問題。夫婦二人四處借錢給孩子看病，可是杯水車薪，最後想到了曾經強姦過李慧的田相國。

縣城不大，李慧很快透過熟人打聽到田相國的住址，並且找了過去。她提出要借十萬塊錢，還威脅田相國如果不給錢，就去報警，把當年的事說出來。

田相國根本不怕，他說當年的事早就了了。旅遊的一家人回來後，他告訴屋主房子進了小偷，小偷偷襲他，用棍子把他砸暈了，還將他妻子關到了儲藏室。屋主看損失也不大，覺得多一事不如少一事，就當破財免災了，根本沒有報警。田相國還說如果李慧要告他強姦，也要拿出證據來。李慧無奈，只能離開。

李慧來找田相國的兩週之後，田相國的小兒子在放學途中失蹤了。警方依據走訪調查和監視畫面，認定李慧有重大做案嫌疑，但一直沒有抓到李慧。

在案卷中，田相國和曾志強的供述有出入。田相國供述自己確實私吞了曾志強他們盜竊的財物，但不承認自己強姦李慧。曾志強則一口咬定田相國當年確實強姦了李慧，只是當時他們也怕被抓，沒有報警，更沒有保留證據。

在關於李慧殺害男童一事上，曾志強說自己只知道李慧去找田相國要錢沒有成功，不知道李慧後來還去殺了人。李慧逃走前只告訴他說去找朋友借點錢，之後再沒回家，也沒有聯繫過他。

因為李慧一直沒有到案，田相國的強姦罪名並不成立，只是因為盜竊被判了一年八個月的有期徒刑。法院考慮到曾志強要照顧生病的孩子，對其判二緩三[8]。

當地警方試圖透過曾志強找到李慧，在他的電話裡安裝了監聽裝置，還在李慧家附近布控了小半年，等待她自投羅網。可是幾年來，李慧居然沒有打過一次電話。警方曾經懷疑他們還有其他聯繫方式，卻一直沒有找到。

我們看到了卷宗裡李慧的照片，她左耳旁有一串紅色的肉瘤，但整個人看起來和假韋潔完全是兩個人。李慧面部扁平，而假韋潔是一張歐式臉。兩人的面部輪廓沒有一處吻合，連李時也不能確定兩人為同一人。

我把李慧、白潞和假韋潔的照片放在一起，照片裡的人彷彿有一種漸變過渡感——神似，特別是眼神，非常相似。

8 指判處兩年有期徒刑，宣告緩刑三年。

我覺得李慧在逃亡過程中應該多次偽造了假身分，又經過多次整容，讓抓捕難度越來越大。我們判斷，目前李慧應該還在使用假韋潔的臉，因為短時間內她很難再做大的整容手術。

我們立即在網上發布了通緝令。四天之後，一家酒吧的老闆娘報警說，酒吧裡有個女人喝醉了，和通緝令上的女人長得很像。警方迅速趕到酒吧，將那個喝醉的女人控制住——她就是我們要尋找的假韋潔。她剛剛把雙眼皮改成單眼皮，還沒消腫。

經過DNA測試，我們確定她就是李慧本人。

在證據面前，假韋潔仍然不承認自己是李慧，也不承認自己的其他身分，更不承認自己剖腹取子。

局裡商議後，同意讓李慧進入測謊室。

測謊之初，眼前這個女人交代的身世與真韋潔基本一致，可見她認為這個身分是絕對安全的。

「韋潔工作過的醫院保留了每個護士的捐血紀錄，韋潔是B型血，妳是O型。」我開門見山。

李慧皺起鼻子，眉毛擰在一起，右腳尖不停擺動——她產生了厭惡和對抗情緒。人在體驗一種或者多種情緒時，臉部和身體肌肉會做出相應的反應，這種反應的時間只有零點幾秒。臉部的反應就是微表情，肉眼難見，不過在高解析度攝影機上很容易被發現。

「可能是醫院弄錯了。」李慧面不改色。

「好，就算醫院弄錯了，妳目前使用的身分證是假的，怎麼解釋？」

「是公安局弄錯了。」她回答時，沒用眼睛看我。

「我現在只想知道，李慧逃亡之後，發生了什麼事。」我特意用了第三人稱，這樣不容易被排斥，反而更有代人感。

「李慧的丈夫告訴我，她走的時候身上只帶了三千塊錢，剩下的都留給了兒子。」我繼續說，並把李慧兒子的照片放在她面前。

孩子已經快十歲了，每週要做一次血液透析，偶爾還要戴氧氣機。李慧看著照片上的孩子，眼睛裡慢慢泛起淚水。

「妳已經有八年沒有見到孩子了吧？」

李慧吸吸鼻子，強忍淚水：「我不認識這個小孩。」

「好吧，我來告訴妳李慧逃跑之後發生了什麼事。李慧很聰明，她並不急於全套改變自己，因為身上的錢不夠。她開始了打工生活，應該是重操舊業，開始在酒吧陪酒、賣酒，只要存夠錢就會去做美容。她先去一家醫美診所割雙眼皮，過一段時間，又趕往另外一家醫美診所做鼻梁整形，之後調整了自己的唇形。這樣一來，所有醫美診所都無法得知她的長相，她想以此來擾亂警方視線。」

我說這些時，李慧有撩頭髮、撫指甲、挺胸、側頭等動作，這些都屬於性感動作，對異性使用會吸引對方的注意，而對同性使用則會分散對方的注意力。與此同時，測謊圖譜也漸漸發生了變化。心電出現了不規則起伏，呼吸傳感器顯示呼吸頻率（強度）也呈現上升趨勢——看來她不想讓我再說下去，且我猜中了大部分。

我繼續說：「妳經常匯款給兒子，只是匯款方式比較特別。我猜想應該用了包裹，比如把錢放在買給孩子的玩具裡，所以當地警方一直沒有注意到。幾年前，妳賺夠了錢，做了一次大整形，此時的妳容貌已經和從前大不相同，警方的調查徹底陷入僵局。警方曾經公開妳的個人資訊，懸賞五萬元抓捕，可是一直沒有抓到人，應該是照片和真人差距太大造成的。」

我在高解析度攝影機裡看到她嘴角上揚，似乎淺淺地笑了笑。這種似笑非笑的表情是輕蔑的表現，是在獲勝或者騙術得逞後產生的一種優越感。

「根據我們目前掌握的證據，妳和李慧就是同一個人。無論是指紋、聲音的對比，還是最準確的DNA，都在證明這件事。」

面對我的陳述，她的表情開始有些失去冷靜，手在桌子上動來動去，腿也不時變換姿勢，這是慌亂的表現。人在慌亂時，很難控制、協調肢體的動作。

「把白潞變成涂思思的過程我們也已經瞭解，願意說說妳又是怎麼把白潞變成韋潔的嗎？」

我盡量讓自己的語氣變得平緩，讓自己的視線低於李慧的視線，保持仰視的姿勢。我提醒自己，別怕當凶手的學生，盡量表現出好奇，表現出不可思議的神情，努力找到凶手的破綻：第一，是否嘆氣；第二，是否中斷和我的目光接觸；第三，回答問題時是否有聲調變化；第四，是否延遲眨眼或者說話時帶有敵意。

可李慧一直盯著地板，完全不理我。

「我猜韋潔也是妳殺的？」

「不是我殺的，我沒有殺過人，從來沒有殺過人。」

李慧脫口而出，三次強調是急於擺脫困境的語言模式。

「我們勘查妳的住處兩次時，在一個棕色的舊皮包裡找到了韋潔的護士資格證。經查證，證書是真的。證書裡面掉出了幾張被揉皺的紙和一張照片，是韋潔寫給奶奶的信和她跟奶奶的合照。說說妳殺害韋潔的過程吧。」

「我可以向妳解釋一切，我沒有殺過人，那些亂七八糟的人也和我沒關係。」

重複一件事情的時候，她開始用倒敘——「解釋一切」後面才是解釋的內容。倒敘是自我強化說謊記憶的一種手段，也表明她已經忘記自己最開始想說的話了，倒敘的第一句是拖延和調整。她在為自己爭取時間，讓自己的謊言聽起來更可信。

「我們說的是韋潔，如果韋潔不是妳殺的，她去哪裡了？」

「那是個意外。」李慧脫口而出，之後自己也愣住了。

我們對視著。片刻之後，她終於垂下了眼睛。我在測謊儀裡看到她的眼球在〇．五秒內橫向運動了兩次，她準備做重要決定了。因為她終於意識到，自己已經露出破綻。

―――

「我們就說說那個意外吧！」

李慧長長地嘆了口氣，沉默了很久，終於開口了。

「我拿著從涂思思那裡偽造的畢業證書，先去了北方的一個大城市。本來以為大城市更容易掩飾身分，沒想到那段時間，市裡嚴查娛樂場所，到處都是便衣，我沒敢再做老本行。想找份正經工作糊口，可是畢業證書是假的，怕警察把我查出來，所以一直不敢用。因為沒有別的本事，奔波了三個多月也沒找到工作。

二〇一二年八月的某一天晚上，我坐的客運遇到了暴雨。這場暴雨很罕見，客運被困在立交橋下面，車裡很快開始進水。我不會游泳，只能眼睜睜看著水位不斷上漲，車裡的水越來越深。我站到座位上，想從車窗逃出去，可是車窗外面也是水。車裡的水很快淹過了我的下巴，我感覺到喘不過氣來，後來的事就記不得了。

等我醒來，已經躺在醫院的床上。一個二十多歲的護士來核對身分，她告訴我，車內溺水的人一共被送來九個，除了我之外還有一個女孩情況特別危險。醫生已經下了病危通知，可是聯絡不到家屬。

護士在那個女孩的包包裡發現了她的畢業證書、資格證照和身分證，手機已經被泡壞了，無法打開。護士還說那個女孩子的家鄉和我的老家相距只有二十里地，兩個人年紀差不多，長得又像，問我是不是認識對方。那個女孩子就是韋潔。我隨口說她是我表妹，我們一起去打工，結果遇到了大雨，一起被困在車裡。」

「妳當時已經想冒充韋潔了嗎？」

「是。護士說我們兩個長得很像時，我就突然有了這個念頭，如果那個女孩搶救不過來，我就可以冒充她。我覺得是老天在幫我。

最終那個女孩子沒有被搶救過來。我在簽字之後拿到了女孩子的包，證件上的人和我果然長得很像，最大的差別就是韋潔有一個酒窩，我沒有。這個叫韋潔的女孩子是護士學校畢業的大學生，我拿著她的畢業證書和身分證找到一家黑診所實習。畢竟身分是假的，幹了三個月之後，我擔心被人發現，又來了東北。

我真的不是殺人犯，你們可以去調查。我的確冒充了韋潔，我曾經去打聽過韋潔老家的事，她家裡只有一個老奶奶。奶奶去世之後，她出來打工，沒想到在那場暴雨裡出了事。」

「瞭解韋潔的情況後，妳徹底放心了，妳辦了假的身分證，換了自己的照片，改名韋潔。為了快速賺錢，妳做了特殊職業，又用賺的錢代言化妝品，三年後開了一家化妝品公司，之後妳又做了一次大整形，同時調整了身分證上的照片，又很快地認識了施學清，成為他的戀人，還幫助他把生意做成連鎖企業的，在全國開設了十幾家店面和線上商店。一開始妳不敢登記結婚，擔心在登記過程中被發現真實身分。後來，妳分析韋潔這個身分是安全的，沒有任何人可以戳穿，才決定和施學清登記結婚。妳覺得這樣不僅可以隱藏身分、瞞天過海，還可以衣食無憂。」我補充。

「沒錯，變成韋潔之前，我一共接受了八次整容手術，待在一座城市不會超過三個月，住旅館時會選擇距離安全通道最近的房間，以方便逃走。只要覺得有人懷疑我，我就馬上離開，這種驚弓之鳥的日子我過夠了。直到我代替了韋潔，才開始放心生活。因為死無對證，我確定，再也不會有人找到我了。」

「妳還是很小心，比如妳開的車是妳男朋友名下的。」

「韋潔」的嘴角輕輕上揚。

經常說謊的人會產生一種「欺騙快感」，無論表達哪種情緒，說謊者都會以一個嘴角上揚的表情作為結束，類似於隱形的微笑，覺得自己成功了。

「施學清答應過，結婚之後，會帶我一起去國外定居，如果能出國，那就徹底安全了。」

「為了保住自己的位置，鞏固這段婚姻，妳決定冒險生個孩子。」

「是，我不再做避孕措施。沒想到，懷孕三個月的時候居然意外流產了。醫生還發現因為孕激素的刺激，我的子宮肌瘤已經大到必須摘除子宮。孩子是我走進施家的護身符，我絕對不能讓施學清知道。」

「所以妳要找一個孩子當替身！」

「韋潔」點點頭：「我想起，在我剛懷孕的時候跟我一起加人俱樂部的史茜。在史茜未婚夫去世之後，她就一個人住。我故意接近她，討好她。她非常信任我，無論什麼事都會打電話來問我，連產檢都是相約一起去。更幸運的是，她懷的也是男孩，所有的條件都太完美了。

流產之後，為了不露餡，我在網路上買了假肚子。我會把史茜和我分享的孕期情況告訴施學清，還把史茜的產檢資料複印一份，改成自己名字給施學清看。每次施學清要陪著我一起去產檢，我都會找各種理由來拒絕。

那天，史茜打電話給我說，她肚子痛，可能要早產。」

「史茜為什麼會第一時間打給妳，而不是打給家人呢？」

「史茜和她的未婚夫都不是當地人，沒有親屬在這邊。史茜母親有心臟病，她擔心她媽的身體，和她媽約定好待產的前一個月再過來照顧她。另外，她知道我是醫護專業出身，所以如果她遇到問題，一定會第一時間通知我。

沒想到史茜要早產，但我已做好所有準備，我提前在網路上買了專業手術刀，我還看了無數次剖宮產手術的影片……史茜對我也根本沒有防備，我趁她不注意劃了她脖子一刀。可能劃得不夠深，她沒有一下子死掉，掙扎著逃跑，弄得到處是血，還把桌子上的嬰兒用品打翻了一地。我嚇得不敢靠近，直到看著她慢慢倒下，不動了……

我把嬰兒塞在兩腿中間，開車前往醫院。我甚至想好了所有說辭，史茜比我早一個月懷孕，如果有人懷疑，我就說是醫生算錯了日期。」

「妳為什麼會找上交警呢？」

「我當時太慌亂，闖了紅燈，情急之下，我只能將錯就錯，就把車開到交警面前，裝成求助。沒想到，孩子還是沒活下來。我知道孩子死後，我的事很快就會暴露，好在我提前做好了兩手準備，把必需品整理好，隨時準備逃走。

我提著旅行箱，住到最貴的度假村裡。當然，證件依然是假的，我不敢再用韋潔的身分。我知道警方馬上會對機場、車站進行布控，還是先躲起來，沒必要自投羅網。

住進度假村後，我一直很不安，半夜總是夢見渾身是血的史茜以及那個孩子。自己精心隱藏這麼多年，還是暴露了，又要開始逃亡生涯，我很鬱悶痛苦，就去附近的酒吧喝酒，沒想到被老闆娘認了出來。我看到警察進來時，打算從酒吧後門逃走，沒想到警察提前一步在後門布控了……」

在供述中，李慧還說當年被田相國放了之後，她和曾志強怕警察來抓他們，就逃到了隔壁縣，提心吊膽地過了兩個月。雖然入室搶劫的事過去了，但強姦那件事對她影響很大，之後她開始做陪酒女。

後來由於孩子治療需要錢，李慧就去找了田相國。田相國說屋主沒報警，事情已經過去了，不僅不借錢，還湊過來，想再次占李慧的便宜，被李慧拚命掙脫逃掉了。

回去的路上，李慧遇到了一個放學回家的小男孩，看相貌和田相國家庭合照中的小男孩很像。看著小男孩蹦蹦跳跳的樣子，再想想躺在床上全身插滿管子的兒子，她一氣之下，背著丈夫做了一個決定。

兩週之後，李慧在田相國家附近等待，在孩子放學的路上，偷偷拐走了田相國的小兒子，把孩子殺死後，將屍體埋在了樹林裡。

李慧殺人之後，回到家裡和丈夫說自己去朋友那裡借點錢，然後便逃走了。

這年九月，李慧被法院判處死刑。執行死刑前一個月，她在睡夢中死於急性腦梗塞死亡。

我還記得在測謊結束時，李慧說：「我想要的不是大富大貴，想要的只是一份安穩罷了。可是從十幾歲開始我就沒有得到過，可能這就是命吧！」

李慧算是個傳奇女犯，在她逃亡的八年時間裡，多次整容，擁有十幾種身分，幾乎都沒有暴露過。逃亡期間，她打工、上大學、整容、創業、經營企業、談戀愛、生孩子，甚至冒險剖腹取子，不得不說她是一個高智商女人。

可是她忘記了，一個謊言需要用無數謊言去掩蓋，所有的欺騙最終都會回歸真相。當真相來臨時，她沒有化蝶重生，而是用自己編織的謊言之繭殺死了自己。

第七案　在自由中迷失的靈魂

缺失的愛與偏差的行為，
最終促使他走向犯罪的深淵

案發時間：2011 年 8 月

嫌疑人：尚凱、李自強、吳小迪、井勵、蕭珩

涉嫌案件：殺人強姦案

嫌疑人陳述證詞之表現：

- 摳了摳鼻孔，擦在牛仔褲上
- 把放在桌面上的手飛快藏到桌下
- 臉部肌肉抖動，血壓、心跳也所變化
- 舔舔嘴唇，舌頭一直在嘴裡繞
- 挪動身體，後背靠在椅子上

刑警是需要做定期心理輔導的，高風險、高壓、高強度的工作性質決定了刑警的「心理免疫力」難免會下降，這也算是職業病的一種。提到心理輔導，會讓我想到令警察最頭痛的罪犯便是「心理變異」類罪犯。這類罪犯在心理上不同於常人，做案的原因讓人摸不著頭緒，這個時候考驗我們的不只是專業素質，還需要我們對抗人性。

二〇一四年五月，我們終於偵破了一起三年前的殺人強姦案，而這件事情還要從二〇一一年說起。

二〇一一年八月，我市進入了一年中最熱的月份。

楚晰下班回家，打開一樓的房門，男友林池突然從門後跳出來，把她嚇了一跳。這天是他們相識一週年的紀念日，林池已經為她準備好了蛋糕和禮物，還有一瓶紅酒。

兩個人吃過晚飯，楚晰去洗澡，林池不勝酒力，回到樓上，很快睡著了。

深夜，林池突然被驚醒，他聽到樓下有可疑的聲響。

他推了推熟睡的楚晰，楚晰那天又睏又累，只「嗯」了一聲，轉過身又沉沉睡去。

林池睡眼矇矓地下了樓，發現客廳的一扇窗戶沒關。風吹著窗簾，呼啦啦作響。

正當他準備關上窗戶時，卻看到窗檯上滿是泥土，再仔細看，地板上還有帶著泥土的腳印。

難道有人進來了？

林池正疑惑地環顧四周時，一個黑影突然從裝飾壁爐裡跳了出來，撲向了他。

兩個人立即扭打在一起，撞翻了客廳的茶櫃和椅子。

聽到搏鬥的聲音，楚晰被驚醒了。

她跑向一樓。在黑暗中，借著從窗外透進來的微光，她隱約看到兩個黑影糾纏在一起：比較高的是林池，闖入者只穿了一條黑色內褲，手上似乎還戴著手套。

楚晰嚇得「啊」了一聲。

闖入者看到楚晰，朝林池猛地揮舞了一下手臂。林池突然倒在地上，抽搐了幾下，便不動了。

黑影隨即向楚晰撲過來，摀住了她的嘴。

楚晰瞬間聞到一股血腥的味道。驚慌中，她確信凶手是一個男人。男人左手拿著一把水果刀，水果刀上還沾著血，而水果刀就是一直放在客廳水果盤附近的那把。

男人把她拖上二樓，扔到床上。

受驚過度的楚晰苦苦哀求，讓那個男人不要傷害自己。看到楚晰只穿著內衣，那個男人放下水果刀，強暴了她。在驚恐當中，楚晰只記得對方戴著保險套，並且保險套會發光。

男人離開時已經是凌晨兩點。

確定凶手離開後，楚晰忍著疼痛，撥打了報警電話。

以上是我根據楚晰的描述、案發現場的環境以及相關痕跡做的案件還原。

我們是在凌晨兩點三十五分抵達現場的，在客廳的地板上發現了大量血跡。死者林池躺在地上，身上有多處傷口，李時初步勘驗後認為致命傷是頸動脈被割斷。

鄭爺在用來裝飾的石膏牆上，發現了帶血的裂縫，說明當時的打鬥程度非常激烈。

林池身高一百七十八公分，體重七十五公斤，看來凶手應該也是一個身強力壯的人。

看著急救人員把屍體抬上車，楚晰顧不得穿好衣服，只披了一件睡衣，就跳上了救護車。她在車上不停哀求醫護人員救救她的男友，然而林池早已失去生命跡象，屍體已經僵硬了，醫護人員只能不停地安慰著楚晰。

楚晰放聲大哭，跪在車上，一再向醫護人員重複：「救救他，求求你們了！再試一次吧！」

我們被分成兩組，一組負責調查林池的社會關係，另外一組調取監視，查找凶手逃匿方向。

我很快就拿到了林池的資料：二十九歲，已經做到公司主管，事業有成，為人和善大方，社會關係簡單，沒有什麼個人恩怨。

林池曾經有過一次短暫的婚姻，沒有孩子。前妻在和他分割完了財產之後，獨自去了深圳。林池是在離婚半年後，認識楚晰的。楚晰甜美大方，性情溫和，兩個人感情非常好，在朋友眼裡，他們是一對郎才女貌的情侶。

對於林池的意外死亡，他的親人和朋友都非常悲痛，林池的母親幾次昏厥。

查找監控的同事，包括交警指揮中心，都調動了大量的人力和物力，卻沒有發現凶手的蹤跡。

案發社區屬於開放式社區，沒有物業更沒有監視，楚晰是唯一和凶手獨處過的人，她的口供將成為警方破案的重要線索。

替楚晰做筆錄時，她一直在瑟瑟發抖，不停地抽泣。

楚晰的心理創傷很大，後續需要長期的心理輔導。

等她的情緒慢慢平復下來，我問楚晰：「妳和林池目前已經同居了嗎？」

楚晰回答：「沒有同居。」

「凶手在臥室逗留了多長時間？」

楚晰回答：「很長、很長時間。」

她的身體呈「繭蛹式」蜷縮狀態，雙手抱肘、腳尖內扣，這屬於自我保護行為。當人覺察到自己可能會受到傷害時，身體的肌肉會處於一種緊張收縮狀態，出現一個縮起來的動作，局部表現是抱肘、緊握雙手、雙腿併攏，或者腳尖內扣。這些動作不僅是在保護自己的身體，也有安慰、鎮定心理的作用。

我問楚晰凶手是什麼時候潛入一樓客廳、什麼時間離開的，她都不能確定。她說自己對那段時間發生的事情，記憶有點模糊不清。

人在遭遇強烈刺激時，時間概念會變得模糊，記憶會出現斷層。根據楚晰的入睡時間和報警時間，我們推斷出凶手在屋中停留了大約兩個小時。

「凶手在臥室待了很長時間，其間都做過什麼？」

楚晰顫抖著說：「他不停撫摸我的身體，強迫我擺出各種難堪的姿勢……」

「有看清楚凶手的長相了嗎？」

「因為光線暗，我又是近視眼，只記得凶手的大概樣貌，方臉、眼睛很小，感覺他身體上好像有黏稠的液體，不知道是汗液還是其他東西。凶手留著很長的頭髮和鬍子，頭髮是自然捲，身高在一百七十五公分左右，年紀大約二、三十歲。」

「凶手身上的液體有特殊味道嗎？」

楚晰想了想說：「沒有，但是……」

「但是什麼？」我問。

楚晰將自己的身體蜷縮在椅子上，想了一會兒，說：「我感覺凶手在進入我家之前清潔過自己，口腔裡有薄荷牙膏的味道。而且傷害我之後，他要求我洗澡。」

典型的預謀犯罪，而且凶手懂一些心理學，具有反偵查意識。

這裡順帶科普一下，女性在受到性侵犯之後洗澡，很容易破壞掉罪犯留下的犯罪痕跡，會增加警方偵破工作的困難度。而且洗澡這種行為能緩解受害者的精神壓力，受害者會覺得自己又恢復了純潔，進而減輕對罪犯的憎恨程度，將報警機率降低到百分之四十五。

所以，當女性受到性侵害之後，第一時間要檢查自己的身體是否有危及生命的嚴重創傷，在確保自己無生命危險後，盡量遠離第一現場，到人流密集的地方。第一現場通常比較偏僻，容易給罪犯可乘之機，造成二次傷害。在確保自身安全後，要馬上報警。如果行動不便，可以向他人求助報警。另外，就是保留證據，牢記罪犯的相貌特徵和特殊習慣，以便協助警方快速偵破案件。

法證科採取了凶手在楚晰身上留下的痕跡，送往犯罪鑑定科鑑定。模擬畫像師利用復原技術描出了凶手的畫像，其他警員在楚晰居住的社區附近展開排查。我判斷凶手近距離做案的可能性很大，他很可能是徘徊在楚晰周圍的人。

楚晰的家在外省，本市沒有親屬，配合警方做完詢問筆錄之後，朋友把她接走了。

在楚晰的敘述過程中，有幾個小細節，楚晰在回憶凶手相貌時，臉上會出現一種猶豫的表情，雖然這個表情在左臉一閃即逝——在微表情學裡，左臉叫作「自我」，右臉被稱為「社會臉」，人的左臉比右臉更誠實。

她在猶豫什麼？可能是刺激後的記憶模糊，也可能是她和凶手有過交集，只是暫時忘記了。

這個凶手是什麼來路，居然只穿著內褲就跑到別人家做案，逃離過程中，不怕被發現嗎？我們專案組對此也是百思不得其解。

鄭爺在現場勘查中，又有了收穫。他發現凶手雖然戴了手套，卻是光著腳進入屋子的，而且沒有穿鞋套或者襪子，所以地板上留下了清晰的腳印。

在入室窗檯的正下方，鄭爺還發現半枚前腳掌的特殊鞋印。鞋紋上有孔狀序紋，從鞋形和鞋紋判斷，凶手留下的鞋印應該是浴室拖鞋。

我在心裡暗暗琢磨，這個凶手的思考模式和正常人有點不太一樣，但凶手做案過程思緒清晰，又不像是精神病人。

我說：「我有一種感覺，凶手早就盯上了楚晰，甚至和楚晰打過照面。他是專門衝著楚晰來的，可事先並不知道房間裡有兩個人。楚晰提起過，她和男友沒有同居，那麼凶手很可能是對她有一定瞭解的人，卻不一定是她熟悉的人。」

鄭爺用魯米諾檢測案發現場，結果顯示凶手可能不是戴著會發光的保險套，而是凶手事前沾染到一些螢光粉之類的物質，因為在做案現場凶手遺留的足印上也發現了這種發光粉末。

餐廳裡被割開的紗窗表明，凶手是從這個窗戶進入客廳的，巧合的是這個人入室的窗戶正對著浴室。如果有人在浴室裡洗澡，從這個窗戶能看到洗澡人清晰的身體輪廓。

我們推翻了以前的判斷，凶手應該比較瘦，體重不會超過七十八公斤，否則不可能鑽過那個小紗窗。而且，我猜測凶手應該受過特殊訓練，身體素質優於常人。

在花園的土壤裡，鄭爺還找到一枚臀印。

花園裡有很密集的灌木叢，臀印周圍的灌木叢有被壓迫的痕跡。凶手可能曾經埋伏在這裡，之後繞到餐廳的紗窗偷窺了楚晰洗澡，看到楚晰曼妙的身材後起了賊心，半夜翻到房間裡準備做案。可是他不知道林池也在二樓，以為整個房子裡只有楚晰一個人。

案情分析會上，大家根據手頭的資料替凶手側寫。

凶手的年紀應該在二十二到二十七歲，學歷高中以上，喜歡瀏覽黃色網站。他的住所應該在案發地周圍，步行距離非常近，獨居，其貌不揚。案發後會找合適的理由離開當地，走之前可能去過理髮店，畢竟長髮、蓄鬍這兩個標誌太明顯。

我的補充建議是凶手很可能是第一次做案，整個過程顯得粗糙而慌張，他當時可能不想殺人，行凶之前看過黃色影片或者進過色情聊天室，可能服用過含酒精的飲料，是一名性癮者。

「妳為什麼覺得他是一名性癮者？」劉隊問。

「大半夜光著身體找尋獵物，為了發洩把人家的男朋友都殺了，這麼變態，還不是性癮？」鄭爺說。

我說：「性癮是一種強迫症，發作後類似毒品上癮，患者只要受到一點刺激就會不顧一切地去尋找發洩途徑。他只穿短褲，光腳穿拖鞋，因為穿拖鞋不方便行動，所以入室時才脫下鞋子。窗檯正下方留下的鞋印可以證明這一點，說明凶手之前很可能為了抑制自己的衝動用冷水沖過澡。」

我繼續分析：「可惜，沖涼只是一種自欺欺人的精神安慰法，冷水刺激之後，血液在回溫過程中會加劇性癮。所以他又跑到房間外面，想用鍛鍊身體之類的消耗方式發洩情緒，結果因為習慣性偷窺楚晰，轉到她家後窗，看到她在洗澡，之後無法控制自己，入室做案。」

「如果不是預謀做案，他為什麼會提前準備好手套和保險套呢？」劉隊問。

「鄭爺，根據案發現場留下的痕跡，能判斷出凶手戴什麼類型的手套嗎？」我問。

「應該是普通的拋棄式手套。」

「楚晰提到當晚她和林池吃過海鮮，我們做現場勘查時，桌子上就有這種拋棄式手套，我懷疑凶手是就地取材。至於保險套，對於一個性癮者來說，可能像隨身物品一樣攜帶。」我補充說。

「你還是認為凶手是第一次做案？」劉隊問。

「至少是第一次殺人。」我回答。

李時補充：「凶手下手的位置很準，一刀斃命。」

「你覺得凶手有從醫經驗？」我問。

李時猶豫了一下：「只是一種感覺，他使用的凶器是桌子上的普通水果刀，林池脖頸上的割口不大，但是致命。」

「凶器來自受害者家中，佐證了他原本沒打算殺人。」我堅持我的觀點。

「如果凶手已經離開本地，要抓捕就比較困難了，我們是不是要等DNA結果出來之後，進資料庫做個比對。如果凶手有前科，會比較容易抓捕。」李時補充。

「如果這真的是凶手第一次做案，我們很可能會失望。」我說。

果然，我的烏鴉嘴靈驗了——DNA資料庫裡沒有凶手的樣本。

幸運的是，凶手留下了完整的腳印，而且因為是光腳，還留下了豐富的紋路細節。腳紋和指紋一樣，每個人都是獨一無二的。

我們以楚晰的住址為中心，開始挨家挨戶上門排查，進行腳紋比對。很快，一個叫尚凱的十八歲男孩引起了我們的注意。他的住所距離案發地只有兩條街道，尚凱的父母在外地工作，家裡只有他一個入住。

他是健身俱樂部會員，雖然身高不及死者，但是體力很好。最重要的是，我們排查到尚凱家時，發現他並不在家中。我們向鄰居瞭解情況，鄰居說，八月十四日（也就是案發後第二天），他看到尚凱背著旅行包急匆匆地離開家了。

尚凱的嫌疑增加了。

我們在隔壁市的長途客運站抓到了尚凱，當時他揮舞著背包試圖襲警，被幾名抓捕人員當場制伏。

尚凱不但剪短了齊肩長髮，還染了頭髮，把之前醒目的綠毛換成了深藍。看得出來造型出自他自己之手，髮絲邊緣剪得像狗啃的一樣，手上還沾著染髮劑。

他突然訂票要到父母所在的城市，具有一定的逃跑嫌疑——住址距離案發地近，離開本市時間是在案發後第二天。

我們把他帶回警局進行訊問，因為他年紀還小，我們也不想嚇唬他，可是他卻開始嚇唬我們。

「趕緊把老子放了，我不是殺人凶手，老子是合法公民，想去哪裡就去哪裡。老子願意自己剪髮，犯法嗎？老子不認識你們說的那個女的，放我出去。」

一口一個老子，劉隊氣得站起身，剛走到他身邊，他就雙手護頭，嘴裡大喊：「救命呀，警察打人啦！」接著又說：「我還差三個月才滿十八歲，我是未成年人，你們不能給我判刑。」

他懂得不少，看來之前應該有過前科。

「我們為什麼要給你判刑？你做了什麼違法的事？」我反問他。

抓捕尚凱的同時，鄭爺已經在他家的床下翻出兩瓶一氧化二氮（俗稱笑氣）。這還不算，我們還在他的背包裡找到一些女性首飾和現金。我們緊接著展開調查，得知原來這小子洗劫了自己女朋友的家。

一個月前，尚凱在歌廳認識了一個女孩子，他吹噓自己是市裡某高層的兒子，手眼通天。女孩才十六歲，父母做海產生意，常年不在家。她當天晚上便把尚凱領回自己家留宿。

尚凱第一次去女朋友家，發現她原來是個富二代，家住在高檔社區，裝修豪華，挺有錢的。於是，趁小女友去洗澡，他順手牽羊，把人家的現金和首飾藏在自己內衣裡，臨走時還順了幾條高檔菸。

女孩家在一個月前已經報案，由於提供不了尚凱的真實資訊，所以案子一直懸著。我們對尚凱的足印進行了比對，結果顯示，他腳掌的紋路和凶手相差甚遠。給他看楚晰照片時，他也沒有異常反應。

他應該不是凶手，尚凱的嫌疑人身分被排除了。

私藏笑氣和盜竊要交給轄區派出所處理，「尚凱大爺」被帶走前，為了將功補過，告訴我們他曾看到過「凶手」。

我們懷疑他口供的真實性，尚凱卻指天發誓，說他真的看到過「凶手」。

案發當晚，凌晨兩點多，他去洗手間時，從窗外看到一個男人光著膀子、穿著內褲從社區草坪跑過，後背閃閃發光，像塗了螢光劑一樣。當時，他還以為有人在半夜鍛鍊身體，罵了一聲「神經病」。

尚凱描述的特徵和楚晰提供的基本一致，看來他沒有說謊。尚凱還說，那個人朝對面的廣州街去了。廣州街的外來工作者特別多，人員組成複雜，大部分是租客，流動性很高，排查難度大幅增加。

整個案子因為缺乏有效線索一直很難推進，兩個月後仍沒有絲毫進展。「813」殺人強姦案只能暫時被「掛案」。楚晰為了療傷也離開本市回老家去了，只有林池的母親時不時會打電話過來詢問案情進展。

一晃兩年過去了，楚晰的案子已經慢慢淡出我的記憶。

直到二〇一三年十月的一個週三，拘留所的劉所長打電話給我們，說他們前幾天拘留了幾個聚眾鬥毆的，其中有個叫李自強的組織者，抱怨拘留所裡的飯菜不好吃，鬧著要點外送，還說警察無能，抓不到殺人犯，只敢拿他這種良民開刀。

所長聽他話裡有話，再次對李自強進行了訊問。

據他供述，他認識「813」案的凶手，還說凶手和他合租房子過。我們馬上提審了李自強。李自強身高一百八十三公分，前臂文身花俏，說話時甕聲甕氣的。他有習慣性眨眼的毛病，多少還帶點口吃。

「我……我也不是特別清楚，三年前的事了。」

他摳了摳鼻孔，擦在牛仔褲上——掩飾性動作，表明有隱情。一個人在說話時，如果伴隨性動作成組出現，表明他在拖延時間，思考利弊。

「知道多少說多少。」

「那時候，我在廣州南街租房，和我合租的舍友叫吳小迪，他特別喜歡出去夜跑。應該是八月份，詳細幾號不記得了，有一天晚上，吳小迪回來時只穿一條短褲，而且身上沾滿了血。他說自己失手殺了個人，還說不是故意的。我以為他在開玩笑，也沒太在意，結果這小子當天晚上就跑路了，還從我手裡借了兩千多塊錢，到現在也沒還。」李自強看了我一眼。

「你還知道多少關於吳小迪的其他情況？」

「那哥們平常不愛說話，知道的不多。」

「吳小迪平常靠什麼謀生？」

「好像是幫人家安裝路邊燈牌。」

路邊燈牌？

鑑定科的化驗室送過來的報告上說，從現場採取到的發光粉末是一種特殊的化學物質，通常用在燈具裝飾、醫療成像中。

如果吳小迪安裝過路邊的廣告燈箱，這不就吻合了？

「你還知道其他情況嗎？」

「別的，我就不知道了。」李自強的屁股在椅子上挪了挪，後背靠在椅子上。

我盯著李自強，他的話有真有假：從凶手的性格來看獨居的可能性更大；從偷窺楚晰來看，凶手性格內向，殺人之後不太可能向別人透露。

李自強自稱知道凶手是誰，為什麼後面又開始遮掩？

從含糊描述到揭發再到袒護的漸進過程看，難道凶手和他有特殊關係？

「凶手是你家親戚？」我脫口而出。

李自強瞬間張大了嘴，把放在桌面上的手飛快藏到桌下，看來被我猜中了。

李自強終於告訴我們，吳小迪是他的遠房表弟，三年前來本市工作。李自強把自家的一個一房一廳借給他住。

我們排查的時候，李自強怕惹麻煩，聲稱是自住，所以我們沒有查到。

「８１３」案後，吳小迪逃回了老家，李自強也不清楚表弟是不是殺了人。吳小迪走得很倉促，離開後，李自強去收拾房間，在裡面發現很多色情光碟，還有一些催情劑、性用品。聯想到「８１３」殺人強姦案，李自強對表弟產生了懷疑。

我們將吳小迪的照片和模擬畫像對比，覺得和楚晰提供的線索有幾分相似，特別是長髮和鬍鬚，而且他還喜歡搜集黃色片子和色情讀物。我們將吳小迪的照片和其他男性照片混在一起，傳給身在老家的楚晰，楚晰線上指認出凶手就是吳小迪。

據李自強交代，吳小迪目前已回到本市，而且也參與了鬥毆，只是在抓捕的過程中逃脫了。我們利用李自強「釣魚」，很快將吳小迪抓捕歸案。

可是長得像不一定就是真凶，吳小迪的DNA和凶手不符，臀印、足紋也相差很遠。在審問吳小迪的過程中，據吳小迪交代，他對李自強所說的「失手殺人」是他在夜跑時撞到一個酒鬼。兩個人發生了爭執，吳小迪撿起地上的磚頭砸中了對方的腦袋。看對方倒在地上不動了，吳小迪以為自己把酒鬼砸死了，所以才選擇逃逸。

經過警方的查證調查，我們找到了那名喝醉的傷者。他承認當晚確實和一個路人發生過衝突，因為不想惹麻煩，事後並沒有報警。

看來「813」案的凶手並不是吳小迪。

偵破案件是一個抽絲剝繭找出真相的過程，每一個細節、每一條線索都需要嚴謹的邏輯分析和證據鏈支撐，否則很可能造成冤假錯案。法律是嚴肅的，警察的責任就是履行自己的職責，捍衛法律的尊嚴，才能對得起自己這身警服，對得起人民的期待。

又是半個多月過去了，我去法院送資料時，經過發生「813」案的街區，鬼使神差地進入了案發現場。

一樓的房子成了凶宅，一直空置，也沒人打理，地板上落滿了灰塵，最初替死者做的現場痕跡固定線依然可見。

浴室門半掩著，地板上好像有一樣綠色的物品。我走近一看，居然是件女性內衣。淡綠色，邊緣有磨毛，是舊物。

我馬上用隨身攜帶的證物袋裝好帶回局裡。我翻出「813」案的卷宗，和案發現場的固定照片對比，當時並沒有這件女性內衣。

我打電話找楚晰查證。楚晰說她搬離之後，沒有再回去過，但是她記得自己確實有一件類似的女性內衣，卻對丟失這件女性內衣沒有印象。

難道這件內衣是凶手在做案後偷走，前不久又送回來的？

從犯罪心理學角度看，一部分強姦犯喜歡帶走受害者的貼身衣物，用來不斷回味做案過程，以達到高潮，比如有些嫌疑人喜歡收藏高跟鞋，有些喜歡收藏絲襪，有些甚至喜歡收藏毛髮。可是「813」案的凶手為什麼又把收藏品送回案發現場呢？

女性內衣上的灰塵不多，它重返現場的日子應該在不久之前。

我們換個角度想，為什麼凶手要重回案發地？難道是為了重溫自己的戰果嗎？還是社區裡有他的親朋好友之類的熟人，像我一樣，路過，順便進去看看，正好也拿著女性內衣，於是把東西還回去了？

社區在「813」案之後已經加裝了監控，我們馬上調取了社區半年內的監視影像，因為角度問題，只能看到正門。反復觀看之後，確定沒有人進入楚晰家。

唯一一段引起我注意的影片是一個月前，某一天的上午八點七分，有一輛運載舊物的紅色電動三輪車在楚晰家東側短暫停留過，但看不清車主樣貌，車輛也沒有上牌。

線索再次中斷。

又過了半年，接案中心接到一個報案電話，一個叫成麗的女孩子說自己被性侵了。

成麗在夜總會工作，晚上十二點多才下班。當晚男友接她的時候，兩個人因為結婚的聘金問題發生了爭執。男友一氣之下把成麗扔到路邊，獨自開車跑了。

成麗下車的地段非常偏僻，根本叫不到車。她穿著高跟鞋剛走了幾步，遇到一個駕駛電動三輪車的男人從旁邊經過。看成麗一個人走夜路，男人又把車倒了回來，並且堅持要把成麗送到大馬路上。

男人個子不高，態度溫和，一臉老實。他說自己有兩個孩子，是附近工廠的保全，說完還指了指車上的制服。於是，成麗放鬆了警惕，上了男人的車。

沒想到，男人把成麗載到一間廢棄工廠，拿出匕首威脅，將她強暴了。

男子強暴成麗的時候，還用了自帶的保險套。

據成麗回憶，男人短髮，外地口音，騎一輛紅色電動三輪車，中等身材，年紀在三十歲左右。我們馬上調取了案發地附近的監視器，因為是深夜，影像不太清晰，但是可以看到三輪車上放著一些舊家電。

嫌疑人的住處距離案發地點應該不遠，可能從事收購舊家電的工作，對當地環境非常熟悉，否則不可能知道附近的廢棄工廠。

警方開始大範圍搜索案發地附近的村莊，三個村子加起來有一千多人，我們一直沒有找到嫌疑人。

我再次調取了案發地五公里內的所有監視器。附近沒有路燈，嫌疑人的車燈成了唯一的光源。我在一段監視畫面中發現，嫌疑人的車朝南走了。

警方沿著南路追尋，因為很多地方拆遷，嫌疑人只能到南三環，再也沒有別的路口了。可是當警方追查到南三環，發現這個時段的監視器，根本沒有電動車經過。

唯一的解釋是他提前下了公路，因此我們推斷嫌疑人的住處在北郊的某個農村。

我們的模擬畫像師根據成麗提供的面部特點做出嫌疑人畫像，加強了細節刻畫。我拿著畫像，總覺得似曾相識。

警員們開始拿著畫像走訪排查。僅僅四天，就有村民認出畫像中的男人，說是在北郊獨門獨院租房住的井勵，還說井勵來這裡已經有兩年多了。他在附近的工廠當保全，偶爾收些舊家電。

我們在村民帶領下，火速趕往井勵家。難怪我們沒有找到這處房子，它建在一片玉米地後面，三間平房完全被莊稼遮擋。一進院，正好看到院子裡停著一輛紅色的電動三輪車，我記得在之前的監視影片中，楚晰家門外也停過一輛類似的紅色電動三輪車。

嫌疑人會不會和三年前的「813」案凶手是同一個人？

井勵正在家裡睡覺，外貌和成麗說的相當吻合，床頭還放著一件保全制服。面對警察的到來，他毫無反應，一直呼呼大睡，怎麼叫都不醒。

李時用手一探，原來井勵發高燒，已經昏迷了。我們只好先把他送到醫院。

井勵有一個十三歲的女兒，叫劉歡。小姑娘伶牙俐齒，化著妝，戴著首飾，看起來挺成熟。

我們要帶走井勵的時候，劉歡擋在我們前面：「你們抓錯人了，我爸不是壞人。」

我苦口婆心勸了半天：「妳爸爸生病了，我們要送他去醫院。」

劉歡終於讓開了路。

井勵被送走之後，我們開始搜查井勵的家，在轉角櫃的抽屜裡找到一把折疊刀和井勵的身分證。奇怪的是，當我對井勵的身分進行查證時，根據姓名、年齡、居住地等資訊，居然找不到與他相符的人——這恐怕是案中案，井勵這個人的身分是偽造的。

井勵家很亂，在後續的搜查中，我們忙了三個多小時，沒有找到什麼線索。劉歡站在門外盯著我們，一會兒警告我們不要弄亂房間，一會兒問我們什麼時候走，一臉不耐煩，根本不怕警察。

我們還瞭解到劉歡是井勵收養的。劉歡的父母在外地工作，一毛錢都不寄給她，讓她自生自滅，如果不是井勵收留她，她早就無家可歸了。

我來到院子裡，劉歡警惕地盯著我的一舉一動。當我看向她時，她又假裝把手插在口袋裡，看向一邊。

我發現劉歡的兩個腳尖都朝向院子的東南角，身體卻扭向相反的方向。

腳的動作代表揭示，身體的動作代表迴避，她在用矛盾動作來隱藏真相。

人的腳是很誠實的，如果想逃跑，腳尖會朝向門的方向；如果感覺不自在，會動來動去；如果感覺不安，會不停地在地上印腳印──腳尖的朝向往往是思考的方向。如果一個人在說謊，為了讓自己思考的事情不暴露，掩飾自己的想法，身體又會轉向一個與腳尖相反的方向，試圖用這個動作掩蓋思考的痕跡。

我向院子的東南角走去，只見那裡有一個廢棄的雞窩，上面蓋著各色塑膠布，塑膠布上堆滿了木柴。劉歡看我走向東南角，搶在我前面跑了過去，一屁股坐在一塊磨盤的上面。本來我還不知道從哪裡下手，這次要謝謝她的提醒了。

我們在劉歡坐的磨盤下面發現一個地窨，地窨入口很窄，裡面很黑，有梯子直通下面。

我慢慢從梯子爬下去，借助警用電筒找到了照明開關。

在這個地窨裡，我們搜查出來的東西，超乎所有人的想像。

地窨修建得很整齊，分為三個區域。

最左邊的木架子上擺放了三個背包，打開一看，裡面分別裝著三副鐵手銬、各種開鎖工具、匕首，還有很多保險套、潤滑劑、性玩具，保險套都是粉紅色的。

中間為展示櫃，上面擺放著幾十個不同款式的女式背包。我們初步統計了一下，背包有三十六個，還有大量的女式內衣、梳子、化妝品、飾品。

最右邊是一個墨綠色的老式保險櫃，打開之後，發現裡面鎖著錢包、存摺和銀行金融卡。

看著地窨裡的東西，我有種預感，井勵可能涉及連環殺人強姦案。

我們問劉歡：「家裡為什麼會有這麼多女性用品呢？」

奇怪的是這個小女孩卻不以為意，她說：「我爸爸是單身男人，經常帶女人回家，是她們忘記在家裡的。」

我猜測有更多受害人出於個人原因沒有報案。地窖裡大部分物品的主人沒辦法確認身分，我們只能先從三張金融卡來調查。

警方聯絡到三名受害者後，其中兩名直接否認，有一名猶豫不決，一直不願意配合指證工作。我對這名受害者進行了大量心理疏導，中途她還是反悔了。她說自己已經結婚生子，不想把事情鬧大。

警方公開在媒體上號召大家前來報案，一週過去了，一個人也沒有。更麻煩的是化驗室的DNA定序儀出現了問題，井勵的檢驗報告一直沒出來。負責儀器管理的人說，等修好再出結果，讓我們至少等三個星期。

與此同時，經過治療之後，井勵恢復了健康。但是面對警方的詢問，他來個一問三不知，甚至開始耍無賴：「俺想不起來了，記不住了，腦袋不好用，有病。」

我們在他的手機裡找到很多色情影片和大量女性被偷拍的照片，可是這些都不能作為指向他強姦殺人的證據。

井勵鬍子濃密，滿頭捲髮，說話的時候，裝出一臉老實相：「可憐可憐我吧，別問了。」

雖然他拒不交代，但在鐵證面前，基本坐實了成麗的強姦案，我們只能把他暫時關押在拘留所。

他在拘留所的審問中還是一問三不知，無論警方怎麼問，他都不說出自己的真實身分。我只能在第二戰場開始行動，守在拘留所的監控室，觀察他的一舉一動。

回到監舍的井勵邁著方步，徹底放鬆下來，還主動跟其他人搭訕，大家一起吃飯時，井勵甚至會炫耀自己的經歷。

我盯著螢幕上的井勵，腦子裡重播對當地村民的回訪過程。村民們對他知之甚少，因為他是租客，住得偏僻，平常很少和人交流。但是有一名王姓村民反映，井勵會治病。有一次，王姓村民的兒子突然發病，倒在地上抽搐，井勵正好路過。他在孩子身上按了幾下，又寫了一個藥名讓家人去買藥，沒過幾天孩子的病就好了。

井勵雖然裝出一副畏畏縮縮的樣子，但看得出他受過高等教育。

為了確保羈押人員的安全，監舍裡有監聽設備。井勵和其他人聊天時，一般用本地口音，開玩笑時，河南口音非常明顯，使用頻率也高，所以我推斷他的老家可能在河南某地。

我們聯絡了河南警方，調查了近十年的失蹤人口和在逃人員，還是沒有任何收穫。線索又卡死了。

我不想坐以待斃，把井勵的照片再次傳給楚晰。可是楚晰說，過了這麼久，除了頭髮和鬍子這兩個明顯標誌，她已經記不清凶手的具體長相了。

我們決定對井勵進行測謊。

針對測謊的選題方向，我決定從他的心理層面入手，著重詢問關於親情方面的問題。我希望這次測謊能成為偵破案件的突破口。

這次測謊只是一個引子，或者說一個刺激環節。他離開老家的時間應該不短了，從他的年紀看，家鄉應該還有父母親人。這麼多年他從來不敢回家，應該也沒有聯繫過家裡人。

他真的沒有想念過自己的親人嗎？

如果沒有想念過親人，不需要親情，為什麼會收養劉歡？之前，村民們也都證實了，井勵對這個養女特別好，幾乎是有求必應。

井勵進入測謊實驗室後，又開始了他的沉默表演。

在測謊過程中，我故意多次提及他的父母親人。

我問井勵：「你還記得自己的母親長什麼樣子嗎？」

井勵低下頭，長長嘆了一口氣，沒說話。

在測謊儀裡我觀察著井勵的表情，他的臉部肌肉抖動了幾次，與此同時血壓、心跳也有變化，這表示他在意。

「你母親心臟不太好，剛做過繞道手術，你不想回去看看嗎？」

井勵挪動了一下身體，舔舔嘴唇，舌頭一直在嘴裡繞——表示不安。他想表達，卻在極力控制自己。

「你父親還能下地工作，不過腿腳不太方便。他們都七十多歲了，以後誰替他們養老呢？」

井勵雖然一直沉默不說話，但他的大拇指在微微顫抖，用膝關節一下一下撞擊前面的桌子。所有動作連貫在一起，表達的是一種克制，也表達了一種擔心。

測謊結束的當天晚上，我們一隊輪流盯著監舍的監控。這次井勵和平時不一樣，他吃得很少，也不再和其他羈押人員聊天。他輾轉反側，十二點多還沒有入睡。

他沒辦法再壓抑自己的內心了。

午夜兩點二十三分，井勵突然說了一句夢話：「擺鬧了，蹬踢啦！」

雖然有些詞比較含糊，但我確定這種口音屬於東部沿海一帶，意思是「別玩了，壞了」。

我們火速聯絡東部沿海一帶的警方，調查近十年的犯罪和失蹤人口紀錄，這一次成功找到一個體貌特徵與井勵相符合的人。這個人叫蕭珩，八年前考上當地的一所醫學大學，畢業後應聘到一家民營醫院，成了一名婦產科男醫生。

在診療的過程中，蕭珩性侵了一名獨自來看婦科病的精神病人，被發現後外逃。蕭珩的身分資訊、血型與井勵完全吻合，但是沒有DNA紀錄。我猜測他逃跑後為了隱藏自己的身分，更換了假身分證，在全國各地隱姓埋名。

當我再次向井勵查證身分時，他愣了很久，眼睛瞇著，盯著警方傳來的資料，彷彿在回憶當初的事情，但仍然不說話。

我將他當醫生時的工作照片放在他面前。

照片上的人是個很有精神的男性，穿著白色制服，神采奕奕。而我眼前的蕭珩滿臉鬍子，頭髮蓬亂，眼角還有眼屎，才三十歲的人已經有了不少皺紋，頭頂也生了白髮。

蕭珩的眼睛一眨不眨地盯著照片上的人，接著低下頭，身體放鬆，攤開兩手，他承認自己就是蕭珩，還說：「終於不用再過提心吊膽的日子了。」

據蕭珩交代，從老家逃到本市時，他原本打算投奔自己的阿姨，可是又怕暴露身分，所以先是在距離阿姨家很近的廣州街租了一間房子——廣州街就在「813」案的相鄰街區。

我們採取了他的右腳印和臀印，結果發現和當年「813」案中的腳紋、臀印一模一樣，而蕭珩的DNA報告終於出來了，和「813」案吻合。

我們決定聯審成麗的強姦案和「813」案。據蕭珩交代，「813」案是個偶然，當時他只想偷窺，但沒有控制住自己。

「我剛逃到這裡，找不到工作，在步行街擺攤賣工藝首飾。有一次，楚晰來我攤上買過一個夜光手鐲。她試戴鐲子的時候，我看到那段小臂特別白，特別好看。我從來沒見過那麼好看的手臂，看得我都愣住了。後來，我發現楚晰和我住在同一個區，就經常跟蹤她。

八月十三日那天晚上，我看了色情影片，沒有辦法控制，跑到楚晰窗戶下，正好看到她在洗澡。當時，我並不知道楚晰的男朋友也在。等她洗完澡上樓後，我脫下拖鞋，從紗窗鑽了進去，怕被發現，在壁爐裡躲了一會兒。我感覺她應該睡著了，正準備上樓時，沒想到楚晰的男朋友從樓上下來了。他把我當成了小偷，我們倆就打在一起了。他體力比我好，把我按到地上，我隨手拿起桌上的水果刀朝他刺了幾刀。」

我問井勵：「楚晰說，你身上有會發光的黏稠液體，那是什麼？」

井勵想了想：「是在做夜光手鐲時沾染到的液態螢光劑。」

「除了林池，你還有沒有殺過其他人？」

蕭珩避開我的目光，搖搖頭。

「為什麼會把女性內衣還回去？」我盯著蕭珩繼續問。

蕭珩咬緊下唇，沉默了片刻，忽然抬起頭，詭異地一笑：「妳猜！」

「我猜你會被判處死刑。」我平靜地回答。

聽了我這句話，蕭珩的臉瞬間慘白。

「813」案和成麗案同時告破，我打電話通知楚晰。

楚晰在電話那頭忽然說：「我想起來那個男人是誰了。有一次，我去超市買東西，看到他從手扶梯上摔下來，膝蓋都流血了。我用礦泉水幫他沖洗傷口，還幫他貼了OK繃。」

楚晰給了我答案。我終於知道為什麼時隔三年，井勵要把女性內衣還回去了。帶走是不捨，保存是想念，歸還是內疚。

楚晰和別的受害者不同，蕭珩一直喜歡她。

蕭珩在六個月後被判處死刑。

我瞭解過蕭珩的成長環境，他的性癮很可能和他的原生家庭有直接關係。蕭珩的父母是普通農民，收入較低，家裡比較窮，親戚朋友都瞧不起他家，不願意和他家來往。從小生活在物資匱乏和受歧視的環境中，蕭珩更渴望放縱和自由。

他的童年是在父母頻繁的吵架和冷戰中度過的，缺乏親密和諧的家庭氛圍。在成長過程中，他沒有學會正常表達、給予和獲得愛的方式。成年後，蕭珩不善於處理人際關係，經常和同事產生矛盾，工作壓力較大，又沒有找到正確發洩情緒和壓力的方式，造成他畸形的犯罪心理——透過不斷征服女性來肯定自我、解壓，同時，也透過這種方式來尋求刺激，確認自身價值。由於行為偏差持續擴大，蕭珩最終走向犯罪。

第八案　進階版仙人跳

身邊最親近的人，有可能才是最危險的人

案發時間：2014 年 4 月

嫌疑人：孫鉉凡、劉駿、盧渟

涉嫌案件：圖財殺人案

嫌疑人陳述證詞之表現：

- 視線與腳尖皆指向房門
- 單肩聳動、眼神閃躲
- 右眼眼外肌明顯抽搐
- 頻繁眨眼、咬嘴唇
- 說話時，脖子向前探
- 眉頭下壓，上眼瞼外擴，下眼瞼繃緊，嘴唇變薄
- 頭部前傾，弓起後背

我一直很討厭「最毒不過婦人心」這句話，其實這是一種偏見，是封建社會對女性的歧視和侮辱。可是二〇一四年四月，我們偵辦的一起案件，確實讓我見識到了這句古語的厲害。

二〇一四年四月三日下午，市中心醫院急救中心接到電話，求助人稱距離醫院不足五公里的安居社區二單元五十五號，有一名男子從樓梯上滾落，生命垂危，需要搶救。

救護車火速趕到電話裡提供的住址，可惜還是來晚一步，傷者躺在只有二．四坪的小房間裡，已經一動不動。醫生檢查之後，確認該名男子已死亡。

登記死者資訊時，一名自稱是死者妻子的女子告訴醫生，死者叫藺學光，今年五十六歲。醫生注意到，藺學光腳上穿著輕便的藍色運動鞋，身上蓋著很厚的棉被，半張臉被遮住了。

死者妻子叫孫鉱凡，很瘦，穿一件白色T恤，看起來很憔悴。整齊的瀏海遮擋住眼睛，臉上有淚痕，但難掩她的漂亮、清秀和精緻。

她用右手拽著左手食指，似乎有些緊張。除了孫鉱凡，現場還有一對小情侶，男孩叫劉駿，女孩叫盧濘。

醫生檢查過程中，孫鉱凡一再拉起被子，想擋住藺學光的身體。醫生向她提問時，她說話也支支吾吾。醫生發現藺學光的身上有多處淤青，這些傷並不是由疾病引起的，醫生認為此人絕非正常死亡，於是馬上撥打了一一〇報警電話。

我們趕到現場時，距離醫生報警只過了十五分鐘。

在這短短的十五分鐘裡，藺學光已經被換好壽衣，殯儀館的工作人員也已經到場，正準備抬起藺學光的屍體，將他放進紅色的紙棺裡。以這種速度，如果我們再晚一些，大概只能看到骨灰了。

醫生的行為屬於非義務強制報警，和家屬不發生關係，所以警方來之前，醫生沒有權力阻止家屬動屍體。

家屬到底想隱瞞什麼？為什麼如此著急火化？

李時解開死者衣物，發現死者的前胸、後背有數處條狀傷痕。

我們刑偵一隊馬上兵分兩路，一路由李時帶隊將屍體火速送往停屍間詳細檢查，一隊留在案發現場詢問情況。

現場情況非常複雜，面對我的詢問，孫鉢凡不願開口，那對小情侶也一言不發。

盧濘一直躲在劉駿懷裡哭，從當前的情況看，盧濘似乎比孫鉢凡還要傷心。

我注意到盧濘雙手粗糙，兩個大拇指都是灰指甲，甲床有多處開裂，隱約聞到盧濘身上有淡淡的中藥味。她的左腳踝上露出一部分文身，雖然被清洗過，但從模糊的輪廓判斷，應該是蠍子的尾巴。

終於，孫鈜凡願意開口了。我安排小情侶在另外的小房間裡平復情緒。孫鈜凡說，藺學光下樓時不慎踩空，滾下樓梯，很快失去了意識。安居社區是有二十年歷史的老式住宅，樓梯間比較狹窄。

鄭爺發現，現場位於二樓，這種老式住宅環境衛生不好，沒有物業，樓梯間裡有很多灰塵。事發現場並沒有踏空、滾落的痕跡，樓梯不高，加上有扶手，不太可能摔成重傷致死。

從死者的體質看，藺學光才五十六歲，並且穿著輕便的運動鞋，李時在現場屍體剖驗時也沒有發現死者腰部或者腿腳有毛病，因此意外摔死這個說法很難成立。鄭爺還親自示範了幾次滾下樓，無論以怎樣的方式摔倒，都不會讓死者全身上下布滿傷痕。

面對我們的進一步詢問，孫鈜凡再次選擇痛哭，而且不再回答問題。

藺學光為什麼會突然死亡？他身上的條狀傷痕是誰造成的？藺學光、孫鈜凡這對夫妻和現場的小情侶是什麼關係，為什麼會一起待在面積只有十五坪的租屋處裡？

這個案件疑點重重。

鄭爺開始和劉隊進行周邊調查。他們很快就找到了租屋處的屋主，屋主說房子兩個月前出租給了一對小情侶，也就是劉駿和盧濘，她並不認識孫鈜凡和死者藺學光。

我們將孫鈜凡、劉駿和盧濘帶回警局，準備分別訊問。

下午做案情概述時，我已經拿到了死者的全部資料。

藺學光，五十六歲，本地人，有三次婚姻。孫鈜凡是他的第三任妻子，二十六歲，是一名肚皮舞老師。

藺學光曾經做過礦產生意，擁有數千萬資產，但為人低調，是一位隱形富豪。據知情人透露，他的三任妻子一任比一任年輕，一任比一任漂亮。

李時很快便將屍體剖驗報告傳了過來。藺學光的死因是脾臟大出血，瘀傷排除摔倒可能，判斷為外力作用，為鈍器擊打形成。但是這種鈍器很特別，有一定的柔韌度，所以同一條傷痕深淺不一。

鄭爺說，他在案發現場的洗衣機滾筒裡找到一根橡膠棒，橡膠棒的直徑有四、五公分，在上面分別採取到死者和劉駿兩個人的DNA，應該是做案工具。

很顯然，從我們目前獲得的證據來看，孫鈜凡從一開始就在說謊。

當看到屍體剖驗報告時，那個叫劉駿的年輕人最先情緒失控了。

劉駿，二十四歲，本地人，在一家汽車經銷商工作。他承認藺學光是被他綁起來打死的。他說自己之前根本不認識藺學光，之所以對藺學光大打出手是因為對方強姦了自己的女朋友盧濘。至於捆綁用的繩索，劉駿說當時過於慌亂，不記得放在什麼地方了。

劉駿在交代過程中，視線經常望向房門，腳尖也指向房門方向。這是一種現場逃避的表現，表明他想盡快離開這個房間，但這並不表示他說了謊，只能證明他急於脫身。

奇怪的是，他還出現了一系列伴隨動作，比如單肩聳動、眼神閃躲、抓手臂，這是說謊者擔心謊言被揭穿時的習慣性掩飾動作，是一種守勢。

守勢是一種自我保護性動作，出現這種動作是不受自我意識控制的，它是一種生理上的條件反射，即使受過專業訓練也很難避免。單肩聳動是為了與他人阻隔，以便保持安全距離；眼神閃躲，是為了防止真實目的暴露；抓手臂，是為了轉移對方的注意力。

這組動作讓我對他的證詞產生了懷疑。

隨後，盧濘這邊也開始錄口供。據盧濘說，她今年二十二歲，是一名保險推銷員，從事保險業已有兩年，薪水靠每月的績效抽成。她和劉駿也已交往兩年，藺學光是她在兩個月之前認識的。

兩個月前，保險公司安排員工團體活動去觀音山，盧濘的手機忘在客運上。她回停車場去拿，正好看到一個十七、八歲的男孩手法嫻熟地「釣包」——一輛賓利車的車主忘記關好的車窗，小偷鑽這個空子想把留在車裡的財物釣出來。

小偷正用一條特製的「鏈鉤」鉤住車裡一個黑色的包包往外拉。

盧濘沒多想，喊了一聲：「你在幹什麼！」

她本來打算把小偷嚇跑，沒想到小偷居然沒有害怕。

小偷狠狠瞪了盧濘一眼，罵了一句：「臭三八，少管閒事。」

盧濘覺得一個小屁孩也不敢拿她怎樣，便拿著手機一邊拍，一邊警告：「再不走，我要報警啦！」

小偷罵了句髒話，拿著鉤子朝她走過來：「趕快刪掉了，要不然，老子在妳臉上劃個記號。」

進退兩難之際，一個高個子男人突然從小偷左側跑過來，他一把抓住小偷的手腕。

「小屁孩還敢自稱老子，你撬老子的車，偷老子的東西，老子還沒找你算帳呢。」

這時，幾名風景區的保全人員聞訊趕過來，一起抓住撬車賊，把他帶走了。高個子男人就是藺學光，他戴著眼鏡，穿著休閒西裝，雖然不年輕了，但文質彬彬的樣子給人的印象不錯。

他笑著對盧濘說：「看不出來，小妹妹膽子還滿大的，讓美女救了一次英雄的車。不過以後見義勇為還是謹慎些吧，安全第一。」

盧濘點點頭，剛想走，藺學光叫住了她。

「勇敢的小妹妹，認識一下，留個聯絡方式，妳要是願意，我可以送妳回去。」

之後，他們加了微信。

「蘭學光很快就聯絡我，知道我是保險推銷員之後，他說他也想買保險，還說要介紹大客戶給我。我們談業務期間，交往越來越深入，我發現他是個好色的人，經常會有意無意地碰我。比如接合約的時候，他的手指會從我的手背上滑過去。我怕我男朋友吃醋，沒告訴他這件事。為了拿下這個大客戶，我一直半推半就，沒想到我的退讓，被蘭學光理解成可以進一步發展的暗示。

四月一日晚上，蘭學光打著買保險的幌子，要到我家裡談。我男朋友當天晚上正好加班。他帶著一些小吃和一瓶白酒找上門，一進門就說我的房子太小，要幫我租個大間一點的、條件好的。

酒過三巡，蘭學光趁我喝醉了，把我拖到臥室強姦了，沒想到正好遇到我男朋友回來了。我男朋友把蘭學光堵在屋裡，氣不過，打了他一頓。蘭學光一開始說是我勾引他的，看我男朋友不相信，又主動提出用錢私了。沒想到我男朋友出手太重，在他們談條件的時候，蘭學光突然倒地抽搐，最後就死了。」

盧濘在錄口供的過程中，沒有明顯的異常表現。但是當我問她，針對單身女性的保險訂單有什麼好的方案時，盧濘的臉漲得通紅，半天才說：「我不負責這類業務，所以不太瞭解。」

我之所以突然提出這個問題，是出於一種測謊經驗，是在試探盧濘是否在職業問題上說謊。因為我發現，在訊問期間，盧濘的整體表達能力偏弱，這種表現和保險推銷員的身分有一定差距。

劉駿和盧濘錄好口供之後，還出示了證據——一份由藺學光親手寫的認罪書，還有藺學光的認罪錄音。

經過鑑定科鑑定，認罪書上的字是藺學光的筆跡，認罪書的關鍵字詞上壓了手印，同時認罪錄音也證實了證據方面沒有漏洞，甚至讓我覺得很專業，幾乎無懈可擊。但是在錄音裡，我聽到藺學光的語速有多處停頓，停頓部分有的是長長的嘆息聲，有的是「嘶」的聲音。

他在讀認罪書時，有一種無助感、無力感，似乎在強忍疼痛。

雖然沒有造假，但這些證據並不能成為有效的證據，因為藺學光受到了虐待，挨了毒打，不排除被暴力逼迫認罪的可能性。

藺學光被劉駿打死已經坐實，現在的關鍵是藺學光有沒有強姦過盧濘。

法醫在盧濘的體內並沒有採取到藺學光的精液，盧濘說藺學光強暴她的時候是戴著保險套的，之後他將保險套扔進了馬桶。

小情侶這邊已經確認得差不多了，下一個疑點來自孫鈜凡。

她為什麼會出現在現場，又為什麼要撒謊，說藺學光是摔死的呢？

孫鈜凡的情緒很不穩定，羈押期間甚至出現了自殘行為：她用頭撞牆，扯自己的頭髮，還咬破了自己的手臂。我們只能先從她的家人入手。

我們找到孫鈜凡的母親，她告訴我們：「當初鈜凡要和藺學光結婚時，家裡就強烈反對，因為兩個人年齡差距太大。孫鈜凡才二十四歲，藺學光都五十四歲了，比孫鈜凡她爸還大三歲，我們不可能同意。」

「為什麼他們還是結婚了？」

孫母嘆了一口氣：「鈜凡這孩子性子軟弱，耳朵又軟，容易受騙上當。她背著我們偷了家裡的戶口名簿，和藺學光偷偷去登記。等她告訴我們，生米已經煮成熟飯了，我們還能怎麼樣？」孫母雙手一攤。

「兩個人結婚之後，感情怎麼樣？」

「一開始還不錯，藺學光對鈜凡很照顧，買了新別墅和車給她。兩個人經常去國外旅遊度假，還幫我們換了新房子、買了保險。可是結婚不到兩年，鈜凡就搬回來住了，還鬧著要和藺學光離婚。」

「他們鬧離婚的原因是什麼？」

「我也不是特別清楚，鈫凡這孩子是奶奶帶大的，和我們沒有很親近，什麼事也不和家裡說。妳想想老夫少妻得遇到多少麻煩？鈫凡愛旅遊，喜歡和朋友逛街、購物、去做美容，藺學光不是喝茶就是打牌，兩個人肯定合不來。」孫母嘆了口氣，「鈫凡也說她後悔了，是在找罪受。她滿足不了藺學光，還說藺學光在疏遠她。」

在孫鈫凡回娘家期間，藺學光都沒有打過一次電話，也沒有來接妻子。

孫母處處袒護女兒，提到孫鈫凡時，她眼部魚尾紋下垂，那是失落和關切的表現；每次談到孫鈫凡的現狀，她的面部肌肉都很緊張，雙手無規律地摩擦，可見她對女兒的關心以及對女兒的婚姻狀況感到焦慮。

離開孫家，我們回到局裡。經過兩天的調整，孫鈫凡的情緒終於穩定下來。我們開始進行第一次訊問，我決定從她和藺學光的感情入手。從目前掌握的情況來看，孫鈫凡對這段婚姻一定有很多委屈和抱怨，從這裡入手更容易讓她產生傾訴欲。

孫鈫凡果然開口說話了——她告訴我，藺學光是個雙面人。

「我和他結婚之後，他的態度發生了一百八十度大轉變。他經常不在家，說有業務應酬，後來我才知道他是出去鬼混了。我在他的手機裡發現他加了一些女人的微信。他還有性病，甚至傳染給了我。」

孫鋱凡說話的聲音很小，但敘述事情經過時，條理清晰。她臉上柔弱無辜的表情很容易讓人相信，但我看到孫鋱凡的右眼眼外肌很明顯地抽搐過兩次。

面部表情肌屬於不隨意肌，如果出現抽搐，除非病理原因，否則哪怕時間很短，也會暴露出一些問題。抽搐表明對相關問題敏感，對訊問切入點高度緊張，覺察到想隱瞞的細節有暴露的危險，都會出現類似反應。

「能詳細說明妳是怎麼發現藺學光鬼混的嗎？」

孫鋱凡低著頭，沉默了一會兒：「藺學光睡著之後，我偷偷拿著他的手解鎖手機，看到藺學光創了一個群組叫『風流醉』，還特意設定成靜音。裡面有幾百則聊天紀錄，所有狐朋狗友都在找他。什麼『光哥的眼光穩準狠』；『光子，她是不是看上你了』；『你家皇后可不是一般戰士，小心駛得萬年船』等等。我看得頭皮發麻，再向前翻還有他和狐朋狗友聊會館的體驗、價格，甚至性價比的紀錄，還會相互推薦。藺學光去過那麼多次，我之前竟然完全沒發現！」

一個人要想避免讓對方察覺到一些東西，會在說話過程中突然出現一種特殊的動作，比如頻繁眨眼、咬嘴唇、蘋果肌顫抖、膝跳反射、移動身體位置等。這些動作轉瞬即逝，很難引起他人的注意，只有專業測謊師才會捕捉到、感知到。

孫鋱凡出現了兩次類似的動作——頻繁眨眼和咬嘴唇。

「可是技術科並沒有在藺學光的手機中找到妳提到的群組。」

「我們吵架之後，他當著我的面退出群組了。」

孫鈜凡說這句話的時候，脖子向前探了一下——傳遞和強調訊息，哪怕這些訊息可能是編造出來的。

我平靜地看著孫鈜凡，她避開我的目光，突然說：「吵架的時候，他動手打我。」孫鈜凡撩起瀏海，讓我看頭上的一塊傷疤，說是藺學光用酒瓶砸的——這是一種具體化遞進。

具體化遞進是一種用行動來證實自己語言可信度的心理模式。嫌疑人會主動交代一些對自己有利的線索，並透過一些行為給出證據，爭取對方的認同，從而讓對方站在嫌疑人這邊。

「藺學光對妳有過家暴行為？」

「是，他打傷我之後，我提出離婚，他不同意。他覺得自己已經結婚三次，第三次婚姻才一年多，就要離，怕親戚、朋友笑他。之後他又向我認錯，還主動退出了那個風流群。我對他又恨又怕，只好暫時逃回娘家。」

我們在孫鈜凡的包包裡找到了她被家暴的證據，包括受傷的照片和就診病歷。病歷上寫著：「小臂劃傷，縫合七針，右眼腫脹，造成視網膜充血。」

我們向醫院查證情況，醫院證明其真實可信。

接下來是本案的關鍵。我問孫鈜凡：「為什麼會出現在案發現場？又為什麼在藺學光的死因上說謊？」

孫鈜凡嘆了一口氣說，在案發前一天，她接到藺學光的手機打來的電話，電話那頭是劉駿。

劉駿直截了當地告訴孫鈜凡：「妳老公強姦了我女朋友，妳趕快過來『贖』人。」

孫鈜凡很快趕到現場，她一進屋便發現藺學光嘴裡被塞了毛巾，結結實實地被綁在客廳中間的椅子上，臉上有幾處傷痕。

她向藺學光確認：「你是不是強姦了人家的女朋友？」

藺學光點頭承認了。

孫鈜凡的口供間接替小情侶作證了，看來也坐實了藺學光強姦的罪名。

孫鈜凡說：「藺學光當時非常害怕劉駿報警，他畢竟是有頭有臉的人，如果出了這種事很沒面子。所以他主動提出賠償一百萬私了，這才讓劉駿打電話給我，讓我籌錢。我當時很生氣，但是想著先把事情解決再說。我本以為自己就是來幫忙拿錢的，沒想到他居然打算讓我出這筆『封口費』。

我上去把他嘴裡的毛巾拿下來，質問他為什麼，要他跟我說清楚。他告訴我，我回娘家以後，他怕我鬧離婚分財產，就把名下所有財產都轉到第一任妻子和兒子名下，他自己已經身無分文了。

我一聽，氣瘋了，拿起桌子上的橡膠棒就開始打他。劉駿聽說拿不到錢了，也拿起一根橡膠棒跟我一起打。他大聲慘叫，劉駿怕被人聽到，又用毛巾把他的嘴堵起來。」

「妳用的那根橡膠棒放什麼地方了？」

「我不記得了。」

「捆綁藺學光的繩索放在什麼地方了？」

「我也不記得了。」

「你們毆打洩憤之後，為什麼沒有放掉藺學光，而是將他扔在床上？」

「我們沒想到藺學光被打之後突然滿頭大汗，昏迷不醒。一開始我們三個人以為他是裝的，直到我發現他失禁了，才意識到可能出事了。我們還進行了搶救，我替他包紮了傷口，劉駿對他做了CPR，可是他還是死了。」

孫鈜凡痛哭著說：「我真的是氣死了，下手才那麼重，但我根本沒想過要殺死他。可是人命關天，一想到我和劉駿一起毆打他，他的死和我有關，心裡非常害怕，所以才撒謊說他是摔死的。」

整個過程聽起來合情合理，邏輯嚴謹，幾乎找不到破綻，但是我發現一個特別的地方：孫鈜凡三次用到了「我們」，暴露了一種無意識的同盟狀態。當一個人感到自己的力量不足或者沒有說服力時，會頻繁使用「我們」、「大家」之類同盟詞以獲得認可、肯定，但這種行為是把雙刃劍，同時也會暴露團體做案的可能性。

三個人都在強調藺學光強姦的事實，如果認定藺學光強姦在先，那麼參與傷害藺學光的孫鈜凡和劉駿便找到了毆打對方的理由，這在法律上很可能被判定為過失殺人，在量刑的時候肯定比蓄意謀殺輕得多。

案件偵破至此，種種線索已經串連在一起，形成了一個完整的證據鏈，似乎可以結案了，但事情遠遠沒有想像中那麼簡單。

訊問盧濘之後，我去保險公司確認過，盧濘一個月前才入職，根本不像她自己說的已經工作了兩年。她為什麼要隱瞞自己的入職時間呢？

鄭爺的第二次現場勘探結果也把真相引向了另一個方向。

謀殺案要經過若干次現場勘查，包括痕跡查證、案件再現、現場指認等過程，如果只做一次現場勘查，很可能會忽視一些細節。

鄭爺在陽臺外牆的空調室外機裡找到一個不起眼的編織袋，打開一看，是一根有血跡的橡膠棒。送到檢驗科後，我們在上面找到了孫鈜凡的指紋，袋子裡還有捆人用的繩索和堵嘴的毛巾。

第一次，我們確實沒有找到這些證據，劉駿和孫鈜凡也說不記得繩索放在哪裡了，這和三人的口供一致。奇怪的是，編織袋裡還有一只老式石英鐘。

藏做案工具可以理解，但是為什麼要藏石英鐘呢？

鄭爺打開石英鐘，很快發現了其中的奧祕：石英鐘的一顆裝飾鑽石被拿掉了，上面鑽了一個孔，裡面藏了一個針孔攝影機，很明顯這是偷拍的工具。

有錄製設備就有儲存裝置，鄭爺又在床板下的夾層裡找到一臺筆記型電腦，電腦裡有藺學光和家人的合照，還有大量工作的合約，看來這是藺學光的私人電腦。

經過技術科仔細查找，我們在一個隱藏資料夾裡，發現了針孔攝影機拍到的影片，是一段不雅影片——裡面記錄了藺學光「強姦」盧濘的整個過程。

這段影片是誰錄的？為什麼會在藺學光的電腦裡？藺學光的私人電腦為什麼會在盧濘的租屋處？難道藺學光還有這種特殊癖好，把過程錄下來，自己慢慢欣賞？

首先，排除了藺學光的嫌疑。盧濘在供詞裡說，案發時藺學光是第一次來租屋處，因此他根本沒有機會安裝針孔攝影機，更沒有機會在偷拍之後把鐘錶藏起來——當時他已經被劉駿控制，並且綁住了。

房子是盧濘在兩個月前租的，兩個月前租房子，一個月前換工作，是巧合嗎？

我們決定分別對劉駿和盧濘進行測謊。

測謊分為單方測謊、雙向測謊和多向測謊。單方測謊是針對嫌疑人測試，雙向測謊和多向測謊則是針對所有涉案人員的測試。在本案中，我們用到的便是多向測謊。

在整個談話過程中，我分別向他們介紹了測謊儀的科學性、準確性。對比兩人的反應，劉駿聽得比較認真，盧濘則表現出焦慮的情緒。兩人自願在測謊協議書上簽了字，主動接受測謊。

首先接受測謊的是劉駿。

「你的名字是劉駿嗎？」

「是。」

「今年二十四歲？」

「是。」

「你是本地人？」

「是。」

回答以上問題時，劉駿思緒清晰，語調平和，處於正常反應值。

「你和盧濘是什麼關係？」

「情侶關係。」

當問到這個問題時，劉駿的兩腳由外開轉為內合，表明他對相關問題有所顧忌。

「盧濘和藺學光的影片是誰錄製的？」

「藺學光。」

呼吸感測器的藍色曲線有波動，嫌疑人呼吸急促，表明他對相關問題有所隱瞞。

「裝有攝影機的石英鐘是誰藏起來的？」

「是我和盧濘藏起來的。」

「為什麼要藏起來？」

「因為發現了針孔攝影機，害怕隱私被洩露。」

劉駿的雙手不自主內扣，表明他有所隱瞞。

在對盧濘的測謊中，為了更好地比對分析，我們使用了和劉駿相同的測試題。

在「為什麼要藏起來」的問題上，盧濘的回答是：「我們不知道他錄了多少，只能暫時先藏起來。」

我問盧濘：「妳能想像一下藺學光死亡的時候有多痛苦嗎？」

「我……不願意去想。」盧濘低下頭，看著地面。

當一個人想隱藏內疚的情緒時，會減少臉部的曝光。

我面前的圖譜顯示：兩個人的反應曲線高峰迭起，尤其是膚電反應，幾乎接近臨界點，對應率達到了百分之八十以上，很顯然兩個人都撒了謊。

看來案件還有隱情，需要深挖。

我決定再次對盧濘進行訊問，和劉駿相比，顯然她更容易成為突破口。

這一次，盧濘坐在椅子上不再看我，她低著頭，不停攪動自己的手指。

盧濘一直沉默，直到我猛然叫了她一聲：「婷婷！」我們在第一次訊問之後，進行了社會關係調查，已經查明「婷婷」是盧濘從事上一份工作時的曾用名。

盧濘突然抬頭看我——明顯的條件反射，她驚訝的表情已經說明了一切。

終於，她問我：「如果我坦白，是不是可以從輕處理？」

我點點頭。

一個更大的祕密被揭開了：藺學光雖然「強姦」了盧濘，但他其實才是整個案件的受害者。這是一個局，劉駿布下圈套，目的就是敲詐藺學光，不過這是一個升級版的仙人跳。

沒有所謂的「美女救英雄」，實際上是盧濘為了接近藺學光，跟蹤藺學光到了風景區，等藺學光出現時，馬上跑到他身邊說有變態，尋求幫助。

盧濘說：「藺學光沒看到變態，打算離開。我堅持要他的電話，說一定會感謝他。從那以後，我經常打電話給他、傳訊息給他，還發過好幾次自己的暴露照片想色誘他，向他暗示不介意做他的情人。」

「藺學光是什麼反應？」我問。

「他每次的答覆都很敷衍。我以為男人都是好色之徒，只要自己下足功夫，他就會毫不客氣地順坡下驢。針孔攝影機是劉駿事先安裝好的，為的就是讓藺學光乖乖就範，拿到勒索的證據。怎麼也沒想到，藺學光一個礦廠老闆居然抵擋住了美色的誘惑。」

「妳還做了什麼？」

「他一直躲避我的勾引，還告訴我，他已經結婚，不想傷害老婆。」

「出事那天晚上，發生了什麼事？」

「我約了藺學光，謊稱當天是我生日，我說一個女孩子獨自在外地打拚很孤單，很可憐。藺學光出於同情，終於按照我的要求買了酒菜過來。我們喝酒之後，我脫光衣服抱住藺學光，在酒精的作用下，他終於投降了。」

案子到此似乎可以了結了，小情侶見財起意，「捨得老婆套來狼」，案件性質由過失殺人轉變為蓄意謀殺。可是盧濘和劉駿又是怎麼知道藺學光是隱形富豪的呢？

從我們瞭解的情況來看，藺學光比較低調，接觸到的都是生意場上的人，平常生活簡單，不是招搖的人。

盧濘的供詞並不完整，我們又重新提審了劉駿。劉駿說，藺學光經常去他工作的經銷據點修車，熟悉之後發現藺學光是有錢人。可是據我們調查，劉駿工作的經銷據點和藺學光的家不在同一個區，藺學光去劉駿那裡需要繞很遠的路。

我們查看了客戶登記並向經銷商員工確認，發現藺學光根本沒有去過那裡。

劉駿在證據面前不說話了，無論怎麼審問，他都不出聲。

我開始反思，在案件中我們似乎忽視了什麼地方——孫鈜凡。

我一直把孫鈜凡當成一個無辜的雙重受害者。訊問孫鈜凡時，她每次都是淚流滿面地講述自己的不幸經歷。弱者往往讓人覺得不像反派，可是最精明的捕獵者往往會以獵物的方式出現。

我決定重新調查孫鈜凡的婚姻狀況，透過走訪，我發現孫鈜凡在婚姻裡並沒有看起來那麼簡單。因為藺學光的原戶籍不在本地，父母也已離世，我們一直沒有聯繫到他的親屬，不過我們找到了他的前兩任妻子。

第一任妻子叫王敏，雖然離婚多年，但王敏一直說藺學光人品很不錯，只是有點大男人主義。他在創業初期很少回家，夫妻感情漸漸淡薄，最終離婚並不是因為第三者。

第二任妻子與第一任妻子說法一致，也是因為藺學光常年不在家才分開，兩任妻子都堅持說藺學光從來沒有過家暴史。

王敏和藺學光有個兒子，與藺學光接觸比較頻繁，她口中的孫鉉凡和我們印象中的完全相反。王敏說，藺學光特別珍惜第三段婚姻，因為妻子年紀小，藺學光處處呵護、忍讓，孫鉉凡才是婚姻裡那個「大爺」。

孫鉉凡從不做家務，也辭掉了工作。藺學光每天買菜做飯，她整天在家養尊處優，向藺學光要錢，拿到錢就出去吃喝玩樂，還結交了社會上一群不三不四的人。

藺學光有一次喝多了，到王敏家向她訴苦說，孫鉉凡在外面包養了一個小白臉，不僅租房子給小白臉，還買了車。

王敏當時還埋怨藺學光：「你年紀那麼大娶了人家小女生，圖個什麼呀？」

藺學光不說話了，沉默了一陣才回答：「圖有人陪著，要不然家裡太冷清了。」他還自欺欺人地說，「孫鉉凡出軌的事還沒確定，說不定是別人造謠。」

王敏勸他離婚，他說：「不想離了，我已經累了。事業上再成功有什麼用，婚姻一敗塗地，先將就著過吧！」

我們開始排查孫鉉凡的社會關係，最後發現孫鉉凡確實有情人。在她六個月前租的半山區別墅裡，我們找到了她的另外一支手機，裡面有她和情人的照片——照片上的男人居然是劉駿，通訊錄裡還有劉駿的手機號碼。

案發當晚，孫鈜凡還用那支手機傳了一封簡訊給劉駿：「一切按照原計劃進行。」

蘭學光被害案一切策劃邏輯分明，層層遞進，讓我越來越感興趣了。我站在孫鈜凡的角度分析了一下她的三個計劃。

計劃一：打急救電話，試圖以滾下樓梯為由隱瞞蘭學光的死亡真相，但是由於醫生報警，失敗了。

計劃二：讓盧濘和劉駿主導案情，開始第二套說辭——蘭學光強姦在先，劉駿過失殺人，孫鈜凡作為輔證出現，但是在石英鐘的祕密被揭開之後，也失敗了。

計劃三：讓盧濘和劉駿主導案情，小情侶見財起意安排仙人跳。蘭學光人品不好，好色出軌，經常家暴，孫鈜凡以受害者的形象出現。

在這三個計劃裡，孫鈜凡都是以旁觀者或受害者的形象出現，這些設定都是在證明她的清白無辜。不過孫鈜凡有兩個失誤：

一、指向她的關鍵證據——第二支手機被我們發現了，裡面的涉案簡訊、合照均未被刪除。

二、把蘭學光的電腦放在盧濘的租屋處。蘭學光的電腦是私人電腦，裡面有很多重要文件，外人是不可能輕易拿到的，只有一種可能：她事先拿給了劉駿。

把線索偽裝得再完美，只要我們耐心尋找，總會找到破綻。根本沒有什麼完美犯罪。

我們對劉駿進行了第三次訊問，他交代了案件的全部經過和細節，承認孫鈜凡才是幕後操縱者，於是我們決定對孫鈜凡進行測謊。

面對鐵證，孫鈜凡還在試圖狡辯。坐在測謊室裡，她還是那副楚楚可憐、柔弱無助的樣子。她說，是劉駿威脅她，她才會參與勒索藺學光的計劃。回答問題的過程中，我們沒有眼神交流，她一直盯著桌腿。

孫鈜凡還穿著我第一次見她時穿的那件白色T恤，而在她第二支手機裡，在她和劉駿拍的情侶照上，她穿著時尚，妝容豔麗——孫鈜凡是個好演員。

「妳對藺學光最大的不滿是什麼？」

孫鈜凡沉默了一下：「他在外面拈花惹草。」她的聲音很低。

「妳為什麼要打他？」

孫鈜凡回答：「我當時太生氣了！」

膚電圖譜有了反應，螢幕上出現兩次高峰。此前已介紹過，圖譜峰值越高，說謊的可能性越大——孫鈜凡在說謊。

「因為藺學光不再給妳錢，也不和妳離婚，還阻止妳見劉駿，所以妳恨他。」

孫鈜凡的身體突然抖了一下，我從高解析度攝影機上看到她的瞳孔瞬間縮小。

「劉駿已經交代了，他說所有事情都是妳安排的，是妳先勾引他，目的就是和他一起騙那個老男人的錢。」

孫鈜凡的心電反應起伏更大，我在高解析度攝影機裡看到她眉頭下壓，出現皺紋，上眼瞼外擴，下眼瞼繃緊，嘴唇變薄，下頷前置——那是憤怒的表現。

「還說是妳讓他殺死藺學光的。」

「我沒有。」

孫鈜凡的頭部前傾，弓起後背，這是貓進攻前的守勢，她在試圖保護自己。

「事實是什麼樣的？」

幾秒鐘之後，孫鈜凡放下雙肩，垂下頭，她終於把連接著感應器、一直翹起的指尖全部平放在桌面上。

最終，孫鈜凡交代了全部事實。

「我懷疑藺學光有外遇，是他的第一任妻子。他對那個女人比對我還好，我曾經找她談過，質問她到底是前妻還是第三者，為什麼不停地找藺學光。那個女人挖苦我說，我比她年輕漂亮，還留不住自己的丈夫。

我很生氣，回家向藺學光提離婚。可是藺學光說離婚可以，但我要淨身出戶，一句話把我堵回來了。說實話，我和他結婚就是為了錢，沒有拿到錢，我怎麼會離婚呢？

後來我在網路上查到，男方如果出軌，會賠償女方。所以去年年底，我打算用丈夫出軌這個理由起訴離婚，但是沒有證據怎麼辦呢？我考慮了很久，決定在網路上找一個私家偵探，偷拍藺學光出軌前妻的證據，這個偵探就是劉駿。」

「只是妳沒想到，劉駿跟藺學光兩個多月，什麼破綻都沒有找到，回來還和妳解釋藺學光一點也不好色，他去前妻家只是和兒子吃飯，和前妻聊天，並沒有越矩行為。」

孫鋐凡點點頭：「一直找不到證據，就沒辦法離開藺學光。我每天看到他就煩得要死，經常向劉駿訴苦，研究對策，後來我們兩個就在一起了。」

孫鋐凡咽了一下口水。

「有了情人之後，妳離婚的意願更加迫切。」

「是，我每天和劉駿在一起，不讓藺學光碰我，後來還搬回娘家。他發現到我在外面有人了。」

「所以才有了妳在醫院的驗傷病歷？那些傷是藺學光打的，因為他發現了妳跟劉駿出軌的事。」

「是。」孫鈜凡艱難地回答。

「妳和劉駿兩個人操縱了一盤大棋，設計一個桃色陷阱針對藺學光。至於盧濘，和劉駿根本沒有任何關係，也不是什麼保險推銷員。她是足療店的按摩師，暱稱叫婷婷，是劉駿僱用的。」

「是。」

「有一點我不太明白，既然盧濘是你們僱用的，為什麼在現場她那麼傷心？」

「她沒想到會出人命。發現藺學光死了，她嚇壞了，打算逃跑，被劉駿攔住了。劉駿威脅她，如果不和我們合作，就連她一起殺了。如果乖乖聽話，等事情過去，我們會給她加倍酬勞。」

「為什麼非要殺人？」

「我沒想要殺人，真的沒有想要殺他。沒想到他真的能堅持不被誘惑。盧濘曾經三次主動獻身，他都沒有上鉤。劉駿的房子只租了兩個月，租期很快要到了，我們只好加快進度。四月一日，我讓盧濘撒謊說自己過生日，把藺學光騙到了租屋處，後來才有了捉姦在床的事。」

「妳和劉駿拿到出軌證據之後已經可以了，但你們一想，這盤棋下了這麼大，不如再順便多敲他一筆。沒想到藺學光拒不配合，要錢沒有，要命一條。」

我緊緊盯著孫鈜凡，孫鈜凡點點頭。

「你們這才對他毒打，而且妳也參與了。整個虐待過程從四月一日晚上一直持續到四月三日下午，長達四十多個小時。藺學光寫下的證據，就是在受到了你們猛烈的毆打之後，強忍著疼痛完成的，所以字跡歪歪扭扭，錄音裡有呻吟的聲音。藺學光是被你們活活打死的。」

孫鈜凡靜靜地靠在椅子上，似乎整個人都放鬆下來，臉上也看不出情緒。

劉駿涉嫌故意傷害致人死亡，至少是十年的有期徒刑。至於孫鈜凡，量刑最低也是無期。這個女人太聰明，外表看起來清秀柔弱，卻有著縝密策劃案件的本事。

在這個案件中，謊言成了中性詞，做案者用它來脫罪，把線索偽裝得很完美。不過謊言終歸是謊言，總會被找到破綻。

這個世界上根本沒有什麼完美犯罪，婚姻本身才是真正的無間道，最可怕的人有可能就是你身邊最親近的人！而目的性婚姻往往會讓人走上歧路，有想透過婚姻的捷徑走上人生巔峰的女人，也有想入贅豪門一步登天的男人。

孫鈜凡的案子剛過了半年，我們便接觸到一起豪門贅婿失蹤案。

在案件偵破的過程中，刑警隊還找到一本堪稱「豪門入贅指南」的日記。

第九案　豪門贅婿失蹤案

最難破解的謊言往往就是眞中有假，假裡藏眞

案發時間：2014 年 10 月

嫌疑人：孫顏、畢春紅、曲林杰

涉嫌案件：藥物昏迷、殺人拋屍

嫌疑人陳述證詞之表現：

- 坐在椅子邊緣，重心偏左，微躬身體
- 說話時，眼球向左轉動兩次
- 聳肩
- 呼吸急促
- 皺著眉，皮動肉不動
- 左右臉頰表情不對稱

二〇一四年十月二十日，我們出警回來，警車剛開到警局門口，突然從路邊衝出一個女人，她拄著單拐，一跛一跛地擋在車前。

她說自己的哥哥已經失蹤一週了，求我們幫忙找一找。

通常情況下，成年人失蹤二十四小時可以報警，四十八小時可以立案。可是這個女人說，她在今天早上還收到哥哥傳來的訊息，所以派出所不予立案，她只能跑來攔車。她堅持說，自己有預感，傳訊息的不是哥哥本人，哥哥肯定出事了。看女人腿腳不方便，我們就先把她帶進了辦公室。

女人告訴我們她叫畢春紅，她的哥哥叫畢加志。

聽到「畢加志」這個名字，我和劉隊迅速交換了一下眼神。

畢加志是本市有名的「豪門贅婿」，他「嫁」給了本市首富孫仲榮的女兒孫顏。孫顏是孫仲榮的長女，曾擔任啟明集團總經理，啟明集團的固定資產早已超過一億。婚後孫顏做了全職主婦，畢加志成為公司的高管。兩個人舉行婚禮時，現場的紅毯都是從伊朗進口的，據說每平方公尺的價格高達兩萬。不過一年前風聞兩人已經離婚，孫顏很快有了新歡，閃婚了。

此時，畢春紅緊緊握著手裡的紙水杯。我注意到她只有無名指和小指做了美甲，上面鑲嵌著藍色水鑽，由於指甲過長，在杯身上摳出了深深的指甲痕。

「一週之前，我哥和孫顏約好了在一家民宿探視孩子，可是我哥去了之後，就再也沒出現過。我打了很多次電話給我哥，他都沒有接，只回了幾則訊息給我，說他正在處理一些事情。肯定是孫顏把我哥綁架或軟禁在某個地方了！她就是不想讓我哥看到孩子。我收到的那些訊息，肯定也是孫顏模仿我哥傳的。」

畢春紅坐在椅子邊緣，重心偏左，微躬身體，看起來好像是為了保護受傷的右腿。實際上，這種重心偏移的內縮動作暗示著恐懼的情緒。人在恐懼的時候，肌肉會不自主收縮，整個身體呈弓形；如果重心偏移有明確的方向，則是一種自我預警機制，代表隨時準備逃走。

畢春紅說：「孫顏是個很可怕的女人！為了達到目的，她什麼事都做得出來！所有影響她生活的人都是障礙，她一定會想辦法除掉。」

「妳哥和孫顏結婚之後，感情怎麼樣？」我問。

「他們的感情一直不好。孫顏性格強勢，精神狀況又不穩定，動不動就歇斯底里，砸東西是家常便飯。我哥剛開始還是能忍的，處處遷就孫顏。等孩子出生之後，孫顏完全成了家裡的女王，所有人都要服從她，對我哥也越來越不尊重。」

我問：「妳怎麼知道孫顏精神狀況不穩定？」

畢春紅猶豫了一下：「我看過好幾次孫顏跟我哥吵架時拿水果刀威脅我哥，還抱著孩子要跳樓。最後都是我哥跪在地上，求她下來。」

我問畢春紅：「為什麼會產生妳哥被軟禁的想法？」

畢春紅欲言又止，糾結了一會兒，說：「我哥不是第一次被軟禁了。一年前，我哥和孫顏離婚時，他們為了爭奪孩子的撫養權打過官司。孫顏僱人把我哥綁架到一處廢棄別墅，讓他簽一份自動放棄撫養權的協議，不簽不放他走。我哥沒辦法，只能簽了。後來法院憑藉這份協議，把撫養權判給了孫顏。」

「這些都是妳哥告訴妳的？」

畢春紅點點頭。

「為什麼妳覺得妳哥這次失蹤也和孫顏有關係？」

「前段時間，她威脅過我哥。離婚之後，孫顏不讓他探視孩子。我哥氣不過，三個月前，他為了爭取孩子的探視權，把孫顏告上法庭，法庭判決在工作人員監督下強制執行探視權。孫顏在調解時曾經當眾威脅我哥說『我一定會讓你從這個世界上消失』。」

我問畢春紅：「孫顏為什麼不讓妳哥探視孩子？」

「孫顏和我哥離婚半年之後，在參加同學聚會時，遇到了大學時代的戀人曲林杰，兩個人舊情復燃。曲林杰為了孫顏，和妻子離婚了。兩個人交往半年就結婚了，孫顏不想要我哥打擾她現在的生活，所以拒絕探視。」

「妳哥是怎麼認識孫顏的？」

畢春紅低下頭，咬了咬下唇，說：「朋友介紹的，詳細情況我也不太清楚。」

她的下唇上有一處青紫色的痕跡，應該是經常啃咬造成的，這種習慣性迴避動作表明她在隱藏某種情緒和想法。當人在提示自己不要把某些祕密說出去時，大腦會分泌一種抑制激素，這種激素會引發身體出現一些強制性提示動作，比如咬嘴唇、啃指甲、把手放在唇邊，或者乾脆用手指捏住嘴巴。

對於這個問題，我沒有過於執著，勸畢春紅先回去等消息。

她躊躇了很久，在離開之前突然說：「昨天晚上我夢到我哥出事了，孫顏把他切成了很多塊，裝在黑色的塑膠袋裡。夢醒之後，我嚇出一身冷汗。求求你們一定要盡快找到我哥。」

她是哭著離開的，而我對她的最後一段話產生了興趣。

「切塊」、「黑色塑膠袋」這些描述過於具體，太有臨場感，就像她真真切切看到了一樣。此外，「盡快」這個詞是一種時間暗示，意味著她知道某件事情，且留給這件事情的時間不多了。

畢春紅在說這段話時，眼球明顯向左轉動了兩次。眼球向左轉是回憶資訊，向右轉是創建資訊。她的眼球一直向左轉，證明她在敘述自己真實的回憶，而非夢境。

畢春紅走後，我向劉隊申請追查畢加志失蹤事件。最近這段時間隊裡沒什麼大案，時間有空餘，劉隊想了想，同意了。

我很快拿到了畢加志的資料：三十六歲，身高一百八十三公分，畢業於國內某知名大學，生物化學科系畢業，曾出國進修兩年，結婚前在本市環宇生物科技公司工作，離婚後一直無業，生活環境和人際關係相對簡單。

資料的備註裡還有畢加志的家庭住址和聯絡電話，後面附著一張身分證留底。照片上的男人英俊有餘，瀟灑不足，從五官看是個本本分分的理工男。

我嘗試撥打畢加志的手機，對方已經關機了，看來只能先去他家找找線索。

我提前聯絡了畢春紅，她手裡有畢加志家的鑰匙。遞鑰匙給我的時候，畢春紅目光閃爍，我再次從她眼裡看到了恐懼。

畢加志住在水晶花園七十四號，屬於中高檔住宅。離婚後，他一直獨居。

打開房門，一股陳舊的味道撲面而來——房間很久沒有通風了。

室內很乾淨，陳設簡單，入口處只有一雙男式拖鞋。最顯眼的是茶几上擺放著一張畢加志和女兒的合照，孩子很漂亮，長得和爸爸很像。照片上積了不少灰塵，看來畢加志近期的確沒有回過家。

我轉了一圈，發現房間裡只有男士用品，冰箱幾乎是空的，沒有發現有用的線索。畢加志的書房倒是很大，書架上除了書便是手工製作的汽車模型。在書櫃的東南角地面上，幾處塵團吸引了我的注意力：這些塵團整齊地排成一條線，這是紙箱一類的物品從櫃子下面拖出來時遺留的痕跡。

我慢慢蹲下身，看到角落裡有一個很舊的紙箱。把紙箱拉出來，打開，裡面放著幾個破損的汽車模型和兩本日記。

翻開日記，裡面掉出一張精緻的流程表，上面印的似乎是關於某個比賽的詳細時間安排和內容，時間是三年前。

我把流程表放到一邊，翻了翻日記，從筆跡上判斷，這些日記應該是畢加志本人寫的。我在之前的資料中看過他手寫的工作總結和親筆簽名。

日記全都是用墨藍色鋼筆寫的，字跡小而工整，微微向右傾斜。從字體看，畢加志性格偏內向，為人嚴謹。從記錄習慣看，畢加志的性格固執、保守、戀舊。

尋著日期，一頁頁看過去，第一本日記是上大學時的生活小記，第二本記錄著畢加志從出國到結婚前的一些重要事件以及一些內心感受。

拉上窗簾，打開桌面上的檯燈，日記上的字跡漸漸清晰起來。我根據畢加志的日記和對孫家的瞭解，在腦海裡整理了一下畢加志入贅豪門的事件經過。

畢加志出生在一個普通的工人家庭，父親早逝，家裡只有母親和妹妹，但他讀書很用功，不僅考上了國內一所知名的大學，還順利拿到了去國外進修的機會。

回國之後，他在一家科技公司工作，頂著總經理的名號做新品研發的工作，公司真正的老闆其實是他在國外進修時的同學。同學是個富二代，剛回國便被家裡本著強強聯合的原則，安排參加孫仲榮的祕密選婿活動。可是這個同學瞞著家裡已經有了女朋友，並且早就聽說孫家的第一桶金來得不光彩，又聽人說孫顏為人刻薄，出了名的挑剔，所以同學求他幫忙應付一下。

畢加志一開始不同意，覺得自己的身分很容易被識破。同學則認為自己從國中後一直生活在國外，國內瞭解他情況的人並不多，另外他會幫助畢加志在中途退出。禁不住同學的勸說，也是為了報答同學的知遇之恩，他最終還是答應了。

孫仲榮有三個女兒，二女兒和小女兒常年生活在國外，只有大女兒孫顏願意留在父母身邊，接管家族企業。

日記裡詳細記錄著選婿的流程，以下是畢加志第一人稱的書寫：

第一輪是入圍賽。

通過三位形象顧問面試後，我被帶到一個專業機構檢查身體狀況，從身高到三圍，從肌肉含量到基因，分數低於90者，直接淘汰。我拿到了92分。

第二輪，聘請心理專家對所有入圍者進行從性格到心理健康指數的測試和分析，總評分在95以下淘汰出局。

題目很刁鑽，包含心理雙向性（精神分裂）測試題。在這場測試中，我拿到了95分，險勝。我突然覺得這個選婿活動還挺有趣。

一週之後，在第三輪篩選中，我被帶到一間布置了風水陣的房間。房間的牆壁上有黑白暗條和星座，屋裡擺滿大塊水晶，分別由命理師、星座專家和我面談。她們在面相、骨相、屬相以及其他方面進行綜合評分，這輪我也通過了。

第四輪是個人才藝和知識測試。

原本同學安排我在第四輪出局，沒想到我竟然拿到了孫顏發的晉級卡，在第四輪直接過關了。

進入第五輪，他們從國外請來了愛情顧問和我溝通。

他們提出了很多私人問題，比如是否處男、談過幾次戀愛、分手原因。我對這類談話很反感，胡亂回答，可是在評估時，還是拿到了及格分數。

闖過這些關之後，只剩下包括我在內的五名候選人。

……

你永遠也搞不懂有錢人的想法！富人都有自己的個人癖好，和我面對面相親之前，孫顏要看看入圍者的詳細資料，又提出要求：有三次以上戀愛史的淘汰，不會做家務的淘汰，學歷不夠的淘汰，痣長在某個部位的淘汰，站在我旁邊的混血男就因為鼻子太尖被直接淘汰了。

……

原來有錢人的生活是這樣的，沒想到我可以距離這種生活那麼近。

終於要見到孫顏本人了，我還有些激動。

為防止意外發生，決賽的舉辦地點只能提前一天通知。決賽當天，很多富豪還帶了保鏢過來。我們入場時，甚至有專業保鏢對我搜身。好在這次是祕密選婿，選中之後，雙方父母才能見面，否則真就露餡了。

孫顏和我想像中的不同，長得很漂亮，楚楚可憐的樣子，不像同學說的那樣尖酸刻簿。她穿著紫色的禮服，好像對我微微笑了一下。那一刻我覺得自己的心跳都在加速。

決賽現場，男嘉賓們使盡渾身解數，大膽求愛。孫顏坐在臺下像女王一樣，沒有任何表情。

……

我真的很幸運！孫顏和我說，從一開始她就知道我是冒名頂替的，不過她覺得我的整體條件還是不錯的，學歷也很好。她說服了她爸，讓我參加到了第四輪，然後又給我晉級卡，最終讓我成為勝利者。

感謝上蒼讓我們終成眷屬！

從日期看，後來畢加志和孫顏很快便舉行了婚禮。

回到局裡，我計畫找畢春紅瞭解一下畢加志和孫顏相約探視孩子的那家民宿，之後再安排時間，和孫顏見見面。

沒想到孫顏居然主動找上門來，說畢加志要強姦她。

孫顏中等身高，很瘦，留著齊肩髮，皮膚很薄，薄到可以清晰地看到手臂上藍色的靜脈血管。皮膚薄的人通常會比較敏感和神經質。

她和大眾印象中的女強人截然不同，給人的第一印象是弱不禁風，會讓人產生一種保護欲。可是她的目光很犀利，容易給人一種強烈的壓迫感。

我提醒自己，無論一個人的外表多麼具有「欺騙性」，都不要忽略他們內心深處那個「真實的自己」。人是社會動物，展現在人前的形象和社交時的言談舉止，與面對真實自我時可能是完全不同的。所以，測謊師在「解讀人心」時，必須拋開一切偏見和主觀臆想，捕捉一切真實的資訊，只有如此，才能做出準確的判斷，這也被稱為測謊師的中立能力和中立態度。

孫顏看到我，輕輕動了動嘴角。

「妳就是劉警官吧？他們說你負責畢加志失蹤案。我先聲明，畢加志失蹤和我沒有任何關係，我們只見了一面，談了孩子的事，但是畢春紅不停地打電話騷擾我，汙衊我軟禁了她哥，還威脅我說要報警抓我，所以我今天特意過來說明一下情況。」

我點點頭，示意她繼續講下去。

孫顏的坐姿優雅而規範，雙手握在一起，雙腿合攏微微右傾，這是保守和防守相結合的姿勢，也被稱為「標準淑女坐姿」。這個姿勢往往會給對方留下一個良好的印象，但實則是讓自己保持警惕和戒備，身體語言大意是「我會保守自己想保守的祕密，外界的干擾對我無效，也傷害不到我」。

「事情是這樣的，一週前，畢加志要求探視孩子，當天我女兒有點發燒，可是畢加志不相信，覺得我在找藉口，不讓他看女兒，我們在電話裡就吵起來了。我實在被糾纏得煩了，就和他約在一家民宿談判，解決探視的問題，可是……」

孫顏皺著眉，皮動肉不動，一副很為難的樣子——表演狀態。

真實情緒是由內而外慢慢展現出來的，比如，真正的笑是慢慢綻開的，持續一段時間之後，再慢慢收回，這是身體反射弧的完整過程。如果一個人突然大笑，突然停下，那麼情緒就是假的。此刻孫顏也出現了類似的不自然的表情，她在表演。

「畢加志先到了民宿。我進去之後，他質問我為什麼沒把女兒帶來，我告訴他女兒不太舒服。他不聽我解釋，當場吵了起來。我要走，他拉著我不放，把我推倒在床上，扯我的衣服，還把我弄傷了，說如果不讓他見女兒，就拿我當補償。」

這是一個很聰明的女人，她的眼睛會說話，也善於運用自己的節奏來主導別人的注意力，還會用語氣掩飾真實情緒。

孫顏拉高自己的右袖口，我看到在她的手腕上有兩條青黃色的傷痕，看起來像用手捏出來的。

「你們約見面的那家民宿距離市中心很遠嗎？」

「是有點遠，不過民宿是畢加志選的，房間也是他預訂的。你們可以去查，叫東郊民宿。」孫顏的語氣很肯定。

「為什麼會選那家民宿？」

孫顏苦笑了一下：「那裡算是我們離婚之前的祕密基地吧。度蜜月的時候，我們撒謊說去了國外，其實一直待在那裡。因為隱蔽，不會招來記者，不會影響我們的二人世界。」

「畢加志強姦妳了嗎？」

「沒有，我用菸灰缸砸傷他，之後離開了。」

「妳走之前，畢加志還是清醒的？」

「是的，他摀著頭，一直罵我。」

「之後，畢加志和妳聯絡過嗎？」

「沒有。他就是個人渣，他這個鳳凰男貪得無厭。我們結婚之後，他先是利用我們之間的關係進我父親的公司，拿到了經營權，之後又安排了一堆亂七八糟的親屬進來，架空了我們的管理層。離婚的時候，他還把女兒的撫養權賣了一千萬。」

「你們離婚的時候孩子才兩歲，原則上由母親直接撫養，為什麼畢加志會覺得自己的勝算更大？」我在這個問題上存有疑慮。

孫顏猶豫了一下：「他用公司出現的一些小瑕疵威脅我，我不想影響公司運作，所以把錢給他了。離婚之後他被清除出公司，又打著探視權的幌子來干擾我的生活，真是太無恥了。」

如果真如孫顏所說，畢加志掌握的一定不是什麼「小瑕疵」。

孫顏很會轉移話題，避重就輕。

最難破解的謊言往往就是真中有假，假裡藏真。孫顏在說謊方面無疑是個高手，因此測謊師更要時刻保持清醒，敏銳地感知謊言——測謊師才是真正的測謊儀。

「他的失蹤與我無關，如果真的涉及法律上的問題，你們可以聯絡我的律師。」

「妳覺得畢加志會去哪裡？」

「我不知道！劉警官，我瞭解的情況都告訴妳了，我還有事，先走了。」

我點點頭，目送她離開。

我們決定去孫顏提到的東郊民宿看看。

東郊民宿的地理位置很偏僻，位於國道分支，丁字路口的盡頭。民宿是一棟二層的小樓，蓋得很別致，像是用積木一塊一塊堆疊起來的。

這裡環境不錯，依山傍水，可惜曾經是本市的墓地，雖然墳已經遷走了，但出於忌諱還是沒有開發商涉足。民宿再向東幾百公尺便是東湖，那裡的草高到都能把我埋住。

民宿老闆是個五十多歲的男人，我向他出示了證件之後，先詢問了一下附近是否有監視器。他告訴我，民宿的大門口有一個監視器，但是經常出問題。

調取監視器後，監視畫面顯示週一上午九點五十分，畢加志出現在民宿門前。他應該是在停好車之後進入了民宿。之後的影片出現了問題，沒有看到孫顏來民宿的畫面。下一段監視錄影已經是週四凌晨一點十分，一個黑衣人在監視的右上角一閃而過，手裡拖著一個行李箱。

我在黑衣人出現的那一幕定格了畫面：中等身高，很瘦，從身形上看，像孫顏。雖然黑衣人出現不到兩秒，我還是注意到她是用兩隻手一起拖著行李箱。黑衣人還出現了一個轉動右手手腕的動作。我清晰地記得孫顏說自己被畢加志弄傷的就是右手。

我問老闆是否見過畫面裡的黑衣人，老闆把腦袋晃得像撥浪鼓一樣。我又把孫顏的照片拿給老闆看，老闆說這個女人在畢加志入住之後來過，她把車停在民宿門前，大約停留了兩個多小時，就驅車離開了。

「你還記得她來的時候，帶了什麼東西嗎？」

「好像提了一袋子食材。」

我又問老闆：「你確定她沒有再回來過？」

老闆撓著禿頭，歪了一下嘴角說：「沒有。」

我讓同事和交通管理部門溝通了一下，看他們能否幫忙調取到孫顏驅車離開的監視錄影。交通管理部門回覆，由於東郊這一帶樹木過於茂盛，大部分監視鏡頭都被樹枝擋住了，並沒有拍到相關畫面，我只好先讓老闆帶我到畢加志預訂的二〇一房。

進去之後，我發現房間已經被打掃過，廚房的烤箱和咖啡機有使用過的痕跡，瓦斯爐上還殘留著幾滴薑黃色汙漬。我湊近聞了聞，好像是咖哩的味道。

我問老闆：「有沒有看到畢加志離開房間？」

老闆說：「不知道男人什麼時候離開的，他只預訂了一天。第二天一早，我進來檢查房間的時候，發現人已經走了，室內很乾淨，正好省得我打掃了，之後我就再也沒進來過。」說完，又撓了撓光禿禿的腦袋。

「那個女人在離開時，是不是又續訂了房間，並且給了你好處？」

老闆半張著嘴：「警……警察小姐，沒……沒有，絕對沒有。」

人一說謊就會緊張，一緊張就容易造成神經、血管或肌肉的收縮痙攣，這種痙攣集中到某個部位，比如頭頂或者鼻尖，人就會覺得癢。身體為了調節，又會加快血流的速度，此時身體燥熱，容易出汗，他額頭上慢慢滲出的汗珠恰恰佐證了這一點。

老闆擠出一副討好的笑容對我說：「警察小姐，我這人記性不好，妳一提醒，我想起來了。其實那個女人給得也不多，她說不用退訂金，另外又給了我五千塊，說是要續訂一週。她還囑咐我不要進房間，不用清理房間，以免打擾她丈夫休息。她還借走了後門的鑰匙，說是取車方便。」

「後門鑰匙？」

「後面有條防火通道，是坡道，直通停車場。」

我讓老闆再想想還有什麼事情沒有交代，然後打電話給劉隊，讓他派人過來。

很快，痕跡鑑識科、檢驗科的同事都到了。

鄭爺先是採取了廚房的痕跡，之後又從工具箱裡拿出他的「超級手電筒」——生物證據檢測設備（用於現場大範圍搜索血斑、精斑、尿液斑、唾液、陰道分泌物等，可以提高現場物證採取率和鑑別能力），打開紫光燈的開關，開始室內探查。

當拉開廁所的隔門時，出現在我們面前的是一個案發現場。

牆壁上、地板上、浴缸裡，甚至天花板上，都發現了血跡殘留。各種各樣的血跡將揭露凶手的種種行為：在被害人意識不清的情況下，凶手割開被害人動脈，會形成點狀噴射血跡；凶手舉起刀，血從刀尖滴落到地面，會形成水滴狀血跡；被害人死亡後，凶手在處理屍體的過程中將死者翻轉、拖拽，會形成撞擊狀血跡；之後凶手在打掃、擦拭現場時，又會在地面的瓷磚上留下扇形接觸狀血跡。

鄭爺說，以失血量判斷，被害人已經死亡。每一種血跡都暗示著廁所毋庸置疑就是殺人分屍現場。李時認為，結合血液凝固狀態以及痕跡來看，殺人和分屍時間不同步，也就是說，在殺害死者較長一段時間後，凶手才回到民宿分屍、運屍。

痕跡檢驗科給出的報告也證實了這一點。報告確定血跡屬於畢加志本人，在房間裡只採取到畢加志遺留的痕跡，凶手做案可能全程戴著手套，沒有留下任何指紋線索。在廚房汙漬的分析報告中，除了檢驗出汙漬是咖哩和咖啡之外，還檢驗出一種含有阿曲庫銨（Atracurium，非去極化神經肌肉阻斷劑）成分的助眠藥物。這種藥物無色，有輕微的味道，在人體內分解速度很快，超過七十二小時就很難檢測出來。

孫顏去民宿時帶著食材，也許是她將藥物放進了味道濃重的咖哩和咖啡中，以此來掩蓋藥物的異味？看來我們要請孫顏接受正式訊問了。

我帶隊去孫顏的別墅，讓她協助調查。

孫顏的女兒在家，她瞪著大大的眼睛看著我們。考慮到當著孩子的面給媽媽上銬會對孩子留下心理陰影，我決定先把孫顏帶出門，再上銬。

孫顏穿著很單薄，她說要去拿件衣服，我同意了。她轉身時，臉上出現了一個一閃即逝的表情，左右臉頰表情不對稱——製造謊言或者產生反偵查行為之前的生理反應。

我忽然意識到自己可能疏忽了，她會鑽空子，出現反偵查行為。

在我思考的同時，孫顏已經開始翻衣櫃。我反應過來，衝過去，緊緊扣住她剛剛抬起的右肩胛，一支看起來是男性在使用的手機掉在地上。

後面的同事趕緊按住她的胳膊。為了防止再出意外，我們立刻給她上銬。

控制住孫顏後，我們開始搜身。

我翻了翻她藏手機的地方，是個夾層，這支手機可能是畢加志的。

孫顏冷冷地盯著我，臉上掛著嘲諷的笑。

我上下打量她，注意到她右腳微扣，顯得比左腳緊張。

我蹲下身，抬起她的右腳，明顯感覺到她的身體在抗拒。我把她的絲襪脫下來，看到她的腳心處用雙面膠貼著一枚刀片。

孫顏被帶到警局之後，拒絕交代一切和畢加志有關的問題，堅持說自己沒有殺人。她聲稱自己什麼也不知道，還解釋說那支手機是她不小心放進包包裡的。其實孫顏保留畢加志手機的真實目的很明顯，就是為了傳訊息給畢春紅，讓其無法立案，以此擾亂警方調查，為爭取讓證據消失的時間。

一個女人能冷靜地殺害自己的前夫，等藥物分解後又回到現場分屍、拋屍，還沒有留下痕跡，這一切都證明對手很難對付。

我們決定進入測謊流程，而為了證明自己沒有說謊，孫顏簽下了測謊協議書。

在確定受測者孫顏心理、身體狀況良好，無心臟病、癲癇等特殊病史，當日無感冒、發燒等症狀，無吸毒、酗酒史之後，我帶她進入測謊室。

「姓名？」

「孫顏。」

「年齡？」

「三十歲。」

「我們在距離民宿五公里處的一家超市，找到了妳購買清潔用品和刀具的監視錄影畫面，時間是畢加志失蹤三天後的下午。我們還在周圍進行了地毯式搜索，但是沒有找到畢加志。」

「你們掌握的這些都不屬於直接證據，並不能證明我和畢加志的失蹤有關。更何況你們還沒找到畢加志的屍體。」

「妳怎麼確定我們找到的是一具屍體？」

「你們不是說民宿裡有大量血跡？所以，我以為……」

孫顏做了個聳肩的動作——招牌式的掩飾性動作。孫顏習慣聳肩，當她意識到自我敘述產生矛盾或者出現漏洞時，都會使用這個動作來遮掩，試圖轉移對方的注意力。同時，這個動作也是一種自我安慰，潛臺詞是「沒關係，她不會發現」。

「還有，我只是去那家超市買東西，沒有殺他，真的沒有。我怎麼可能殺人，我連殺魚都害怕。」

撒謊的人要讓人信服，需要編造、強調訊息，在編造、強調訊息時，習慣使用簡單的句子。她一再強調，只是為了增強語言的可信度，同時爭取更多製造謊言的時間。

「我也覺得妳這麼瘦弱，肯定沒辦法殺了一個男人。」

當我說完這句話，高解析度攝影機捕捉到孫顏的臉部肌肉出現〇．五秒的放鬆。

「但是，如果分別在咖啡和咖哩中下藥，把畢加志迷暈後再動手，就容易多了。」我話鋒一轉。

孫顏的膚電反應出現了波動。

「我沒有下藥，更沒有殺人，你們弄錯了。」

「妳把約定地點選在民宿，還讓畢加志去預訂房間。妳帶了食材和藥品，將畢加志迷暈之後殺死，然後從老闆那裡拿到後門鑰匙，三天後將畢加志分屍，再直接拖到停車場開車拋屍。當妳瞭解到畢春紅跑到警局來報警，妳冒充畢加志傳訊息給她拖延時間，還先發制人來說明情況。」

「你們不要嚇唬我，嗯……我要打電話給我的律師，嗯……」

她的回答裡出現了「嗯」這類的拖延詞，以換取更多的時間。這類詞語像是一種鎮靜劑，一旦頻繁使用，反而會起副作用，讓她的回答聽起來很慌張，充滿不確定性。

「為什麼要殺他？」

「我再說一遍，我沒有殺人！我從不做違法的事！」孫顏提高了聲音，心電反應值波動很大。

「從不」是個否定詞，它和「不」在語感上相似又不同。「不」和「從不」都表示否定，但用「從不」逃避不誠實，比用「不」要真誠，更容易讓人接受，所以說謊者們往往更喜歡用「從不」。

「妳從超市買完東西之後，去了哪裡？」我決定換個話題找突破口。

「我回家了，之後一直和老公在一起。」

「我們還沒有找到畢加志，如果他真的遇害了，妳覺得他會在哪裡？」

「我怎麼會知道？就算他出事了，也和我沒有任何關係。」

她沒有重複我的「遇害」，而是用「出事」，這種委婉的表達方式會削弱現實性和對自身的衝擊。「遇害」在人的腦海裡，意味著現場重現，殘忍血腥；「出事」則柔和許多，是對自己的一種安慰。

我看到呼吸感測器輸出的藍色曲線有波動。呼吸感測器會將人的呼吸頻率轉換成可讀信號，在電腦螢幕上顯示出來。人在情緒緊張時，呼吸波形的變化會非常顯著。

「妳能猜猜看，畢加志現在會在什麼地方嗎？水裡、土裡，還是火裡？」測謊儀上沒有出現明顯波動。「房間裡？」我追加了一個地點，心電反應值出現了起伏。

從現場的出血量看，畢加志不太可能還活著，目前最關鍵的問題就是，孫顏究竟把他的屍體藏在一個什麼樣的房間裡。

「我不知道！」

「房間的面積很小？」

心電反應值再次出現起伏。

「我不知道！」

「他現在穿什麼衣服？藍色、白色、條紋，還是赤裸著？」

「妳不要再問了。畢加志最喜歡白襯衫，以前他的襯衫都是我買的，都是從國外進口的……」

脈搏波形和膚電波行在「赤裸」這個詞上有變化，意味著孫顏將衣物和屍體分別處理了。在「房間面積」這個詞上，心電反應值也有波動，她可能把畢加志藏在一個面積很小的房間裡。

人對自己親身經歷的事情會有明顯的、很難隱藏的直觀反應。

不能再對孫顏進行問題轟炸，更不能讓她主導談話了，我決定先結束測謊。

孫顏被帶走的時候，忽然轉過頭對我說：「我身體不好，容易生病。你們沒有直接證據，只要過了四十八小時，我的律師就會來保釋我。你們最好抓緊時間找到畢加志，還我清白。」

看來她對藏屍的地方很有信心，認為我們不可能找到畢加志。

我們接下來的任務就是找到畢加志的屍體。畢春紅那雙恐懼的眼睛又一次從我腦海裡飄過，我決定再找她談談。

畢春紅還是坐在椅子一角。

我開門見山地問她：「妳是不是親眼看到孫顏把黑色的袋子裝到後車廂裡了？」

畢紅春一時手足無措：「我……我……」

「不用害怕，這裡是警察局，妳提供的資訊對找到妳哥很重要。」

畢春紅哭了。

「我哥失蹤的第三天，晚上十一點多，我收到一封簡訊，是我哥傳來的，說他在民宿受傷了，讓我去接他。我打電話給他，可是一直沒人接，我很著急，擔心他出意外，趕快叫車出門。司機都不願意載我，說東郊以前是墓地，晚上出車不吉利。好不容易有一個司機願意載我，但是在距離民宿幾百公尺的地方就讓我下車了。我只能自己想辦法走過去，路邊都是樹林，我嚇得要死。

快走到停車場的時候，我忽然看到孫顏穿著一身黑色衣服，正往後車廂裡塞黑色的塑膠袋。我躲在樹後，過了一會兒，她又拖著一個大皮箱出來，我還認出那輛車就是我哥的。」

「孫顏穿著黑色的衣服，又遮著臉，妳是怎麼認出她的？」

「她拖箱子的時候，好像弄傷了手，『哎喲』了一聲。我馬上就認出來了。」

「妳為什麼一開始不告訴我們？」我對她的回答提出了質疑。

她下意識咬了咬嘴唇，又摸了摸自己的腿。

「妳的腿傷和孫顏有關？」我又追問了一句。

沉默了大概一分鐘，畢春紅吞吞吐吐地說：「我躲在樹叢後面，總覺得那個箱子裡裝的是我哥。我害怕要是被她發現，她會把我一起殺了。我想逃跑的時候，一不小心掉進旁邊的排水溝裡，不小心扭到腳了。她家有錢有勢，是真的會把我滅口的。我不敢直接報警，只好說我哥失蹤了。」

「孫顏朝哪個方向開走了？」

「好像是東邊。」

難道是東湖？從民宿向東只有一條路。

我馬上向隊長彙報，警局立即派人力去東湖方向搜索。很快，畢加志的車從東湖裡被打撈上岸。

車的駕駛座裡有一根木棍。我們在車的後車廂裡發現大量血跡和幾個黑色塑膠袋，袋子裡裝著畢加志的衣服和鞋子。

沒有屍體，沒有凶器，也沒有發現指紋。

看來孫顏在拋屍的過程中也戴著手套，她很可能先把車開到河堤上，然後用木棍頂住油門，發動車子，直接讓車開進河裡。

我再次提審孫顏。

孫顏輕蔑地說：「畢春紅也不是什麼好人，他們畢家都是吸血鬼，那種人說的話，你們也信？」

「我們已經找到畢加志的車了。」我沒有讓她主導談話，而是直接進入正題。

「那又怎樣？」孫顏顯示出了一種不耐煩。

「只要證據完整，零口供也可以定案。」

「連他的人都找不到，還算證據完整嗎？」

「妳現在說出藏屍地點，我們可以在量刑時酌情考慮。」

「少和我來這套，我沒殺人，不知道他在哪。」

孫顏拒絕配合，以沉默來對抗，案件陷入僵局。

同時，技術科的鑑定報告出來了：畢春紅手機裡收到的「在民宿受傷了」的簡訊的確是從畢加志的手機號碼傳出的。但如果孫顏真的去民宿處理屍體，不可能傳這則簡訊讓畢春紅過去。看來還有第三人存在，他是知情者，還是涉案人？

我忽然想到，一直沒有正面接觸過孫顏的現任丈夫曲林杰。在測謊時，孫顏曾把曲林杰推出來做時間證人。

在同事之前查證情況時，曲林杰的回答有些模稜兩可。他說週三晚上因為出去應酬喝了太多的酒，是和孫顏分房睡。

孫家出了這麼大的事，孫仲榮自然沒有心情管理公司。他忙著為孫顏請最好的律師團隊，已經把公司交給曲林杰打理了。

這次我直接去了曲林杰的辦公室。

看到曲林杰的第一眼，我感覺他和畢加志有些神似。曲林杰的辦公室寬闊明亮，在辦公大樓頂樓，可以俯瞰全市。

我先向曲林杰介紹孫顏的情況，曲林杰似乎不太在意，說了些「妻子是無辜的」、「相信警方」之類的客套話。

我發現他的辦公桌上擺著一張小男孩的照片，小男孩三、四歲的樣子，嘴角邊有兩個小酒窩。

「這張照片上的孩子是誰？」

「是我兒子仔仔。」

曲林杰告訴我，這是他和前妻的兒子。他和前妻離婚後，孩子的撫養權判給了他。

「孩子和你們生活在一起嗎？」

曲林杰嘆了口氣：「孫顏喜歡安靜，她覺得兩個孩子在一起太調皮，所以仔仔一直寄養在我媽家。」

我注意到照片的相框有點違和：烏木黑的相框配白底，右下角刻著一朵彼岸花。彼岸花象徵著靈魂引渡，難道這是一張遺像？

「仔仔……不在了？」

曲林杰點點頭。

「孩子是怎麼去世的？」

曲林杰顯得很悲傷。他說和孫顏結婚三個月的時候，曾經把孩子帶回別墅一次。晚上孫顏和女兒睡在樓上，他和兒子睡在樓下。第二天早晨起床，他發現孩子蜷在被子裡一動不動。

一開始，他以為孩子貪睡，沒在意。等他洗漱完掀開被子一看，仔仔臉色鐵青，已經沒了呼吸。他趕快叫了救護車，醫生在檢查過孩子身上的屍斑之後，認為孩子用被子蒙頭睡覺時，曲林杰在睡夢中不慎用手臂壓住了孩子的臉部，導致孩子窒息死亡。

三、四歲的孩子，被捂住口鼻，一般兩分鐘之內就會陷入昏迷，四到六分鐘後造成的大腦損傷是不可逆的。急救中心跟車醫生屍檢後，在家屬沒有異議的情況下，一般是不會立案進一步查驗的。

曲林杰說：「我後悔死了，為什麼要帶仔仔回別墅？」

在詫異的同時，我忽然被一種「殺人靈感」喚醒。

就像畢春紅說的，所有影響孫顏生活的人都是障礙，她一定會想辦法除掉。

我問曲林杰：「平常的睡眠狀況怎麼樣？」

曲林杰說：「我工作比較忙，經常失眠。」

「是否有服用安眠藥物的習慣？」

「沒有。」

「你壓住孩子的時候，沒感覺到孩子在掙扎嗎？」

「沒有，我當天晚上睡得特別沉。醒來的時候，我還記得孩子臉上蒙著被子，我的胳膊正壓在被子上面。」

「還記得孩子出事的前一晚吃了什麼嗎？」

曲林杰脫口而出：「是孫顏……親手煮的咖哩飯。」

又是咖哩。如果孫顏用同樣的手法，在飯裡加入藥物，趁曲林杰和孩子熟睡之後，再用被子蓋住孩子的臉，將曲林杰的手臂壓在被子上……

當然這只是猜測，我沒有證據。讓我覺得奇怪的是，曲林杰在說「孫顏」的名字時用了重音，並且停留了一拍。這是一種語言暗示，他暗示的對象是正在向他問話的我。

他究竟想表達什麼？

曲林杰接著告訴我，仔仔去世之後，他特別傷心。孫顏讓人封了仔仔出事的房間，還請了法師，在牆壁上貼滿了符咒一類的東西。孫顏打算賣掉別墅，說房子不吉利。

我問曲林杰：「孩子被葬在什麼地方了？」

曲林杰說：「我本來打算把孩子葬到孫家的家族墓園，沒想到孫顏堅決不同意。她說外姓夭折的孩子不能葬到她家墓園，會影響祖宗的風水。」曲林杰輕哼了一聲，「孫家的墓園確實不是我們普通人能進去的。孫家的祖墳每年都要用金沙泥澆灌一次，還要舉行祭祀儀式，說這樣對子孫後代有利。」

墓園？不在水裡、土裡、火裡，面積小的房間……難道孫顏把畢加志的屍體藏在她家的墓園裡了？我的思緒突然被打開了。

把屍體存放在屍體應該存放的去處，正中人們的思考盲點，這樣就永遠找不到了，難怪孫顏那麼自信。

離開曲林杰的辦公室，我直奔孫家墓園。

孫家墓園占據了整座東山，有幾百座墓。她最有可能把屍體藏在哪裡？我想一定是風水最不好的地方——所有祖宗的腳下。

我沿著墓園的小路，逆時針找過去，果然在後山的東北角發現一座沒有任何裝飾、只有大致墓形的墓穴。我馬上打電話到局裡。

警員們趕到現場，撬開石板，發現裡面躺著一個黑色的行李箱。李時打開行李箱，一股惡臭撲面而來。裡面確實是一具屍體，屍體已經開始腐爛，下面還有一把匕首。

我們還在墓室裡找到一部小型切割機，法醫在凶器上採取到孫顏食指的半枚指紋，可能是因為切割屍體時用力過猛，造成食指處的手套破裂，從而遺留了指紋。後經法醫的ＤＮＡ對比，確認死者就是畢加志。

在所有證據面前，孫顏仍然故作鎮定，她囂張地說：「我沒有殺畢加志，你們不能僅憑半個指紋就讓我當替罪羊。畢加志也不是什麼好東西，他就是我養的一條狗，要是想殺他，根本不用我自己動手。圍著我的那群人都是吸血鬼，只要有錢，任何人都願意替我殺了他。可能是畢春紅殺了她哥栽贓給我，因為他們是同母異父，根本不是親兄妹，也可能是那個禿頭的民宿老闆。」

「曲林杰的兒子仔仔也是妳殺的吧？」

當我問完這句話，暴躁的孫顏突然停頓了一下。

「我……我不知道，曲林杰的兒子和我沒有關係。」

「妳殺了兩個人，現在證據已經相當完整，妳還天真地以為自己會脫罪嗎？」

「我是絕對不會坐牢的，因為我是最不應該坐牢的那個人。」孫顏從牙縫裡擠出這句話。

孫顏被帶下去了，接下來一定是孫仲榮請的律師團和公訴人的一場拉鋸戰。

一星期後，我覺得是時候再去拜訪一次曲林杰了。

曲林杰看到我時有些意外，手裡的菸蒂錯過了菸灰缸，直接掉到了桌面上。

「你早就知道是孫顏殺害了仔仔。雖然我不清楚你是怎麼知道的，但有一件事我可以確定，你已經替仔仔報仇了。」

「劉警官，我不明白妳在說什麼？和我有什麼關係？」

「在上次做筆錄時，我問你仔仔出事前一晚吃了什麼，你毫不猶豫地說是孫顏親手煮的咖哩飯。你回答的速度太快，描述得太清晰，指向太明確，因為你用了重音，強調是『孫顏』煮的，這說明你事先已經彩排過。如果我現在問你昨天晚上吃了什麼，你還能立刻說出來嗎？」

「呃……」曲林杰遲疑了一下。

「你看，連昨天的事都忘了，仔仔出事，在那麼緊張混亂的情況下，你怎麼會記得晚上吃了什麼呢？」

曲林杰沉默了。

「孫顏去和畢加志談判，你比任何人都緊張，因為你的計劃開始了。

孫顏和畢加志見面，談的並不是孩子探視權的問題，而是你們公司的『小瑕疵』。畢加志是生物化學科系畢業，可能在婚後掌握了公司的『小瑕疵』，而離婚後一直在勒索孫顏。孫顏忍無可忍，最終下了殺手。

孫顏殺害畢加志後，她怕馬上搬運屍體一旦被發現，會在屍體中檢驗出含有阿曲庫銨成分的藥物，會牽連孫氏集團的產品，因此才等了三天，待藥物被人體內的酶分解完再分屍、運屍。

你知道孫顏打算和畢加志見面，又發現了孫顏藏在包裡的藥物，猜測出她的行動計劃，因此將計就計，利用這段時間clone（複製）了畢加志的手機ＳＩＭ卡。等孫顏去民宿分屍、拋屍，你又用clone的手機號碼傳訊息給畢春紅，讓她撞見孫顏拋屍，成為目擊證人，這樣就能坐實孫顏的殺人罪，把她送進監獄。雖然警方也會追查傳簡訊給畢春紅的人是誰，但你自信就算被懷疑也抓不到你的真正把柄。」

「劉警官，我怎麼會知道孫顏要在三天之後去拋屍呢？她完全可以當場處理掉屍體。」

「她給畢加志服用的助眠藥物在人體內的分解時間最長為七十二小時，因為是酶代謝，不會存留在腎臟，也不會因為受體死亡而停止代謝。只要超過代謝時長，警方很難找出破綻。那種助眠藥是你們公司的專利，聲稱連孕婦都可以安全服用。如果警方在畢加志身體裡檢測出來，很可能會連累到產品的銷售。」

曲林杰笑著搖搖頭：「我真的不知道這些。」

「你制訂這個計劃的前提是畢加志必須死，你擔心的是萬一孫顏失手或者不動手怎麼辦。檢驗科除了在殘留的食物中發現了阿曲庫銨類藥物，還在畢加志的屍體裡找到了另外一種特殊的物質。一開始我們不能確定，懷疑是雜質，後來化驗結果顯示是一種礦物晶體組合。畢加志的真正死因應該是服用過量礦物晶體導致過敏性窒息，也就是說孫顏在動手之前，畢加志已經死了。是你在孫顏準備的咖哩裡，提前加入了礦物晶體，一千二百倍的濃縮礦物晶體。」

「劉警官，妳的想像力太豐富了。妳一直在說畢加志掌握了『小瑕疵』，那個瑕疵到底是什麼？」曲林杰盯著我的眼睛，他在試探我。

「這個瑕疵就是你們公司生產的保健品中礦物晶體含量問題。這種東西服用過量會損害人體器官，甚至導致死亡。畢加志不斷用這個『小瑕疵』勒索孫顏，這才是孫顏除掉他的真正原因。」

「無稽之談，這一切都是妳的猜測。」曲林杰的臉色越來越難看，直接站了起來。

「如果畢加志真的死於礦物晶體，為什麼不能是孫顏幹的？」曲林杰反問。

「礦物晶體的問題一旦被查出來，對孫氏企業是滅頂之災。孫顏為了維護家族利益，等到助眠藥物分解之後才分屍、運屍。而礦物晶體不會分解，只要找到屍體，礦物晶體就會被檢測出來。她怎麼可能冒這個險？

曲林杰，三個月前，藥監局聯合工商審計部門曾核查出啟明集團整合資產在一億八千萬，這個數字足以讓很多人鋌而走險。孫顏出事後的最大受益人就是你，你不僅替仔報了仇，還順理成章接管了孫氏企業。」

曲林杰慢慢坐回到椅子上，用眼睛直直地看著我。

「妳沒有證據！」

「我查過孫仲榮公司的監視系統，為了防止員工盜竊商業機密，公司安裝了幾百個攝影機，包括一些隱蔽攝影機。你設想一下，礦物晶體這種東西只有在公司的實驗室裡才能拿到，如果我順著這條線查下去，結果會怎樣？」

曲林杰的手有些抖，他慢慢癱在椅子上，再沒有發出聲音。

從預謀殺人到故意殺人，曲林杰至少會被判處十年的有期徒刑。如果說畢加志成為贅婿還有巧合的成分，那麼曲林杰在豪門裡則是隱忍蟄伏、處心積慮，不過最終兩人都敗給了貪婪。

孫顏曾說自己是最無辜的，不知道她被執行死刑的那一天，是否還會覺得自己是無辜的？

第十案　自利自私的旁觀者

諾言對某些普通人來說，就像是一種本能的保護色

案發時間：2015 年 9 月

嫌疑人：朴秀勤、王雨澤

涉嫌案件：家庭紛爭導致過失殺人

嫌疑人陳述證詞之表現：

- 收斂部分唇部
- 頭部不自然地向左偏了兩次
- 指尖有節奏地敲動
- 瞳孔突然放大又迅速縮小
- 額頭緊皺和歪頭

轉眼間，我已經從警五年，在這第五個年頭，我經辦了一起婆媳矛盾引發的血案。沒想到的是，我居然在這樁案件中遭遇了職業測謊生涯中的第一個對手——一個連小學都沒有讀完的農村老太太，她的犯罪心理徹底顛覆了我對人性的認知。

二〇一五年九月十六日，一位叫朴秀勤的老婦人來到警局，她是來自首的。她說自己殺死了兒媳婦黃亦菲，據她交代，死者現躺在家中的客廳裡。

朴秀勤方臉，眼睛細長，嘴唇很薄，唇邊布滿皺紋，臉色偏黃——消化系統應該有問題。她穿著藍底碎花上衣、深藍色褲子、黑布鞋，坐在椅子一角，表情平靜，兩隻手握在一起，指尖上結著厚厚的老繭。她還說，今天是她的五十九歲生日。

案發現場是一棟普通民宅的三樓，門牌是三〇六。

當我們打開房門，一股濃烈的汽油味撲面而來。死者倒在門後，身體蜷曲，頸部有大量血跡。

我和李時對視了一眼，身經百戰的他皺了皺眉頭。

白色的地磚上殘留著大片血跡：拖拽痕、噴濺痕、滴墜痕、擦拭痕，可以想像當時的場景有多麼慘烈。

鄭爺開始進行現場勘查，他很快在廚房找到卷刃的菜刀。菜刀已經被放回刀架，上面沒有血跡，看來朴秀勤在殺人之後，清洗了凶器。隨後鄭爺又在水槽裡發現了被稀釋的血跡，在垃圾桶裡還找到了朴秀勤換下的血衣。

透過凶手留下的痕跡，我們還原了朴秀勤做案後的軌跡：在殺人之後，她換下染血的衣服，將雙手和菜刀在廚房清洗乾淨，之後離開案發現場。

另外，李時判斷，死者的死亡時間不超過四個小時。

我很快就搜集到死者的基本資料：黃亦菲，三十三歲，新海大學分校教師，父母同是新海大學教授，退休後住在隔壁市。

黃亦菲的家庭環境很好，從小受到良好教育。博士畢業後，她進入父母任教的學校成為一名教師。在學生們眼中，她是一位認真嚴謹、有愛心的老師；同事和朋友眼中，她不僅長相出眾、待人真誠，還心胸開闊，所有人對她的評價近乎完美。

黃亦菲出事後，我們第一時間聯絡了她的丈夫王雨澤。他說自己正在南京進行論文答辯，結束之後才能回來。

我們做周邊調查時，從黃亦菲最好的朋友兼同事許春瑩那裡瞭解了她的婚姻狀況。許春瑩說，黃亦菲入職不久，在學校籌辦的某一次活動中認識了同校教師王雨澤。王雨澤曾經是市裡的文組高考榜首，兩個人一見如故，互生好感，很快便談起了戀愛。

王雨澤比黃亦菲大六歲，兩人相戀之後，開始考慮結婚。

「黃亦菲的父母對女兒戀愛是什麼態度？」我問許春瑩。

許春瑩感慨地說：「如果亦菲當時聽兩位教授的勸告就不會出事了。」

「亦菲向父母提起男友，本以為開明的父母會支持，沒想到平常對女兒百依百順的兩位老人卻強烈反對這樁婚事。」

「反對的原因呢？」

這種特定問題應該向當事人求證，但自從獨生女黃亦菲離世，黃家父母悲痛欲絕，黃媽媽被送進醫院搶救兩次。在這種情況下，只能等老人平復情緒之後，再進行調查。

許春瑩說：「我和王雨澤比黃亦菲先入校兩年，都被分配到文史學院，所以我對他非常瞭解。王雨澤這個人性格孤僻，好高騖遠，外表看起來很謙和，但骨子裡非常大男人主義，遇到事情優柔寡斷，還很小氣自私。」

我希望她能詳細說說。

「入職之後，凡是同事聚會，他都沒有主動買過單，還經常私下偷拿學校的東西，連影印紙這樣的耗材都不放過。身為老師，他太邋遢，甚至有點不修邊幅，鞋底破了也捨不得買新鞋。學生們都在背後笑他。他的所有衣物都是婚後黃亦菲買給他的。

他的原生家庭有很大問題，他和我們聊天的時候提起他在農村長大，家境貧寒，一個寡母獨自撫養三個孩子。母親叫朴秀勤，為人非常厲害，連街坊鄰居都怕她。他還開玩笑說，他拚命讀書就是為了躲避母親。可是亦菲眼裡只有他，根本聽不進兩位教授和周圍朋友的勸告。」

「難道黃亦菲不瞭解王雨澤的家庭情況嗎？」

「亦菲太單純，又太容易輕信他人，她總是被表象蒙蔽。她和我說，她去過王雨澤家，朴秀勤雖然沒有讀過書，但對她非常好。因為亦菲眼睛近視，所以吃海鮮的時候，朴秀勤都是剝完海鮮殼，放到她碗裡。

我和亦菲說過，這種好，她父母已經做了三十年，朴秀勤的這種好太廉價，是在討好她。可是亦菲已經被愛情沖昏了頭腦，根本聽不進去，還說要是連我都反對他們，她就只能孤軍奮戰了。」

「既然大家都反對，他們是怎麼在一起的？」

「亦菲平常特別溫順，沒想到三個月後，她背著父母，偷拿家裡的戶口名簿，和王雨澤登記了。」

「黃亦菲和王雨澤結婚後幸福嗎？」

「一開始過得還算幸福，直到朴秀勤進城。」許春瑩說到這裡抓了抓脖子，表情有些為難。

「亦菲和王雨澤鬧離婚時，才把朴秀勤進城之後的事告訴我。朴秀勤太離譜了。」

許春瑩剛要說下去，我的手機就響了。李時打電話告訴我，從驗屍結果上看，黃亦菲近期服用過大量安眠藥，已經影響神經系統，生前應該出現過嗜睡、頭暈、記憶力消失的狀況。

「黃亦菲向妳提起過她經常服用安眠藥物嗎？」我立即問許春瑩。

許春瑩的表情很詫異：「沒有。」隨後又補充說，「亦菲不可能服用抑制大腦神經的藥物。她生孩子的時候痛得要命，因為對麻醉藥忌憚，還是放棄了無痛生產。她經常說讓她驕傲的只剩下腦子了，萬一壞掉，怎麼教學生。」

「妳剛才說她婆婆奇怪，是怎麼個怪法？」我回到剛才的問題上。

「亦菲嫁給王雨澤後，王雨澤買不起房，他們住在教師宿舍，那是學校為年輕教師提供的福利。宿舍面積不大，只有十七坪，一個臥室，一個客廳。朴秀勤進城之後，堅持要和兒子睡一起。」

我注意到許春瑩在「睡一起」三個字上用了重音，還皺了一下鼻子——人感到不可思議時，才會出現這種表情。

我問：「睡一起是指住在一個屋簷下嗎？」

許春瑩搖搖頭：「不，是睡在同一個臥室裡，擠在同一張床上。」

「同一張床上？」

「對，但是詳細細節亦菲從來沒提起過。以她的性格，這種事應該說不出口吧。」

此時，鄭爺打電話來了。

「我們找到了黃亦菲的日記。」

筆錄做得差不多了，我留下聯絡方式給許春瑩，讓她有情況及時聯絡我。

回到局裡，鄭爺把黃亦菲的日記本放在桌面上，是一本牛皮紙封面的備課紀錄簿。我拿過來翻看，上面字跡清秀、整齊，字間距勻稱，看來黃亦菲是個認真、責任感很強的人。

備課紀錄簿裡的內容很零碎，備課重點穿插著一些注意事項，只有幾頁記錄了個人心情。在記錄個人心情時，她的筆跡有些潦草，大概是當時比較煩躁。

婆婆來了，三個人擠在一張床上特別不方便。我希望王雨澤能讓婆婆住到客廳或者在外面找個旅館，費用我來出，沒想到第二天下班，婆婆已經在我們的大床邊架起了一張小床。太尷尬了，我沒辦法理解這種親密無間的母子關係。

我們是新婚燕爾，本以為王雨澤會反對，沒想到王雨澤對母親言聽計從。他把我拉到廁所，私下和我說母親養他不容易，讓我忍耐。吃完晚飯，他便獨自到客廳看書了。

日記後面夾著一張購物清單，上面記著拖鞋、洗面乳之類的小東西，應該是黃亦菲打算買給婆婆的生活用品。從這張明細上可以看出黃亦菲是個很包容、有涵養的人。

翻到後面一頁，上面非常潦草地寫著：

他的打呼聲和婆婆身上的菸草味讓我一夜未眠。他一再地默許、遇到問題馬上就迴避的態度讓我對他很生氣，可是我不想因為這件事和他爭執。我不想讓他為難，也不想讓自己成為一個不懂事的兒媳，所以只有忍耐。

我只能把這種情況叫作愛的妥協。

「妥協」兩個字力透紙背。

後面沒有其他內容了。在最後一段話中，黃亦菲用了太多的「不」，是一種強烈的主觀抗拒。

三天之後，我們準備對朴秀勤進行第一次訊問。沒想到黃家父母主動找到警方，提供了他們瞭解的情況。兩位老人希望我們嚴懲凶手，盡快給家屬一個交代。

我和劉隊將黃家父母請到會議室，一眼便看出黃媽媽的教師身分——雖然很悲痛，但她衣著合體，白髮整齊，努力克制著自己的情緒。

黃媽媽說黃亦菲的教養和共情能力讓忍耐成為她性格的一部分，不允許她向自己的父母訴苦。黃媽媽瞭解情況已經是半年之後，黃亦菲實在受不了，才向媽媽吐了苦水。

黃媽媽說：「亦菲說婆婆和她們住在同一個房間。我特意去拜訪了朴秀勤幾次，委婉地和她說過，小夫妻需要獨處的空間。可是朴秀勤當耳邊風，岔開了話題，不是說地裡的莊稼，就是抱怨生活開銷。秀才遇見兵，有理說不清呀！」黃媽媽無奈地搖著頭，摀住胸口。

黃爸爸說：「我們不想讓自己的孩子受委屈。他們兩個人剛有工作，沒多少存款，所以我們和女兒商量了一下，由我們出資幫他們買了新房。辦房屋產權登記的時候，亦菲怕王雨澤覺得沒面子，說服我們在上面只寫了王雨澤一個人的名字。」

黃亦菲對王雨澤這種沒有保留的愛讓我有些吃驚。黃家父母認為沒有什麼能比女兒的幸福更重要，也就沒有過多追究房屋產權登記的問題。

和我們談話期間，兩位老人數次因為懷念女兒失聲痛哭。其間黃媽媽兩次含服硝酸甘油（一種靜脈血管擴張劑）緩解心絞痛。白髮人送黑髮人的痛只有親歷者才能體會。

談話結束後，劉隊和我親自將兩位老人送到車站。

回來的路上，我坐在副駕，看著不停向後倒退的樹木，我思索著，會不會是黃家父母的識大體和黃亦菲的體諒反而讓朴秀勤覺得黃家認輸了，低自己一頭？

我還記得朴秀勤在自首時臉上一副鄙夷的表情。她對我們說：「他們又不是傻子，甘願吃虧，那是一套大房子，值兩百多萬呀。說不定黃小丫在嫁進我們家之前，做了見不得人的事，要不然她父母怎麼會對我一個農村老太太低聲下氣？」

這些話，她應該對王雨澤也說過。從王雨澤後來的表現看，他非但沒有維護妻子，反而起了疑心。

劉隊看我神情凝重，安慰我說：「世界三大難題就是房貸、難民和婆媳關係，我們家就是典型代表，房貸還有十五年，我媽和我老婆永遠合不來，而我成了難民，經常住宿舍。」

我擠出一個無奈的笑作為回應。

劉隊又說：「別小看這個農婦殺手，她有自己的一套理論，妳不一定是她的對手。」

劉隊果然沒有猜錯，這正也印證了測謊中那條不成文的規律：高智商的人更容易暴露，反而對於那些看起來平平常常、遵紀守法的普通人來說，謊言如同生長在他們身體上的一個隱形器官，看不到，卻成為一種本能的保護色。

我面對過無數犯罪嫌疑人，但是面對這個老婦人時，我第一次覺得，她在心理上占了上風。她有自己的一套道德標準，而且不受外界干擾。她覺得自己是正義的一方，做什麼都對，殺掉兒媳只是「做了應該做的事」。

更麻煩的是，我有人性，所以會憤怒，可是她沒有，她甚至也沒有恐懼。

接下來，我見證了這個老婦人的三次翻供，每一次她都有理有據，層層遞進。

第一次審訊她時，我問她：「還記得第一次和兒媳發生矛盾的原因嗎？」

她說：「剛搬進新房之後，我把我大兒子李剛帶進城。因為是黃亦菲買的房子，我只能讓大兒子受委屈住在車庫裡。我還想讓黃亦菲替李剛找份工作，可是她一直拖，也都沒有幫忙找到。我覺得她是故意的，對自己大伯的事一點兒都不放在心上。」

朴秀勤家在隴西，依照習俗，黃亦菲要叫丈夫的哥哥大伯。

朴秀勤還提到，有一天，在飯桌上吃飯的時候，她又開始埋怨黃亦菲。黃亦菲解釋說：「大伯知識水準不高，想找薪水在五千元以上、包吃包住的工作，很困難。」

聽完這句話，朴秀勤就動手打了黃亦菲。

「婆婆要有婆婆的氣勢，我把筷子摔到她臉上，大聲罵她。她肯定覺得理虧，沒膽和我吵，跑回自己的房間。我追到房門口，在門外罵了半個小時才解氣。我們家怎麼娶了這種沒用的女人？」

朴秀勤的強盜邏輯和氣勢洶洶的表情，表明她完全沉浸在自己的淫威裡。很明顯，黃亦菲的涵養在朴秀勤眼中成了「理虧」。

「黃亦菲負擔了妳大兒子的生活費，還裝修了車庫，配置了家具和電腦。」我提醒她。

「她哪有那種好心？她用的是我兒子的錢，還在背後欺負我兒子。那個女人很能裝的，你們都被她騙了。」

「妳對她還有什麼不滿？」

「雨澤娶的女人是個變態。」

「怎麼講？」

「她不許我進她的房間，不讓我用她的東西，還喜歡亂花錢，買條裙子要好幾百。我提出讓她把薪資戶的金融卡交給我保管，可是她說什麼也不願意。那個女人還懶得要死，做人媳婦就得操持家務，伺候丈夫，可是她呢？只顧自己，每天吃完飯只洗自己的碗，衣服都堆到房間裡，到週末才洗，髒得要命。她娘家媽媽來了，也不知道說說自己女兒。我經常指點她，可是她脾氣大得很。」朴秀勤歪著頭，認真列舉兒媳的罪狀。

「因為這些瑣事，妳就想到要殺死黃亦菲？」

朴秀勤抿了抿嘴：「主要是家醜呀，要是在過去會被裝在麻袋裡打死的。她在外面養野男人。我看到她和那個男人又摟又抱，我不能眼看我兒子戴綠帽子。我兒子那麼老實，我要替他報仇。」

朴秀勤越來越激動，嘴唇發抖。

「那個男人是不是長得很高，左臉頰上有顆痣？」

朴秀勤瞪大眼睛：「就是，就是，你們也查出來了吧？」

「我們已經查證過了，那是黃亦菲的系主任。黃亦菲在學校扭傷左腳踝，系主任送她回家。當時送她回去的還有她的另外一位同事許春瑩，她可以作證。」

「不可能，我兒子也知道她和那個男人有問題。」

「妳看過幾次黃亦菲和那個男人在一起？」

朴秀勤未必親眼看到過，很明顯是王雨澤告訴她的。

「一次還不夠嗎？是不是黃亦菲的父母給了你們錢，你們才偏袒她？」

朴秀勤瞪著眼睛盯著我。她的嘴唇本來就薄，當她質問我的時候，嘴唇變得更薄。收斂部分唇部表示抗拒，她在表達自己的不屑和不滿，同時也在炫耀自己的洞察力——她覺得自己瞭解並且掌控了一切。

這種人通常很主觀、執拗，他們認準的事很難改變。她的表情很認真，眼神犀利。在她眼中，我們是偏袒黃亦菲的騙子。

「哎呀，我的胃不舒服，我支撐不住了。」

朴秀勤突然按住自己的腹部，臉色越來越黃，看樣子不像裝出來的。我們馬上把她送往醫院。醫生檢查之後，發現朴秀勤患有反覆胃痛和十二指腸潰瘍，幸虧送醫及時，否則有穿孔的危險。

吊點滴吊了一週，朴秀勤的身體恢復得差不多了，我們開始錄第二次口供。

在朴秀勤的同意下，我們走進了測謊室。

「這是要給我用刑？」朴秀勤微張著嘴，第一次露出膽怯的表情。我一邊幫她戴感應器，一邊向她解釋：「這是儀器，和在醫院替妳檢查身體的差不多。」

「不會通電吧？」

「不會。如果妳覺得沒問題，我們可以開始了。」

朴秀勤猶豫了一下，點點頭。

測試實驗室和審訊室不一樣，比較像家中的客廳，本意是希望受測者可以放鬆，沒想到朴秀勤反而覺得不自在。她東張西望，不停扭動身體。

「我們繼續上一次的談話。妳覺得王雨澤和黃亦菲感情好嗎？」

「我兒子對她可好了，她睡不著覺就買藥給她，就是那種白色的小圓片，還把水端到床邊。是那個女人不知好歹，在外面養野男人。」

王雨澤買安眠藥給黃亦菲過，朴秀勤供述的細節情況和實驗室的屍檢報告吻合。

我繼續提問：「如果你兒子對她很好，可見他們夫妻之間的誤會已經解開了，那妳為什麼還要殺黃亦菲呢？」

朴秀勤繃著臉：「她虐待我，我才要殺她的。」

她的頭部不自然地向左偏了兩次，這是人在準備說謊之前，試圖抹去說謊痕跡的動作之一，也被稱為「橡皮擦動作」。一些人在說謊之前，潛意識會安慰自己——我沒說謊，這個時候就會出現類似動作。

在我們第二次審問朴秀勤時，王雨澤在妻子被害、母親病重的情況下仍然沒有從南京趕回來。他替朴秀勤請了一位律師。朴秀勤在和律師溝透過一次之後，突然改口了。

「你們看，我身上的這些傷都是被她打的。」朴秀勤把袖子拉高，指著身體上一塊塊紫色的瘀痕。

我沒有急於拆穿她的謊言，而是問：「她為什麼虐待你？」

「她第一次打我是因為我節儉，用大水桶接水。」朴秀勤的指尖有節奏地敲動，是回憶和提醒，接下來她要表述的應該是屬於她記憶的一部分。

指尖有節奏地敲動除了證明人在思考，還是一種提示性動作，提示著人在從過去的記憶裡提煉出自己需要的部分。這種動作通常會出現在手部，比如塔狀手勢、彈琴狀手勢、內扣狀手勢等。

朴秀勤那一代人很節儉，會過日子。黃亦菲和朴秀勤的生活環境完全不同，黃亦菲家裡條件很好，不會在這種小事上浪費精力。

朴秀勤來了之後處處節儉。她心疼水費，於是買了一個最大號的紅色水桶，將水龍頭轉到最小，一滴一滴地存水，這樣水錶就不會動了；她還把牙籤插進電錶的空隙，這樣電錶也不會動了，水電費就省了下來，結果被查錶人員發現，反而被罰款。

「黃亦菲因為罰款的事打我，說我讓她丟臉了。」她努嘴看我，想得到我的認同。我看到在圖譜上心電和血壓都有變化，呈階梯形上升趨勢。如果說謊是一種退縮行為，那麼努嘴就是一種貼附行為。人希望得到別人認可時，身體會主動傾向對方，這種意願越迫切，身體就靠得越近。

就虐待朴秀勤的問題，我問過許春瑩和黃媽媽。她們的敘述一致，婆媳間有矛盾，有爭執，但是黃亦菲不可能虐待老人。

我們還走訪過黃亦菲的鄰居和社區，他們說從來沒聽說過黃亦菲虐待婆婆。

許春瑩說，黃亦菲和她提起過，黃亦菲在家裡備課，滴答滴答的水聲很影響心情，讓黃亦菲心煩意亂，想要休息的時候更是無法入眠。房間的每個角落都存著垃圾袋，裡面殘留的食物生了小蟲子，房間裡永遠彌漫著垃圾的味道。

那段時間，黃亦菲剛好檢查出懷孕，對環境非常敏感，聞到異味會嘔吐，房間裡還總是擺滿了水盆和水桶。有一次，黃亦菲不小心被水桶絆倒了，下身出血，幸好送醫及時，在醫院住了半個月安胎，才沒有流產。

在無數的生活瑣事裡，婆媳之間的關係急劇惡化了。

朴秀勤沒有等到我的認可，於是又說：「黃亦菲是殺人犯，她差點殺死我的孫女，她不想替我們老王家生孩子，假裝被水桶絆倒。」

朴秀勤歪著頭，斜著嘴。

黃亦菲已經去世了，但朴秀勤的怨氣仍在。

我們瞭解的事實是，黃亦菲沒有虐待過朴秀勤，但是朴秀勤卻虐待過黃亦菲。

黃亦菲在二〇一四年四月生下一個女兒，朴秀勤和請來的金牌月嫂起了衝突。

朴秀勤不僅偷偷餵孩子老家的土藥，還替孩子洗「開智澡」，在洗澡水裡放了銀鐲子、雞蛋和一些採來的中藥。月嫂阻止時，朴秀勤給了月嫂一記耳光。月嫂一氣之下連薪水都沒拿就走了，黃亦菲只能自己照顧孩子。

黃亦菲是新手媽媽，面對整天哭鬧的孩子非常焦慮。王雨澤又經常去外地，家裡只有她們母女和朴秀勤。朴秀勤將黃亦菲母女反鎖在房間裡，說女人坐月子不能出門。內急的時候，黃亦菲只能在房間的水桶裡上廁所。

半個月之後，朴秀勤說自己身體不好，沒辦法帶孩子，讓王雨澤同母異父的姐姐過來幫忙，但不是白白照顧，薪水要由黃亦菲支付。姐姐才來了幾天，朴秀勤就得了膽結石。姐姐去醫院陪病了，又剩下黃亦菲獨自面對孩子。

孩子滿月之後，黃亦菲就把孩子送到了父母家。女兒工作很忙，親家母又沒辦法帶孩子，女婿為了躲避家裡的嘈雜選擇讀博士，經常不在家，黃家父母就承擔起養育外孫女的責任。

朴秀勤覺得兒子不在家，自己就是一家之主，一定要「拿捏住」兒媳，給兒媳立下規矩，於是對黃亦菲的懲罰更加肆無忌憚。

她時不時在晚上突然關掉總開關，黃亦菲怕黑，受了不少驚嚇。她還經常把晚歸的黃亦菲鎖在門外，不讓她回家。一開始，黃亦菲以為婆婆不小心鎖了大門，打電話讓她開門，結果發現是話筒沒掛好。

「我早就把家裡的電話拔掉了。」朴秀勤在說到把兒媳關在門外時，得意地笑了。

「她在家裡備課，我把電視音量調到最大；她帶回家的本子被我偷偷當廢品資源回收賣掉了；她曬在陽臺上的衣服，被我移到不見光的地方去啦。小樹不整齊就得修剪，這咋能叫虐待呢？」

「妳不覺得自己的行為很過分嗎？」這句話是我職業生涯中的一個敗筆，正常情況之下，我絕對不會說出這種帶有主觀情緒的話。

朴秀勤詫異地看著我，皺著眉頭：「俺真沒虐待過她，俺也沒說假話。媳婦就得這麼治，妳咋不信呢？」

在高解析度攝影機上，她的瞳孔突然放大又迅速縮小，瞳孔的迅速變化證明她的情緒非常亢奮。

朴秀勤摘下測試儀的連接器說：「俺不戴這玩意了，快點把我送回去吧，我又不舒服了。」

上次胃痛之後，醫生對朴秀勤進行了全面檢查，發現她患有過敏性紫癜症，皮膚會呈現大塊的紫色斑，上面還有疤痕一樣的紋路。她身上的那些痕跡是病，並不是毆打造成的。

我們還在案件調查過程中向黃亦菲的同事和朋友瞭解過情況，他們都願意為黃亦菲的人品作證。而當我們向此案的關鍵人物王雨澤確認時，王雨澤在電話裡說自己在家的時間很少，並不瞭解情況。不過從我們掌握的證據看，已經足以證明黃亦菲並沒有虐待過朴秀勤。

朴秀勤第三次翻供時，我們已經不需要測謊儀了，只要確認部分細節，證據完整，就可以移交法院。

「是黃家父母先給我下毒的，他們要害死我。父債子還，我就殺了他們的女兒。」朴秀勤歪著脖子，瞪著眼說——人在認真思考的時候。會伴有額頭緊皺和歪頭的動作。

「詳細說說。」

警方瞭解到的事實是，黃亦菲的父母看女兒生完孩子之後，婆婆幫不上忙，小夫妻的感情也受了影響，商量了一下，在朴秀勤出院之後，帶她出去旅遊了半個月。

旅遊途中，他們不但買了衣服給朴秀勤，還買了鞋子和一對銀鐲子，還帶她去眼科醫院醫治眼睛，幫她配了兩副老花鏡，可是這段經歷從朴秀勤嘴裡說出來，又是另外一個版本。

「一開始，我還以為他們是真心對我好，挺感動的。沒想到他們是黃鼠狼給雞拜年——沒安好心。他們虛情假意地討好我，把我帶到當地的餐廳吃飯。當天晚上，我開始發高燒，又吐又拉，折騰了大半夜。我記得，我去上廁所的時候，看到他們在我的水裡放東西了，肯定是想毒死我，好讓他們的女兒不用給我養老送終。」

黃家父母告訴我們，他們帶朴秀勤去了西安。黃家父母飲食清淡，知道朴秀勤老家在隴西，喜歡麵食，為了照顧她的口味，他們選擇了當地口味較重的麵食。

朴秀勤節儉，堅持把剩下的飯菜帶回旅館當宵夜，結果因為飲食過量引發腸胃炎，在醫院吊了三天的點滴，於是這成了朴秀勤口中的「下毒」。

測謊進行到這裡，已經沒有必要繼續下去了，我在測謊鑑定書上給出的結論是：受測者對於涉案問題存在百分之八十以上的說謊反應。根據敏感性與特異性的平均值，透過公式計算，皮膚電阻特殊反應值百分之四十，呼吸、脈搏和血壓共占百分之二十，語言分析儀反應值百分之六，高解析度攝影機捕捉反應占百分之十五。

這個案件並沒有完結，我們終於等到了所有矛盾的中心人物——王雨澤。

王雨澤從南京答辯回來之後，並沒有主動聯絡我們。相反，幾經周折之後，我們在學校圖書館找到了他。

我問王雨澤是否知道黃亦菲為了避開婆婆每天早出晚歸，一日三餐在學校餐廳吃，除了上課，大部分時間都在學校圖書館裡度過。王雨澤表示，他並不清楚，因為黃亦菲從來沒對他說過。

「你覺得黃亦菲是個稱職的妻子嗎？」

王雨澤垂著眼睛，不停揪著腦袋後面的一撮頭髮——這屬於實體迴避動作。

有些人在迴避問題時表現得很明顯，會有伴隨動作，比如轉頭、揪頭髮、玩手指，王雨澤的動作就屬於此類，而用語言搪塞之類的迴避屬於虛擬迴避。

「她很任性，不太顧及別人的感受。」王雨澤終於開口了。

「我們瞭解到黃亦菲替你的母親辦過生日宴，她訂了最好的飯店。」我提醒他。

王雨澤躊躇了一下：「對，那天，她是最後一個來的，說什麼『工作晚了』。親戚們都到了，她才來。我媽覺得她是故意給我難堪。」

「之後發生了什麼？」

王雨澤咽了一次口水，瞥了我一眼，眼神馬上溜開，半天才開口：「我媽覺得受到了怠慢，很生氣，從飯店跑回家。等我到家，她正在哭，還罵我娶了媳婦忘了娘。」

「黃亦菲回來之後，你做過什麼？」

王雨澤聽到這個問題，又開始揪頭髮。

「我們吵架了，我埋怨她怠慢婆家人，對我母親不夠尊重和包容。她解釋工作忙，我認為是藉口。她覺得我不體諒她，說了我媽很多壞話，我根本不相信。」

「黃亦菲說了什麼？」

王雨澤猶豫了一下：「她說我媽把她關在門外，她只能睡在旅館或者車裡，這怎麼可能呢？」

「黃亦菲還說了什麼？」

王雨澤低下頭，沉默了很久才說：「她罵我是鳳凰男，罵我們全家都是吸血鬼。我媽搧了她一巴掌。我媽一發脾氣就控制不住自己，我拉也拉不住。當時，她們倆廝打在一起。當天晚上黃亦菲就向我提出離婚。我要去南京做博士論文答辯，答應回來之後就去辦。」

王雨澤離開後，黃亦菲並沒告訴父母自己打算離婚，而是開始租房子。提出離婚之後，黃亦菲一定感覺放下了負擔，終於輕鬆了，但她不知道的是，危險正在向她逼近。

其實朴秀勤自己也離過婚，還是三次。雖然她百般刁難兒媳，卻不允許兒子和兒媳離婚，面對執意要離婚的兒媳，她堅信兒媳一定是有了外遇。

朴秀勤在最後的口供裡說：「黃亦菲提出離婚不久，我提著塑膠桶去附近的加油站買汽油，準備燒死這個不要臉的賤貨。她生是我家的人，死是我家的鬼。」

我們去加油站調查過，工作人員出示了監視錄影畫面。當時他們告訴朴秀勤，買汽油要用鐵桶裝，所以沒有賣給她。等她買好了鐵桶，加油站的人員覺得她很可疑，還是沒有賣給她。最後，朴秀勤花了兩百塊錢，從路邊僱了一個陌生人，替她買了汽油。

「九月九日，我兒子第二天出差不在家，我想用汽油燒死她，沒想到那個賤人命大，當天晚上回娘家了。一個星期之後，我兒子又出差去南京。賤人當天下午要去參加考試，早上起來在家複習，讓我安靜一些。我提前把汽油倒在一個塑膠臉盆裡面，藏在陽臺上。」

「黃亦菲沒有發現嗎？」

「家裡到處都是大大小小的盆，她能發現啥？」

「中午十一點多，黃亦菲換好衣服，準備出去吃飯。看她打扮得花枝招展，我把一盆汽油都潑到她臉上。」

「黃亦菲有沒有反抗？」

「她反抗啥？眼睛被我潑瞎了，摀著眼睛，蹲在地上。」

「接下來妳做了什麼？」

「我就從廚房拿了菜刀把她砍了。」

「一共砍了多少下？」

「十幾下吧，記不清了。」

她還清晰地描述，將兒媳殺死後，她去了距離家裡很近的米粉店，點了一碗米粉，還讓廚房加了料。吃飽之後，她逛了附近幾家店鋪，之後來到警局，其間甚至沒有過多的思考掙扎，這種冷靜讓我感覺已經堪比職業殺手。

我問朴秀勤：「妳在動手殺黃亦菲之前，還記得黃家父母帶妳旅遊時，妳說過的一句話嗎？」

「我記得，剛開始旅遊的時候，黃媽媽買了銀鐲子給我。當時我對黃媽媽說：『妳對我這麼好，我沒辦法報答妳，這輩子不能報，下輩子再報。』後來才發現，他們是在哄我，想趁我不注意的時候，給我下毒。第一次見黃小丫我就不喜歡，長得柔柔弱弱，戴那麼厚的眼鏡，會不會影響下一代喲。一個女子讀那麼多書，心眼多得很！」

朴秀勤在交代完所有事實之後，還在喋喋不休地數落黃亦菲。

此時，我的思緒又回到面前的王雨澤。

他和朴秀勤抱怨的樣子極像，有些焦躁，嘴角泛著白沫：「我怎麼知道她們之間有這麼多矛盾！和我有什麼關係？我人在外地，根本不知道發生了什麼事。」

「你不覺得是自己一再默許，縱容了母親傷害妻子嗎？黃亦菲在受到你母親威脅和傷害時，你無動於衷。這種行為是在慫恿，給了你母親一種暗示——她可以隨便欺負黃亦菲。」

「劉警官，我母親六十歲了，她是一個老人，能打得過黃亦菲嗎？」

「黃亦菲有服用安眠藥的習慣嗎？」我問。

王雨澤的表情停滯了一下，身體後仰，舔了舔嘴唇說：「她偶爾會吃。」

停滯表示他沒預料到我的問題，身體後仰是迴避，舔嘴則是為自己爭取時間。

「黃亦菲的安眠藥是你買的嗎？」

「怎麼會是我買的？你們有證據證明是我買的嗎？沒有證據就是誣賴。」

本來用一個「不是」就可以回答的問題，他解釋了三句話。

他的回答太複雜了，複雜是為了讓謊言聽起來更可信。一個人在說謊的時候，為了讓自己的謊言更有說服力，在措辭上會變得詳細而強烈。其實這個解釋他是說給自己聽的，是在安撫自己，潛臺詞是「沒關係，我不會被發現」。

「我們有證據，你母親已經親口告訴我們，你幫黃亦菲買治療失眠的藥，還幫她倒了水。她說是一種白色的藥片。」

「那不是安眠藥，是維他命。老年人，腦子糊塗了，再說我和朴秀勤並不是正常的母子關係。」

人的臉部變化是分區域的，變化最明顯的是眼睛。此時王雨澤的眼睛從最初下垂的綿羊眼變成了上挑的狼眼。

「我小時候，有一次家裡著火，朴秀勤自己先跑出去，我差點被燒死。還有，我長這麼大，她從來沒讓我叫過媽。她生我的時候是難產，算命的說我會要她的命，所以不能叫媽，要叫嬸子。家家都有本難念的經，她們女人之間的糾紛，我也沒辦法。」

王雨澤的表情隨著敘述慢慢恢復到原來的狀態。他在轉移話題，並且覺得自己成功了。他將婆媳矛盾轉移為母子矛盾，意思是他和朴秀勤的關係沒有想像中親密，發生的所有事情都是黃亦菲和朴秀勤之間的事情，與他無關。

做筆錄的最後，我問王雨澤：「有什麼想對朴秀勤說的嗎？我可以幫你傳達。」

王雨澤搖搖頭，急速起身，走出圖書館，步伐沒有一絲拖沓。

三個月後，我和劉隊去調查一起幼童被潑硫酸案。經過凱旋大廈時，一樓婚禮城正在舉辦婚禮，大條紅色橫幅上寫著「新郎　王雨澤」。

一開始我以為是撞名，此時距離黃亦菲去世還不到一百天。

禮炮聲中，穿著婚紗的新娘從車上走下來，相貌竟然和黃亦菲有幾分相似。接著，我見到了出來迎接新娘的王雨澤。

我走過去，把他叫到禮堂側門，他一臉警惕地看著我。

「新婚快樂！」

他沒有回答。

「希望你能善待新娘。」

「你什麼意思？」

「黃亦菲被害原本是可以避免的，你一直在旁觀，不但沒有調解，反而激化了她們的矛盾。」

「劉警官，案子已經結了。我不想再提，我總要開始新的生活，我要回去婚禮現場了。」王雨澤說完轉身就走。

他說話時，我一動不動地盯著他，他臉色泛紅，眨眼速度很快，左手情不自禁地揪起腦後的一撮頭髮，甚至沒有覺察到自己嘴角還殘留著白色唾沫。他連說三個「我」，一再強調主觀意識——不是只有出軌才叫渣男，極度自私也是。

劉隊走過來，拍拍我的肩膀，我們轉身離開。

我覺得王雨澤在黃亦菲被害案中扮演著隱祕而重要的角色。他一直在逃避矛盾和責任，本應該作為潤滑劑的他，最終成了命案的導火線。

他是旁觀者，也是最大的受益者。房屋產權登記書上寫著他的名字，他是孩子的唯一監護人，財產最終都會落到他手裡。

朴秀勤在一審中被判處死緩，沒有上訴。王雨澤也沒有探監。

第十一案　冷漠親情

錢能有什麼錯？還不是背後的人在作怪

案發時間：2016 年 5 月

嫌疑人：周青、孟露、楊安、凌甫芸、李林、劉天饒

涉嫌案件：一家四口滅門案

嫌疑人陳述證詞之表現：

- 用手撫摸臉頰
- 雙腿不停抖動，膝蓋朝向門的方向
- 挺起脖子、提高音量、直視對方
- 嘴唇微微顫抖，頭部輕微晃動，吸了吸鼻子
- 開口前，歪一下頭

在我的從警生涯中，遇到不少命案，但滅門案比較罕見，至今只遇到過兩起。一起是二〇一二年高語堂家的滅門慘案，另外一起就是二〇一六年這起。

二〇一六年五月二日下午一點半，接案櫃檯接到一個女人的報警電話。她說自己是幫傭，主人家裡發生了滅門慘案：一家四口，一對夫妻加上一雙兒女，全都死在家中。

案件發生在郊區的一棟自建六層樓，四名死者死於六樓相鄰的三個房間。主臥是夫妻兩人，兩個次臥分別是一兒一女。

主臥現場比較慘烈，連辦案多年的警察都覺得難以接受。主臥室中，夫妻兩個雙雙死在床上。凶手殺人後，用被子將兩名死者的屍體蒙住，被子已經被鮮血浸透，床頭還殘留了大量噴濺血跡。

次臥中，女兒同樣被凶手用被子蒙住全身；兒子雖被凶手蒙住了頭部，但小腹以下裸露在被子外面。兩個次臥的噴濺血跡不明顯。

李時初檢之後，根據死者傷口形狀推斷，凶器應該是錘子一類的工具。根據死者傷口部位和數量來看，凶手下手時穩、準、狠，是身強力壯的男人的可能性較大。除了小兒子被砸了兩次，其餘三名死者都是一錘斃命。

案發在深夜，死者在熟睡中被殺害，根本沒有任何反抗的跡象。我推測凶手從一開始就是為了滅口而來。

鄭爺詳細排查了整棟樓，沒有發現任何攀爬或者撬門的痕跡，也就是說，門鎖是凶手用鑰匙打開的，或者有同夥在樓內幫忙打開的。

被害的男主人叫周星華，四十六歲，是本地律師事務所所長。妻子凌甫麗和丈夫同年，是雲天建築材料公司董事長。兩個未成年的孩子，姐姐周音十六歲，弟弟周迪十五歲，都是市第二中學學生。

我初步瞭解了一下案發現場的情況：樓裡住著六個人，除了死者四人，還包括報案的看護以及周星華的母親。

看護告訴我們，為了方便照顧，她和老太太住在同一個房間。她們的臥室在一樓，看護習慣在睡覺前反鎖房門。我猜測很可能是這個習慣讓老太太和看護躲過一劫。

看護叫周青，三十六歲，是周星華家的遠房親戚，已經在他家工作八年了。

根據她的描述，案發第二天，她和周母大約在早上七點半起床。當天要舉行周星華侄女的二婚婚禮，周母知道平時兒子、兒媳有晚起的習慣，自己起得早又沒事幹，便沒有打擾他們，讓看護直接帶她去婚禮現場了。

辦婚禮的飯店距離案發地很近，周母和看護到了婚禮現場後便和一些親友聊天。

下午一點多，婚禮馬上要開始了，還是不見周星華一家人到場，周母便讓看護回家去催一下。看護上了六樓，打開房門，這才發現一家人已經倒在血泊之中。

我問看護案發當晚是否聽到什麼動靜，看護回答說沒有。

周母在得知兒子一家慘死之後，突發心臟病，被送往醫院搶救，還不能做筆錄，因此暫時無法證實看護筆錄的真實性。目前，看護被列為嫌疑人。

周家所住的房子是獨棟別墅，院牆很高，上面還有防護網。想要進入別墅首先要打開院門，之後是一樓大門，想要進入死者所在的六樓還要打開四樓客廳的門。所以凶手手上必須有周家的全套鑰匙，沒有全套鑰匙，不可能無聲無息地做案。

經過調查，看護說周家一共有五套鑰匙，男、女主人各一套，兩個孩子各一套，周母一套，加起來一共五套。

我們很快將五套鑰匙全部找齊，鄭爺開始採取指紋，但未採取到外人指紋。

看護是沒有鑰匙的，也就是說，很可能還有第六套鑰匙的存在。

凶手只有認識死者才有機會複製第六套鑰匙，因此熟人做案的可能性更大了。

周家緊鄰鑰匙一條街，從街頭到巷尾到處是鑰匙鋪，我們決定先從配鑰匙的線索下手。警方對附近所有鑰匙鋪一家一家地排查，卻沒有收穫，我們把注意力又放回到死者的社會關係上。

案情分析會上，我指著投影布幕上的周家圖譜說：「周星華方面，父親去世，母親和他住在一起，還有兩位哥哥在本地，親戚比較少。據調查，大家反映周星華和本家的親戚關係都不錯。

案發當天，周家人都在籌備婚禮，可以互相作為時間證人，他們沒有做案時間。周星華雖然從事法律工作，但為人低調、穩重，比較老實，人緣很好，有仇家的可能性很小。凌甫麗方面，兄弟姐妹眾多，再加上兄弟姐妹的孩子，我們只能一一排查。」

鄭爺在案情分析會上提出，兩名成年死者和女兒是被凶手用錘子一擊致命之後再用被子蒙住的，兒子則是被凶手用被子蒙頭之後擊打兩次致死的，其中一處傷口較淺，做案手法與前面三名被害人不同。

凶手殺人後，替屍體蓋被子的行為是潛意識中對死者有敬畏感，不願意直接面對對方，因此熟人做案的可能性大。而在殺害男孩時，男孩年齡較小，凶手卻擊打了兩次，一次較淺，說明凶手的擊打力度減弱或者心理準備不足。男孩的臥室在最裡面，按照正常邏輯，凶手應該會先殺死大人，然後再往裡走殺死兩個孩子；如果是同一個凶手行凶，因為高度緊張，會產生一種殺戮慣性，進而變得越來越殘暴，下手越來越重，不會輕易改變做案方式。所以綜合分析，應判定為兩人或兩人以上做案。

參與人數眾多，卻沒有留下足跡，鄭爺認為這與凌甫麗家是水泥地面有關，地面乾淨無水漬、灰塵，因此不容易採取到痕跡。

鄭爺還提到，儘管死者家裡非常富有，但是現場沒有損失任何的現金和首飾。抽屜裡放著很多現金，首飾盒裡還有很多名貴的珠寶、玉器、飾品。

既然凶手不是為財，做案手法又非常殘忍，那麼就應該是仇殺或者情殺的範圍了。

劉隊將我們分成兩組，一組警員繼續負責周邊調查；另外一組由鄭爺帶隊，開始第二次現場勘查。

周家別墅的面積很大，需要多次篩查。

本案是滅門案，周星華又是本地有名的律師，這讓案件更加神祕。在老百姓當中，各種小道消息越傳越玄乎，什麼律師勾結法官作惡多端、吃回扣、欺壓百姓……謠言傳得滿天飛。

據我們瞭解，周星華只是名譽所長，手下有四名律師，他並不負責實質工作，平常只負責接案、分派給下屬、整理檔案、接待客戶等，並不是多麼有權力、有能力去勾結法官，因此基本上不存在身分引發的矛盾。

就在案件馬上要陷入僵局時，死者凌甫麗的妹妹凌甫芸提供了一條線索給我們。

凌甫芸和姐姐長得很像，她穿著普通，氣質更清秀、溫婉，有著守本分的家庭主婦形象。她摸著左手上的一塊OK繃，吞吞吐吐地告訴我們，姐姐的死可能和情人有關。

凌甫芸說，凌甫麗和周星華的感情並不好。凌甫麗的公司走上正軌之後，夫妻關係迅速惡化，姐姐嫌棄姐夫窩囊，沒能耐。他們經常吵架，前段時間，姐姐還用菸灰缸砸傷了姐夫的頭。姐夫也覺得姐姐霸道，無理取鬧，不像妻子，更像是個領導入。兩個人為了孩子才勉強生活在一起，偶爾一起參加親戚聚會也只是營造出恩愛的樣子。

「我姐和姐夫都有情人，日子過得井水不犯河水。」凌甫芸說完，嘆了口氣。

我問凌甫芸：「兩個人既然已經各自有了感情生活，經常吵架的原因是什麼呢？」

凌甫芸說：「我姐夫比較小氣，我姐去參加同學會，玩到凌晨一、兩點回家，他都會和我姐冷戰。最長的一次是冷戰了一個月，兩個人誰也不理誰，需要溝通的時候就相互傳訊息給對方，這是我姐親口告訴我的。」

看來雖然兩個人都有外遇，可偏偏周星華「小肚雞腸」，我玩我的可以，但是你玩就不行。

我們找到周家的看護周青，她也證實了這一點。她說夫妻兩人感情不好，經常吵架、砸東西。凌甫麗隨手拿東西扔周星華，周星華的額頭還被菸灰缸砸傷過。在兩個孩子不在家的時候，周母曾經勸說過他們很多次，但他們根本不聽。

我們分別找到了兩個人的情人。

周星華的情人是事務所外聘的一名三十多歲的女公關，叫孟露。

據孟露說，她和周星華是在應酬的時候認識的。兩個人雖然保持著情人關係，但是感情一般。她還有一個六歲的女兒，他們都不想破壞對方的家庭。

凌甫麗的情人是她公司的祕書楊安。

楊安比凌甫麗小七歲，為了把這碗軟飯吃得長久，他對凌甫麗言聽計從，生怕自己的利益會有損失。我們判斷他沒有做案動機。

夫妻兩人的地下情都不足以演變成滅門的程度，排除了情殺疑點之後，我們開始轉向經濟糾紛。

畢竟凌甫麗是一個身家千萬的女富豪，而且在當地知名度很高，警方懷疑會不會有人欠帳不還或者是她欠別人的錢沒有還清，因財生恨。

在調查的過程中，我們發現凌甫麗公司的帳目沒有問題。在調查凌甫麗時，楊安主動交出一個帳本，說是凌甫麗平時用來記帳的。

打開帳本，我發現凌甫麗是一個對錢財極為敏感的人。

帳本上面的字比較小，字跡清秀，字體的結構偏緊湊。我注意到，即使只買了一公斤牛奶、半個西瓜，她也把日期、金額清清楚楚地記在上面，細到不可思議。

的嫌疑全部被排除了。

鄭爺一邊採取帳本上的指紋，一邊感慨道：「所以說，不是誰都能發財的。」

憑藉著這個帳本，警方對和凌甫麗有財務來往的人一一進行排查。三個月後，他們的嫌疑全部被排除了。

在排查過程當中，我們瞭解到，無論是員工還是客戶，對凌甫麗的口碑都極為一致：為人小氣、霸道、傲慢，但是沒有人否認她的工作能力和工作態度。

就在案件再次陷入僵局時，鄭爺那一組又有了新的發現。

鄭爺在六樓無人居住的房間發現了一枚腳印——房間是鎖著的空房，這枚腳印很奇怪，在靠近門的位置，不屬於周家人，很可能是凶手留下的。我推測過程應該是這樣：凶手用鑰匙打開房門，進入房間，又退出來，再用鑰匙鎖上房門。

凶手為什麼要來無人居住的房間踩一腳呢？

根據這個腳印，鄭爺估算出凶手之一為男性，身高應該在一百六十公分到一百七十公分之間，體重低於七十公斤。我們在嫌疑人名單裡，終於發現一個非常符合的人——凌甫麗的妹夫李林。

李林也在凌甫麗的公司工作，是凌甫芸求姐姐讓他進公司的。我們在替李林做筆錄時，發現他也清楚凌甫麗和楊安的情人關係，並且對凌甫麗的作風頗有微詞，說凌甫麗人品不好。

李林性格懦弱木訥，和人接觸的時候很靦腆，眼睛總是看著腳，說話容易臉紅，但態度誠懇。他說自己找工作一直不順心，妻子也是希望姐姐提攜一下自家人，所以跑去幫他托關係。

「有這麼一個有錢，但是把錢當命的姨姐，太氣人了。我正打算辭職，不在她那裡做了。」李林不停摳著指甲裡的淤泥。

「辭職原因？」我問。

李林囁嚅了半天：「我妻子覺得我們和她姐是親屬關係，她姐會多加照顧，結果凌甫麗在我進公司之後，為了避嫌，說要公私分明，而且她分明到了過分的地步。」

「詳細說說。」

李林漲紅了臉，「嗯」了一會兒，開口說：「她從來不把我當親信，什麼事都讓我幹，把我當成了打雜的，連辦公室的廁所堵住了都讓我去通。最重要的是，她說要單獨發薪水給我，而不是走公司財務，但她經常不發薪水給我。」

李林的說法倒讓我有些意外。

「凌甫麗自己身家千萬，她們姐妹感情又很好，可是她對我非常苛刻。一開始說讓我來公司學習，每個月只給三千多塊，後來又說我做事不認真，降到了兩千，每個月到發薪水的時候還拖欠。我們家都沒有錢訂要給孩子喝的牛奶了。」

李林情緒很激動，他身體前傾，漸漸向我靠近。這是一種強烈的傾訴欲，像李林這樣不善言辭的人，委屈久了，會突然爆發，這屬於正常的情緒宣洩。

我抬起左手，掌心朝向他，示意他坐回去。

李林長舒一口氣，又靠回椅子上。

「凌甫麗為什麼會這樣？」

李林放低聲音：「我偷聽到凌甫麗和情人說，給我一分錢她都心痛，還說我願意幹就白幹，不願意就滾。她不想養閒人，不想把公司變成家族企業。」

李林的殺人動機有了。更重要的是，據李林說，在案發前一天晚上，凌甫芸還打電話向姐姐要過他的薪水，結果凌甫麗以忙為由，還是沒給。

李林不斷再增加他的嫌疑。

隨後在警方測量身高和核對鞋印的時候，測出李林的身高是一百七十二公分，比估算的高了一些。李時估算的身高上限幾乎從來沒有超過預期值。在核對腳印的時候，也沒有和李林的對到——他的鞋碼比現場的要大兩碼。而且李林說自己當晚在家睡覺，妻子可以為他作證。

案子到這裡，似乎又卡住了。

考慮了很久，我準備找看護周青再次查證一些細節。

此時周母已經出院，周青把周母暫時接到自己家裡照顧。

我們前面調查過，周青沒有凌甫麗家裡的鑰匙，但是因為身分特殊，她偷拿周母的鑰匙配一套或者幫忙開門是最方便的。

周青和周家人到底有沒有過節呢？經調查證實，周青和凌甫麗有過矛盾。

凌甫麗不喜歡周青經常把自己的孩子帶到家裡，還誣賴過孩子偷拿家裡的東西。她罵過周青，埋怨家裡的調味料消耗太快，懷疑是周青監守自盜，背著她偷偷把東西拿到自己家裡用，不過周母的證詞很快排除了周青的嫌疑。周母證明，那晚周青一直和她睡在一起，沒有做案時間，而且說周青的右手在工作時受過傷。

李時核驗之後，認為周青很難做到提錘子殺人，而且是一錘致命。

案件又陷入了僵局。

根據凌甫麗的為人，我覺得還是要從她的親屬那邊瞭解情況。出乎意料的是，我在凌甫麗母親那裡得到一個線索：老人家說，自己早年在周家住過一段時間，那時候她手裡有一套鑰匙。

凌甫麗的母親滿頭白髮，穿著兒女們剩下的衣褲，極不合體，她的語氣中充滿了人到老年的謙卑和無奈。她說，因為子女比較多，所以是輪流養老。凌家是三姐妹，大姐凌甫春、二妹凌甫麗、么妹凌甫芸。

凌甫麗工作忙，母女感情也不太好，她在凌甫麗那裡過著寄人籬下的日子。親家周母沒有討厭自己，反而是凌甫麗經常提起舊事，嫌她偏心，對妹妹比對自己好，還說以後不讓她來家裡養老，也不會出錢。

老人只住了三個月，便被氣得跑回凌甫芸家。她將鑰匙交給了凌甫芸，讓她改天把鑰匙還回去，表示自己以後就算餓死，也不會去凌甫麗那裡了。

根據凌母的講述，凌甫芸經手過一套鑰匙，但是在我們最開始調查的時候，她對此事隻字未提。

我數次接觸過凌甫芸，對她一直沒有產生過懷疑。雖然姐妹倆在李林的事情上鬧得有點不愉快，但所有人都說她們的感情非常好。凌甫芸外表看起來很坦率，是個很實在的人。案發後，她的情緒極其不穩定。李林說過，凌甫芸非常傷心，不吃飯，晚上經常痛哭，這都屬於受害者家屬正常的居喪反應。而且她還提供過線索，所以我之前沒有懷疑過她，因此也放鬆了對她的調查。

但我還記得她的一個動作，她每次在說「我姐、我姐」的時候，會出現一個用手撫摸臉頰的動作，這是掩飾謊言的一個表現。不過說謊動作需要成組出現才能認定為存在說謊事實，僅憑一個動作，我沒產生太大疑心。然而，現在線索指向了她。

劉隊馬上出發，去調凌甫芸的通話紀錄。他一回來就把紀錄單摔到桌面上，並用食指關節敲了敲，看來是有了重大發現。

不看不知道，一看嚇一跳。通話紀錄上顯示，在案發當天，凌甫芸和某一個號碼通話特別頻繁，晚上八點多、凌晨兩點多、三點多、四點多、五點多，有多次通話。

這足以引起懷疑，我們很快查到了凌甫芸頻繁聯絡的人，他的名字叫劉天饒，也是凌家的直系親屬，是凌甫麗的大姐凌甫春的兒子。

我們又從周邊調查得知，凌甫春早年患病，曾經向凌甫麗借錢動手術，可是凌甫麗說救急不救窮，凌甫春是個窮教師，根本不可能還她錢，所以她沒有借。

因為治療不及時，凌甫春在半年後離世，從此她的兩個孩子——兒子劉天饒、女兒劉天麗再不和凌甫麗家來往。那時候才十一歲的劉天饒曾說過，以後凌甫麗是他們家的仇人。

隨著時間過去，人們已經慢慢淡忘了這件陳年往事。

案發那天晚上，凌甫芸和一直不曾聯絡的外甥打了半夜電話，太不正常了。

我們再次對現場的腳印進行對比時發現，劉天饒的身高、體重和六樓空房的腳印極其吻合，但在警方試圖傳喚劉天饒的時候，他和自己的妹妹一起失蹤了。

劉天饒的父親在他十七歲時去世，家裡只剩下他和妹妹，兩個人相依為命，再沒有其他親人。警方暫時沒有找到他們。

兩個年輕人，身上錢不多，又剛剛成年，他們靠什麼為生？我推測他們在服務業的可能性最大。

警方開始在市內排查剛入職的服務人員，終於在新開的水晶宮桑拿城發現一對化名男女，經過調查，是劉天麗和她的男朋友蘇騰。

我們沒有找到劉天饒。

面對警方的訊問，兩個年輕人編了很多理由，說辭明顯不一致。

對蘇騰進行訊問時，我問他：「你認識凌甫芸嗎？」

「不太熟悉。」

說話時，蘇騰的雙腿不停抖動，膝蓋朝向門的方向——表示隨時想逃跑。

「我們在你的手機通訊錄裡找到了劉天饒的聯絡方式也找到了凌甫芸的聯絡方式，並且發現在五月一日，也就是滅門案的前一天，你和凌甫芸有聯絡過。」

蘇騰顯得非常吃驚，身體頻繁換了幾個姿勢。

「凌甫芸在案發當晚十點左右傳簡訊給你過，訊息內容是：『過來了嗎？準備好了嗎？』她讓你準備什麼？」

「就是……就是和我女朋友一起去小姨家吃飯。」

「晚上十點去吃飯？」

「不行嗎？」蘇騰挺起脖子。

說謊的人為了證明自己的清白，會出現挺起脖子、提高音量、直視對方等動作，威懾對方的同時也為自己壯膽。

在對劉天麗的訊問中，我問她：「妳男朋友蘇騰和妳小姨熟悉嗎？」

「嗯，見過幾次面。」

「妳小姨在五月一日請你們吃過飯嗎？」

「沒有。」

「妳知道妳哥在哪裡嗎？」

「不知道。」

「最近你們見過面嗎？」

「沒有。」

劉天麗嘴唇微微顫抖，頭部輕微晃動，彷彿在點頭，還吸了吸鼻子。吸鼻子通常是在說謊後的一個掩飾性動作，她在試圖抹掉自己說謊的痕跡。

「妳和蘇騰的證詞不一。」

劉天麗低下頭。

「只有說實話才能幫妳男朋友和妳哥，如果我們沒有掌握足夠的證據，也不可能找到你們。」

終於，在第二次審問時，劉天麗招供了。

「做案的都有誰？」我問劉天麗。

「我小姨，還有我哥。」

「還有誰？」

劉天麗的眉毛向上一挑，是驚訝的表現，她側過身體對著我：「沒有了。」

「妳要說實話！」我盯著她的眼睛。

「還有我男朋友。」劉天麗低聲說。她本人沒有參與做案，但是她的男朋友為了她也加入了。

得到劉天麗的口供之後，劉隊立刻布置行動，在水晶宮附近的畫框店裡抓住了劉天饒。

凌甫麗的死是妹妹凌甫芸夥同外甥、外甥女的男朋友一起做案，為什麼曾經最親近的人會齊心協力做下這麼殘忍的事？

當我們審問嫌疑人凌甫芸時，她一口否認，說自己什麼也不知道，還痛哭流涕地說她不可能殺人。

就在我們準備進一步訊問時，李林向警方提供了一些線索。

李林堅持說，凌甫芸患有夢遊症，很可能在夢遊中殺人，她自己完全不知情。還說她有夢遊症已經很多年了，只不過最近五年發作得比較頻繁。

李林說，他和凌甫芸是高中時代的戀人。剛結婚的時候，他還不知道妻子有這種毛病，直到大女兒出生，他才發現凌甫芸不太對勁。

有一次李林半夜醒來，發現凌甫芸不見了。他下樓一找，看到她正在冰箱翻吃的，還去廚房煮飯，又坐在沙發上幫孩子縫衣服，整個過程彷彿他不存在一樣，之後又回到床上倒頭大睡。第二天，李林問她，她完全不知道發生過什麼事。

我問李林：「怎麼確定凌甫芸在夢遊？」

李林說：「她夢遊的時候動作很笨拙，半瞇著眼睛，會回答問題，如果突然被叫醒，攻擊性很強。我試著叫醒過她兩、三次。有一次，她打了我一拳，力道非常大，然後她就從二樓窗戶跳出去了，倒是沒受什麼受傷，只是扭到了腳。」

「凌甫芸知不知道自己有夢遊症？」

「她早就知道了。一開始她還不相信，但是看到我拍的影片，她也嚇到了。」

我們查看了李林保存多段凌甫芸夢遊的紀錄。

其中有一段完整的影片：凌甫芸在看電視，看著看著垂下了頭，似乎睡著了。五分鐘後，她忽然起身走出房間，影片上顯示的時間是凌晨一點十二分。凌甫芸從倉庫拿出一把鐮刀，一直走到距離自家一・五公里的地，開始下地務農。李林一直跟在她身後，之後叫了她的名字兩聲，見她沒有反應，李林用手碰了碰她。她立刻陷入狂暴狀態，揮刀砍向李林，最後李林的手機掉在地上，影片結束。

李林說，他差點被砍傷，直到把凌甫芸按倒在地，她才清醒過來。她一直喊頭痛，最後是被李林背回家的。

夢遊症在中國被認定為一種精神疾病，患者屬於無刑事責任能力人，不用承擔刑事責任[9]。我反復觀看這段影片，無法判斷凌甫芸是否有夢遊症。

9 依相關規定，若其犯罪行為因為精神障礙或其他心智缺陷，導致不能辨識行為是否違法，或沒有能力判斷而行事者，不會被判刑。若是精神障礙或其他心智缺陷導致其判斷能力、行動能力明顯下降，得以減輕刑罰。

在校學習期間，我接觸過夢遊犯罪。夢遊者表現出的複雜行為與一種奇特的睡眠模式有關，是快速動眼期睡眠之後的睡眠階段。快速動眼期睡眠是美國哈佛的一位睡眠科學家馬修・沃克（Matthew Walker）提出的概念——他也是一位催眠師。

快速動眼期睡眠分為兩個階段：第一階段是大腦產生β波，處於輕度睡眠狀態；第二階段是人的心跳和呼吸頻率極低，身體進一步放鬆，腦波幅度變大，波長增加，處於深度睡眠狀態。

快速動眼期之後的睡眠階段是更為深度的睡眠，稱為「慢波睡眠」。在這階段，負責高級思維和自我意識的表層大腦處於睡眠狀態，停止接收外界的信號，但是對夢遊者來說，大腦的下半部分會醒來，如果用一個簡單的詞來形容，應該是「平行空間」。這種分離會促使夢遊者下床活動，但第二天醒來，他們什麼也不記得。

怎樣才能判斷凌甫芸在做案過程中夢遊症是否發作呢？如果凌甫芸真的有夢遊症，那麼判決結果會完全不同，她甚至會被無罪釋放，我們只能求助警校裡有這方面經驗的教授。在教授的安排下，我們把凌甫芸送到睡眠中心。

夢遊症會隨著壓力增加而加劇，任何程度的睡眠缺乏、藥物和酒精也都會導致症狀加劇。凌甫芸說她在案發當天確實喝過酒，李林也證實了這一點。

我們安排凌甫芸做睡眠檢測。她會在實驗室過夜，我們負責觀察她在睡眠時發生的所有活動。這種睡眠檢測是一種更高端的「測謊」，是透過腦電波、心臟活動、呼吸系統和肌肉反射觀察人的生理變化，進而瞭解人的心理變化，因為是在無意識的狀態下進行的，所以比常規測謊更直觀和精確。

我在凌甫芸身體的多個部位貼上電極貼片，然後在隔壁的觀察室嚴陣以待。

第一夜，凌甫芸一直輾轉反側，難以入睡，午夜兩點十六分終於進入睡眠狀態。我們在儀器上看到，進入深度睡眠的她腦波越來越長，頻率越來越慢。

第二夜的情況與第一夜基本相同。

第三夜，凌甫芸在入睡十五分鐘後開始活動，她猛地把電極貼片從頭上和身體上扯了下來，似乎失去了判斷力，在房間裡走走停停，自言自語，伴有痛哭、慌張、躲避等行為。十五分鐘後，她回到床上再次陷入睡眠狀態。

在凌甫芸的夢遊過程中，監視器對她的各種行為進行捕捉拍攝和搜集生理數據。行為分析儀再對這些資料進行識別，選取一些行為片段，導入系統中的高級分析模組和影片模組，再次過濾相關數據，和基礎參數進行對比，從而得出結論。結論是，凌甫芸處於夢遊狀態。

第二天早晨，我問凌甫芸記得自己拉過、扯過東西或者是身上有疼痛感嗎，凌甫芸搖搖頭。

正常情況下，貼在她身上的電極貼片要用溶劑才能取下來，她剝的時候用了很大的力氣，卻沒有疼痛感，表示她確實有夢遊行為，行為分析儀也證實了這一點。但是，即使她有夢遊行為，也不代表她犯罪時處於夢遊狀態。

我決定做一次細節測謊，把所有細節連結起來，一一提問、分析。

「是否記得案發當晚做了什麼？」

「什麼也不記得。」

我讓她仔細回想一下。

她撓撓脖子，說：「好像換過衣服。」

「為什麼要換衣服？」

她避開我的眼神，搖搖頭。

如果她不知道自己的衣服染血，為什麼要換掉，而不是直接上床睡覺呢？

我還記得案發第二天我向凌甫芸查證情況時，看到她的左手貼了一塊新的OK繃，於是我問她：「還記得手是怎麼弄傷的嗎？OK繃是什麼時候貼的？」

凌甫芸搖搖頭，說：「我只是模糊記得，晚上手有點痛，就貼了一塊OK繃。」

如果她記得那個傷口，說明她是在清醒時段受傷的；如果她完全不記得，表明那個傷口可能是在夢遊中造成的。夢遊者是沒有痛感的，根本意識不到自己受傷，也不知道要清理傷口。

「世界上所有的異睡症（parasomnia）資料都顯示，夢遊者是不會有夢遊記憶的。如果像妳所說的，殺人的過程都不記得了，怎麼會模糊記得要處理傷口？這些和夢遊是矛盾的。妳在案發後，確實採取過一些措施來掩蓋罪行，包括隱藏罪證、換血衣、處理傷口。妳說謊是想讓有罪和無罪的界限變得模糊。妳雖然患有夢遊症，但妳在殺害妳姐姐一家的時候是清醒的。」

凌甫芸啞口無言，終於低下頭，她說：「一切都是因為我恨她。」

按照凌甫芸的說法，痛恨凌甫麗的人不止她一個。在她們這個家裡，所有涉案人員都痛恨凌甫麗，而這一切都是因為錢。

凌甫芸說，早年她們姐妹倆的經濟條件差距沒有這麼大。當年凌甫麗要創業，凌甫芸為了資助姐姐，把自己的全部積蓄都借給了她。凌甫麗很精明，有商業頭腦。當時房地產業正值頂峰，她代理的建材很快打開市場，迅速累積了不少資本。

「凌甫麗發財了，她除了把錢還給我，還應該給我相應的股份，起碼應該對我有所回報吧？可是她沒有，甚至連本金都是用三年時間分期還清的，沒多給我一分錢。她太在乎錢了。生意越做越大，她成了富婆，蓋了大房子，可是她的真面目也露出來了。錢就是她的命，比親生媽媽還重要。」

凌甫芸痛恨的眼神，讓我想起了凌甫麗那個精細的記帳本。

「我老公進入她的公司，按理說我們家對她有恩，回報在我老公身上也行。可是她讓我老公幹最累的工作，呼來喚去，什麼都讓他做，甚至讓他用手擦地上的黑點，做清潔工的工作。這些我們也沒有埋怨，但是她居然還不給薪水，本來說好的錢，又減少了一千。我就更不明白了，她都已經是富婆了，還會差我老公那一點薪水嗎？」

凌甫芸似乎忘記了自己殺人犯的身分，向我傾訴著一點點累積起來的仇恨。

「大姐去世之後，她對兩個孩子不聞不問。不管外甥、外甥女也就算了，她連我媽的贍養費都不想掏，還跟我說：『我不出力，也不出錢，妳看著辦吧！』這還是人說的話嗎？妳都不知道她對我媽有多吝嗇。她家有六樓，居然讓我媽住在儲藏室，她還說我媽腿不好，是為了我媽方便。我說她不孝順，她反駁我說，她結婚的時候，家裡給的嫁妝太少了，讓婆家瞧不起，所以她不管我媽。逢年過節她也不回家了，親戚們辦喜事她也不往來了，把所有的親戚都當成乞丐，生怕別人向她乞討。親戚對她越來越怨恨。」

看凌甫芸的情緒有些失控，我提醒她：「妳為什麼一定要殺了她？」

凌甫芸咬了咬嘴唇：「那天，我準備替自己的孩子訂牛奶，看看手裡只剩下五十塊錢了，又到了月底，就打電話給她，催她發薪水給我老公。沒想到她不僅不發薪水，還諷刺我說，『我家孩子都沒有在喝牛奶呢！妳家孩子喝什麼牛奶呀？』我聽了之後，恨不得從電話裡衝過去掐死她，太欺負人了！」

妹妹終於爆發了，決定馬上動手，但考慮到只靠自己力量不夠，就想到了大姐家的兩個孩子。這些年來，她和兩個孩子一直有聯絡，雖然自己手裡不寬裕，但過年過節的時候都會給兩個孩子壓歲錢。

她知道，兩個孩子也對凌甫麗積怨已深，所以一提出要殺掉凌甫麗，兩個孩子立刻回應。按照計劃，她本要將周母和看護一起殺掉，一個活口也不留。可是案發當天，看護反鎖了房門，周母和看護這才撿回一條命。

「為什麼要把妳姐全家滅門？周家和妳並沒有恩怨。」

「可能是這麼多年的恨一起爆發了吧，就是殺紅了眼，覺得都殺了心裡才痛快！」

凌甫芸承認自己殺了人，還擺出一副坦誠的樣子，可是這一次，我找到了破綻。在每次開口之前，她都會歪一下頭，像是說謊前的熱身，這種動作被稱為「非自主動作」——有些人在說謊之前會給自己一個暗示，而這個暗示會透過表情、動作反映出來，但說謊者本人意識不到，也沒辦法控制。

「妳殺人不完全是出於仇恨，也不完全是突發的激情殺人。妳認為，只要殺了他們一家，凌甫麗的財產就會被自己的母親繼承一部分，你們就可以拿來花了，對大家都有好處。」我分析道。

凌甫芸張了張嘴，沒有說話。

「你們是怎麼分工的？」

「我和劉天饒去殺了我姐和姐夫，還有我外甥女，蘇騰去殺了我外甥。」

此時，我想起劉天饒曾經在審訊中提道：「我媽走了，我和我妹妹成了孤兒，受盡了苦。是凌甫麗害得我家破人亡，我要用她一家人的命來償。」

「我好奇的是，為什麼在六樓的空房間，劉天饒會留下一枚腳印？你們去空屋做了什麼？」

「劉天饒想去六樓看看，凌甫麗的婆婆和周青是不是躲在那個房間。」

至此，腳印之謎也解開了。

由凌甫芸策劃，由劉天饒、蘇騰參與動手的這起滅門案件終於真相大白。大部分做案動機是仇恨，小部分動機是金錢。因為手段惡劣，社會影響巨大，三名罪犯很快被判處死刑。

鄭爺整理卷宗的時候感嘆：「都是有錢惹的禍。」

我說：「錢能有什麼錯？還不是背後的人在作怪。」

每個人看事情的角度不一樣，結果自然不同。在凌甫麗面前，利益是一切，親情比紙薄。妹妹凌甫芸則認為血緣等同於責任，有能力就意味著有義務去援助親人。在利益中的冷漠和在索取中的貪婪，讓妹妹對姐姐衍生出越來越深的怨恨。

劉天饒兄妹則是因為失去母親後，將所有的仇恨都算在了為富不仁的凌甫麗身上，一直沒有走出仇恨。這些怨恨、仇恨最終以殺戮的方式結束了，當然結束的還有那些實施殺戮的人。

第十二案　屈辱催生的冷酷復仇

平衡一旦被打破，關係的發展便會失去控制

案發時間：2017 年 4 月

嫌疑人：吳音、王燕妮、徐鯤鵬、傘志傑、秦嘉林

涉嫌案件：強姦殺人案

嫌疑人陳述證詞之表現：

- 試圖以得體的笑容博取好感
- 說話提高聲調
- 深呼吸，收緊下巴
- 眼睛下垂，雙頰緊繃
- 兩腳後退，一前一後，由外開轉為內合
- 一邊說話，一邊不斷改變身體的重心
- 下意識將右手放在頸窩上

一進辦公室，我就看到李時揮舞著手裡的紅色請柬說：「富翁同學結婚請帖，給了紅包錢，這個月又要喝西北風了。」

我瞥了一眼請柬上的照片：「你這同學長得不怎麼樣，又黑又矮，比你差多了。」

「那是，我上學的時候好歹也是校草。不過，人不可貌相，我這國中同學上學時因為家境不好，經常被欺負，現在也算是一步登天了。功成名就之人必有雷霆手段，我還記得有一次，班裡的高個子故意丟沙子到他的便當盒裡。當時，他捧著便當盒盯著我們的眼神，現在想想都不寒而慄。多謝同學不殺之恩啊。」

「你當時沒欺負他吧？」我問。

「沒有，我覺得他挺……無助的，不想落井下石。」李時悵然地回答。

「其實友誼這東西還挺怪的，兩肋插刀的少，通常都是我希望你過得好，但不希望你過得比我好。」我感慨。

「這也許就是人性吧。」李時推推眼鏡說。

二〇一七年四月十一日，案發地點，高新區。

我們趕到現場的時候，翠岩村的很多村民都站在遠處圍觀，有些村民正在調侃報警人王健國：「這人身上的陰氣重得很，專招女鬼！」「女鬼讓他幫忙申冤呢！」「難怪打了四十多年光棍，會不會每天晚上……」還有村民調侃報案人確實有「特殊體質」，說兩年前的燒烤女屍案就是王健國報警的，同樣是在晨間散步時發現屍體，只不過發現屍體的地點不同，上一次是在大壩，這一次是小樹林。

此時，老王（王健國）正滿臉委屈地和我的同事做筆錄。他告訴我們，早晨五點多，他出門散步，走到小樹林附近發現林子裡有一個小土包，感覺還挺新，好像是有人在那裡埋了什麼東西。出於好奇，他想走近看看。樹林裡的光線比較暗，走到距離土包五公尺遠左右，他突然看到土包裡露出半張人臉，一雙眼睛半睜半閉，似乎正盯著他。

老王嚇得大叫一聲，轉身跑出小樹林，趕緊報了警。

我看到李時正蹲在土包旁查看屍體，便走過去。

李時見到我便說：「死者是一名年輕女性，年齡在二十八到三十五歲之間，身高一百六十五公分，從死者手腳上的繭判斷，可能學過舞蹈。死者身上穿著一款黑色的塑身內衣，看樣子是高檔貨，內衣有多處破損。」

「既然是埋屍，是什麼原因讓屍體從土裡露出來了？」我問。

鄭爺正在旁邊勘查痕跡，聽到我的提問，接話說：「屍體埋得不深，看起來凶手很慌張、匆忙，有可能是首次做案。土堆周圍有大量動物足印，應該是附近的流浪狗聞到血和肉的味道把屍體拖出來，臟器很可能已經被動物吃掉了。昨天夜裡下了一場小雨，周圍的痕跡已經很模糊了，我只採取到一枚鞋印，從紋路看，應該是運動鞋。」

現場條件有限，李時只能把屍體帶回去做進一步檢驗。

劉隊認為想確定死者的身分，可以先從失蹤人口開始排查。根據死者的特徵，我們暫時把演藝行業納入優先排查範圍。

三天後，我們確認了死者的身分。死者名叫張小麗，是天上人間小劇場的演員。天上人間的老闆告訴我們，本來演員去留是很平常的事，可是張小麗是劇場的臺柱。老闆發覺近期張小麗話裡話外有辭職的意思，為了留住搖錢樹，他提前預付了張小麗十萬塊定金，與她續簽了一年演出合約。可是錢匯過去之後，最近人卻一直沒來上班。老闆曾經找到張小麗居住的租屋處，敲了半天門，也沒人應答；打電話，顯示對方已關機。

我們開始調查死者的生活軌跡，發現張小麗還有一個同居室友叫吳音，也是天上人間的女演員。多次撥打吳音的手機，對方一直處於關機狀態。

我們決定先對張小麗的租屋處進行搜查。

租屋處位於車站附近的新華大廈，屬於舊屋翻新公寓，有保全也有監視。張小麗和吳音合租了四樓的一間三房一廳。打開房門，我們嚇了一跳，正對著房門的是一幅張小麗跳芭蕾舞的真人一比一巨幅照片。

我們開始對張小麗的房間進行搜查，張小麗住在主臥，打開臥室門，空氣中混合著一股血腥味。房間有些凌亂，室內有被翻動過的痕跡。死者的皮夾是空的，現金和金融卡都不見了。床上撒著大量食鹽和辣椒，在床和窗戶之間的夾縫裡還發現了凝固的血跡——看來租屋處是第一現場。

在洗手間的洗衣機附近也有血痕，包括噴濺狀血跡和拖拽痕跡。鄭爺在洗衣機機身上採取到兩枚血手套的痕跡，還發現抽水馬桶被清洗得很乾淨，於是採取了馬桶裡的液體樣本。

吳音住在次臥，室內整潔乾淨，衣櫥裡的服裝擺放有序，連包裝袋都疊成一疊放在衣櫥一角，沒有發現被翻動過的痕跡。鄭爺在枕頭上採取到兩根帶毛囊的長髮。

當天下午，局裡召開了案情分析會。

李時的驗屍結果出來了：張小麗的死亡時間在一週之前，死者脖子上纏著絲巾和塑膠袋，死因是窒息；體內採取到了男性精液，死者在生前曾遭受過性侵犯；腳腕和脖子上都有被捆綁的痕跡，左側大腿內側有數處刀傷，頭部和背部有多處被毆打的傷痕。

「死者在被害之前有激烈的反抗過？」我問。

「不，這些傷大部分是在死者被束縛後甚至死亡後造成的。」

「凶手是男性的可能性比較大，因為體力懸殊，女性犯罪很少使用扼死的方式。凶手和被害人可能有個人恩怨，仇視被害人。」劉隊說。

「床上的鹽和辣椒怎麼解釋？」鄭爺質疑。

「從凶手處理屍體的痕跡看，應該是先將死者制伏，然後進行強姦，再扼死死者，最後毆打、刀刺，侮辱、毀損屍體。在逃離之前，他還到廚房拿調味料撒到床上想遮掩味道，拖延死者被發現的時間。之後不知道出於什麼原因，他又把死者拖到洗手間，但並沒有分屍，而是直接帶走屍體，最後來到樹林掩埋。」我分析了一下做案過程。

鄭爺補充：「被害人有財物遺失，透過痕跡看，凶手做案後，直奔重點，好像事先知道死者藏匿財物的地點，沒有四處亂翻。熟人做案的可能性比較大，並且凶手還知道死者近期的財務狀況。」

「也可能是凶手逼死者說出藏匿財物的地點，或者死者為了保命自己說出來的。」我補充道。

劉隊說：「我們透過調查死者的銀行帳戶，發現有一個戴口罩和帽子的男人分五次提走了銀行裡的十萬元。」

「社區的監視設備老舊，畫面不清楚，畫質很差。而且公寓的三樓以下是旅館，出入人員複雜，提著行李箱的就有十幾個人。有些旅客沒登記身分資訊或者是登記了假的資訊，一時很難鎖定嫌疑人。但是保全記得，在死者死亡當天，下午四點半左右，同租室友的吳音穿著淡紫色風衣，戴著墨鏡和口罩離開了社區，走的時候拉著一個行李箱。保全肯定地說，那人是吳音本人，因為當時吳音還和他打了招呼。吳音是蘇州人，遇到兒字音時會吞音，保全印象特別深刻。」我把手裡的調查報告遞給了劉隊。

「我將案件發生前和案件發生後疑似吳音的監視錄影進行過比對，從體態和行動習慣以及步幅、步頻看，應該是同一個人。」我補充道。

「檢驗科的報告說，洗衣機附近的血跡屬於兩個不同的人，除了張小麗的血跡，還有另外一個人的噴濺狀血跡。一開始我們以為是凶手受傷了，可是根據從吳音臥室中採取到的DNA檢測結果看，血跡是吳音的。」李時把他的報告放在了桌面上。

鄭爺說：「我在廚房外牆找到了幾枚腳印，有人踩著三樓看板從廚房的窗戶爬進了室內，二樓拐角和三樓都有相同的腳印，經過核對，與埋屍現場的腳印一致。根據腳印的大小和著力點看應該是男性，身高在一百七十五公分以上，體重九十六公斤左右。」

是熟人做案還是搶劫殺人，是吳音和其他人合夥做案還是另有嫌疑人，我們一時無法確定。從室內門窗沒有被破壞的痕跡看，應該是熟人入室，可是窗戶上有腳印；吳音的出血量不大，受傷之後居然玩失蹤，這些線索太矛盾了。

為什麼要從窗戶入室？如果是隨機入室，那麼為什麼房間的翻動痕跡又不明顯？我一時也理不出個頭緒，但我們都認為，無論是哪種推測，目前吳音的嫌疑都最大。

透過天上人間的老闆，我們瞭解到吳音和張小麗的關係非常親密。她們曾經在同事面前炫耀說她們是大學同學，從畢業直到找工作幾乎沒有分開過，還提起上大學時，她們和學校裡的一個叫王燕妮的女生被同學們戲稱為「三仙女」。老闆也認識王燕妮，說是自己髮小的上任女友。

我想起保全也曾提到過，半年前有一個女人和張小麗、吳音合住過一段時間，後來搬走了。保全也聽說過她們是大學時代的同學，於是我們找到了王燕妮。

王燕妮和張小麗、吳音不同，如果說張小麗和吳音屬於小家碧玉型，那王燕妮則多了一絲高冷、一絲驕傲。王燕妮經營一家健康食品專營店，她告訴我們，她們幾個是表演系同班同學，大學時代三個住一間寢室，關係非常要好。幾個月前，因為店鋪裝修，她在張小麗和吳音的租屋處借住過一段時間。

王燕妮回答問題時落落大方，語言邏輯性強，會下意識轉動左手食指上的銀戒指。她說話的語速有些慢，吐字清晰，像在臺上說臺詞。

聽說張小麗被害和吳音失蹤的消息之後，王燕妮顯得很震驚，表情合理，臉上肌肉的瞬間運動也沒問題，但是那個轉戒指的動作幾乎持續了調查的整個過程。

她說半個月前，三個人還一起聚過餐，當時吳音提起認識了一個男人，想和男人一起出國創業。因為吳音性格內向謹慎，很少談及自己的私生活，只提到這些，其他情況她並不瞭解。

王燕妮還說：「小麗性格外向，認識的人挺多的。她和一個男友交往過，兩個人沒有登記，但有一個私生子。小麗前男友叫徐鯤鵬，也是我的大學同學，是系裡的校草。小麗和徐鯤鵬談戀愛的時候，她的媽媽對徐鯤鵬很不滿意。他雖然長相帥氣，但是除了油嘴滑舌，沒有別的本事。小麗她媽強烈反對兩個人交往，可是他們還是偷偷同居了。同居之後，徐鯤鵬經常換工作。這個人有些好高騖遠，總是不能腳踏實地地工作。特別是在孩子出生後，他們經常吵架。後來小麗受夠了徐鯤鵬，提出分手，孩子被寄養在徐鯤鵬母親家。他們分手後，徐鯤鵬不死心，一直想和小麗復合。我聽小麗說，他經常跟蹤、威脅小麗，想跟她正式結婚。最後逼得小麗沒辦法，只能從老家逃到東北。小麗現在的工作還是我幫忙介紹的。」

王燕妮在敘述張小麗的經歷時有一種居高臨下的感覺，但是提到徐鯤鵬的名字時，她的表情更顯得自然隨意，看來她和徐鯤鵬之間應該沒有瓜葛。

我問她：「吳音和徐鯤鵬之間有什麼特別關係嗎？」

王燕妮沉吟了一下回答：「徐鯤鵬和吳音是同鄉，吳音喜歡過徐鯤鵬。徐鯤鵬和小麗在一起之後，吳音退出了。小麗應該也知道這件事。」

看來三個人之間有感情糾葛。

我注意到王燕妮忽然咬了一下嘴唇，一副欲言又止的表情。

「關於張小麗，妳還知道什麼情況？」

王燕妮有點吞吞吐吐：「我……不太確定，前段時間，小麗告訴我，她認識了一個富二代，叫傘志傑。兩個人的關係進展很快，已經開始談婚論嫁了。小麗還說要辭職做全職主婦。可是……」

「可是什麼？」

「我們上一次聚餐的時候，吳音偷偷跑到包廂外面接了一個電話。我無意中看到她的來電顯示上有一個傘字。這個姓氏太少了，所以我覺得……會不會是同一個人？」

我看著王燕妮點點頭，她擠出一個得體的微笑，迎向我的目光——暗示型討好。當一個人想取得別人的信任和好感時，不一定會直接用語言表達，他們會透過一些連貫性的取悅動作傳遞給他人，比如偽裝微笑、身體靠近對方、讓自己的視線在對方的視線之下等。此時王燕妮的目光變得很柔和，一直盯著我——她試圖用眼神取得我的認可，她很聰明！

找過王燕妮之後，我決定先從張小麗的周邊關係開始調查。

富二代傘志傑很好找，據傘志傑描述，他去看過幾次張小麗的表演，送了幾次花籃與禮物之後，兩個人便認識了，關係進展神速。兩個人的確有結婚的打算，可是張小麗被害期間，傘志傑在海南和兩個朋友在一起，有不在場的時間證人。

當我問傘志傑是否認識吳音時，傘志傑撇嘴一笑：「那個女人表面看一本正經，其實挺『三八』的。前段時間，她打電話給我，把張小麗有孩子的事告訴我了。我和張小麗大吵了一架，提出分手，之後就去海南散心了。」

他的回答讓我很意外。

看我盯著他，他趕緊舉手發誓：「警官，張小麗可不是我殺的。雖然她騙了我，但她這個人沒什麼城府，傻乎乎的，是刀子嘴、豆腐心那種，我還是挺喜歡這種性格的，一眼到底，不用費心。可是我們這種家庭條件是絕對不會要一個二婚女人的，特別是有私生子的女人。我沒虧待她，匯了五十萬分手費給她。」

傘志傑說完這些，突然沉默了，臉上玩世不恭的表情消失了幾秒鐘，眼睛下垂，雙頰緊繃——是懷念和悲傷。

我們在張小麗手機的黑名單裡找到前男友徐鯤鵬的電話，徐鯤鵬的手機一直關機。我們已經查到徐鯤鵬來本市有三個多月了，開一輛黑色的二手福斯桑塔納。徐鯤鵬租住的新華旅館和張小麗的租屋處直線距離不超過二百公尺，從旅館後窗可以看到張小麗臥室的窗戶。四月十五日，早上八點多，徐鯤鵬離開旅館，一直沒有回來。

警方在各大車站和高速出口設置了巡邏崗，堵截徐鯤鵬，在旅館也布置了便衣，但他一直沒有出現。一週之後，徐鯤鵬居然回到了新華旅館，被守在那裡的同事抓獲了。

徐鯤鵬長相帥氣，但精神狀態不佳，鬍子很久沒刮了，穿的T恤已經起了毛球。

訊問期間，他一直不承認殺害了張小麗。

我問他：「手機為什麼一直關機？」

「工作不順，最近又被人騙了，張小麗也不理我。我買了不少酒，開著車跑到南山借酒消愁去了。」

「這個星期一直住在車裡？」

「是。」

「為什麼不接電話？」

「手機沒電，自動關機了。」

「你最後一次見張小麗是什麼時候？」

徐鯤鵬忽然激動起來：「我不會殺張小麗，要殺也是先殺了自己。」說完這句話，他的眼淚控制不住地往下掉，鼻涕流出來了也顧不得擦。

徐鯤鵬還說：「要不是我自己沒出息，養不起老婆孩子，也不會鬧得家破人亡。」

徐鯤鵬雖然是學表演的，但感覺他現在的樣子不是演出來的，應該是真的很傷心。

經過DNA檢測，徐鯤鵬與張小麗體內的精液樣本不符，而且鞋的尺碼也不對。徐鯤鵬只有一雙皮鞋，在皮鞋底部我們採取到了南山附近的泥土樣本，他沒有說謊。

案件又回到了原點。

兩天之後，徐鯤鵬打電話給我，他說突然想起來，他跟蹤張小麗時，發現另外一個男人似乎也在跟蹤她，而且那個男人還在張小麗家附近徘徊過。他以為是張小麗新交的男朋友，又偷偷跟蹤那個男人，發現那個人住在旅館隔壁的安居社區。男人每次出門都包得很緊，戴黑帽子和黑口罩。他沒看清楚對方的長相，只知道男人身高在一百八十五公分左右，戴眼鏡。

我們馬上對安居社區進行搜查，一名同事在垃圾箱的草叢附近發現了半張燒焦的金融卡，經核查是張小麗被盜的帳戶卡片。我們調取社區監視器後，終於找到了扔卡的嫌疑人——秦嘉林。

秦嘉林和張小麗是同鄉，也是高中同學，班上的高材生，當年以理科第一的成績考上一所明星大學。他性格內向，目前在本市高新區的一家資訊公司工作，薪水優厚，工作體面，並不缺錢。我們再與銀行監視畫面進行比對，發現領錢的就是秦嘉林。最終我們在一家地下網咖抓獲了秦嘉林。

秦嘉林也不承認張小麗的死和自己有關。在我們出具了DNA比對報告、現場採取的鞋印，以及精液化驗報告都與秦嘉林吻合的證據之後，他還是拒絕承認自己是凶手。

秦嘉林性格內斂，說話的語氣有些低沉，越是這種性格的人，越容易積壓情緒，誘發激情犯罪的可能性越大。

受我處刑警中隊委託，在收到心理測試委託登記表之後，我開始對犯罪嫌疑人秦嘉林進行測謊。整個測謊過程由我負責，我分別替秦嘉林連接呼吸感測器、脈搏感測器、膚電感測器以及血壓感測器。

測謊正式開始。

「我不是來審訊你的，我是技術部門的測謊師，來幫助你自證清白，回答問題時請用是或者不是。」

秦嘉林點點頭。

「姓名秦嘉林？」

「是。」

「今年二十八歲？」

「是。」

「你和張小麗是同鄉？」

「是。」

「你和張小麗是高中同學？」

「是。」當我問到這個問題時，秦嘉林有了肢體變化，兩腳後退，一前一後，由外開轉為內合——「無花果」式防守。顧名思義，他的姿勢像無花果果實。無花果的果實是圓的，從外面看沒有破綻，底部卻有一個小孔。從我的角度看，秦嘉林將自己包裹嚴實，但一前一後的雙腳卻讓他圈出了空間範圍，保護住只有他自己知道的祕密，並且對這個祕密有所顧忌。

「你一直喜歡張小麗，暗戀她？」

沉默三秒後，秦嘉林回答：「是。」

「因為張小麗漂亮，追求者眾多，所以你覺得自己配不上，只能默默努力，想讓自己變得優秀之後，再追求張小麗。」

秦嘉林邊舔唇邊回答：「是。」

「沒想到大學畢業後，張小麗和徐鯤鵬同居了，還生了一個孩子，你失望極了。」

「是。」聲音又低了一度，秦嘉林顯示出了沮喪。

「你畢業後放棄了極好的工作機會，從外地回到老家，就是為了守在她身邊。」

「不是。」秦嘉林低下了頭。此時，藍色呼吸線有起伏，超過正常情緒波動值。

「你終於等到張小麗和徐鯤鵬分手，覺得自己的機會來了。可是沒等到你的表白，張小麗為了躲避徐鯤鵬，一年前跑到東北打工，所以你馬上辭了工作追了過來。」

「不是，我過來是個巧合。」在一連串的問題後，秦嘉林的掩飾性意識開始覺醒。

當人意識到自己將陷入危險，會不自覺地將自己的語言模糊化。秦嘉林覺察到我的問題不斷針對、深入涉案問題時，他加強了心理的防禦機制。

「因為性格內向靦腆，你還是沒有開口表白，結果張小麗很快又認識了富二代傘志傑。當你看到他們兩個人卿卿我我，你氣瘋了，覺得張小麗是個輕浮的女人。」

「我沒有。」秦嘉林提高了聲調，顯示脈搏感測器的黑線波峰直接呈現最大值。

謊言被識破時，大部分說謊者不但不會流露出沮喪、頹廢的情緒，相反，他會用比較強硬的態度和提高聲調來證明自己的清白。而脈搏感測器標示的是人的血壓，一個人在焦慮、緊張的瞬間，血壓便會飆升。

「張小麗的窗戶上為什麼會有你的腳印？」

「我……我想看看她。」

「張小麗的體內為什麼會有你的精液？」

「我……我們約會……」

「她既然同意和你約會，為什麼你要偷看呢？而且張小麗的手機裡根本沒有你的電話號碼。」

「我……」膚電反應圖譜高峰迭起，幾乎接近臨界點。和基準問題相比，他在生理反應上的對應率達到了百分之八十以上——他在說謊。

「張小麗一直在忽視你的存在。你為她付出了很多，你因愛生恨，從廚房的窗戶爬進張小麗的家，看到張小麗一個人在床上睡覺。這些年積存的情緒爆發了，你強姦了張小麗。」

聽到這些，秦嘉林根本顧不了手上還有感測器，摀住了頭。

「既然已經得手，為什麼要殺人？」

「我不是故意殺她的。我當時喝了酒，強姦她之後，才意識到自己幹了什麼。我本來想逃走，可是她突然認出了我，還叫出我的名字。她說不會報警，讓我放過她，還說給我多少錢都行。我很害怕她反悔報警，用皮帶把她的手腳綁了起來，找到銀行的卡，逼她說出存款密碼。其實我根本不想要她的錢，我也不知道當時為什麼那麼做。她可能覺得我嫌錢少，突然說她未婚夫非常有錢，如果我覺得錢很少，她可以讓未婚夫再轉錢給我。聽到她提起那個富二代，我一下子被激怒了，隨手拿起桌子上的塑膠袋勒住她的脖子。可是塑膠袋不夠堅固，斷了，我又找了絲巾勒她，直到她不動了。想起這些年我對她的感情和付出，覺得特別堵心，我又拿起桌子上的修眉刀在她大腿上劃了幾下。

等我清醒，才意識到自己殺人了。我嚇壞了，想逃跑，又怕別人聞到屍體的味道，就到廚房拿了鹽和花椒撒在她身上。我怕我強姦她的時候可能留下了證據，想把她拖進廁所沖洗，可是剛拖到廁所，就聽到樓梯間裡有腳步聲，還聽到有人敲門的聲音。我嚇壞了。等敲門的人走後，我覺得把她放在租屋處太容易被發現，我看到廚房牆角有一個很大的編織袋，就把她塞了進去，正好和一群外地打工仔混在一起，出了大廈。」

秦嘉林講完吞嚥了一次口水，這是恐懼的一種表現。人在害怕時，胃液會出現異常分泌，感覺口乾舌燥，喉頭發緊，說不出話來。

「之後呢？」

「我開車把屍體運到高新區的小樹林裡埋了。」

「敲門的人是不是和張小麗合租的吳音？」

「我不知道，當時聽到有人敲門，我躲在門後。」

「吳音是不是你的同謀，她是被你滅口了還是綁架了？」

「沒有，我不認識什麼吳音，敲門的人敲了幾下就離開了。」他一邊說話，一邊不斷改變身體的重心——伴隨性移動。這種動作意思就是一邊說謊，一邊抹掉自己說謊的痕跡。

「你說謊，你不是聽到有人敲門，而是發覺有人進入房間。你不是藏在門後，而是藏在洗衣機和牆的夾縫裡。我們在洗衣機背後發現兩枚手套痕，只有藏進那個縫隙裡，才會不小心碰觸到那個位置。你沒想到，正要處理屍體時，有人直接闖進了廁所。」

「我……我……」口吃是謊言的斷續，他沒有時間編造了。

「你覺得殺一個人比殺兩個人的罪行輕。」

此時螢幕上的呼吸、血壓、膚電反應數值此起彼伏，呼吸波出現密集鋸齒狀上升，表明他很緊張。血壓上升是焦慮感增加；膚電值升高是被揭穿謊言後的應激行為。所有變化都顯示秦嘉林正處於心理鬥爭狀態，不過最終他還是放棄了抵抗。

「那個女人突然打開洗手間的門，我一害怕，用力把她推倒了。她的頭正好撞在地面上，我又用力掐住她的脖子，她就不動了……」

「為什麼只帶走張小麗，沒有處理吳音的『屍體』？」

「我畢竟喜歡過張小麗，人死了要人土為安。另外那個女人我不認識，同時帶走兩具屍體也沒辦法，所以……」

圖譜曲線恢復了平靜，秦嘉林的語調漸漸恢復了正常。高解析度攝影機上，他的面部肌肉開始放鬆，屬於敘述狀態，在這個問題上他應該沒有說謊。

一小時三十五分鐘，測謊結束。

從去年九月起，局裡已經批准將測謊和口供合併，我結束測試之後，隔壁的劉隊帶同事對嫌疑人秦嘉林進行突審，查證細節。

測謊為突審打開了突破口，在秦嘉林心理防線最脆弱時很容易拿下口供。

可是現在張小麗的案件只破了一半，吳音去了哪裡，後面又發生了什麼事？

秦嘉林認罪一週後，鄭爺興沖沖跑進辦公室，舉著證物袋在我面前搖晃：「看我發現了什麼？」

「針孔攝影機？」看到證物袋裡的東西，我也有些驚訝。

「一休師傅，妳猜猜這個針孔攝影機是誰安裝的？」不知道從什麼時候起，鄭爺不再叫我的綽號「六一」了，而是改為「一休」。

「王燕妮。」

「妳怎麼知道的？」

「你先說這個『針孔』是怎麼找到的？」

「昨天半夜，月黑風高之時，我又去查了一次現場。我打開手機掃描了一下房間，結果在客廳的鐘錶裡發現了一個紅色的小眼睛。我在攝影機上採取到一枚指紋，送到檢驗科那裡，比對後發現指紋是王燕妮的。」

「發現也沒用，她在那裡住過，她會說是自己擦鐘錶的時候不小心留下的，總之沒有實質性證據。或者說，哪怕你抓到那個女人舉著刀正在殺人的錄影證據，她也有辦法為自己辯解為正當防衛。她是上帝視角，我們從一開始就被她牽著走。」

「所有線索都是她提供的。」鄭爺若有所思，「那個女人那麼厲害？妳從什麼時候開始懷疑她的？」

「做周邊調查的時候，雖然一部分是推測，但她假扮的吳音幾乎以假亂真，唯獨忘記了自己摸戒指的習慣。從租屋處出來的吳音，向保全打招呼的吳音，打電話給傘志傑告密的吳音都是王燕妮扮演的。」

「妳不是說出門的應該是吳音本人嗎？」

「我在監視裡看到假吳音在和保全打招呼的時候，左手大拇指一直在撫摸食指，雖然王燕妮細心到摘掉了食指上的銀戒指，可是習慣性動作是改不掉的，但是這不能作為證據。我們只能先找到吳音在哪裡。你找到針孔攝影機的時候，王燕妮肯定看到了。現在她會把吳音藏得更隱蔽，或者說她很自信，她確定我們永遠不可能找到吳音，吳音應該已經被害了。」

「吳音一直沒有消息，她家裡的人我們都聯絡了，也沒有查到吳音的出境紀錄。」

「出什麼境，吳音認識別的男人應該也是王燕妮編造的。她一說謊就轉戒指。三仙女之間肯定有個人恩怨，而且這個結應該藏得很深。我打算再去見見王燕妮。」

我站在王燕妮的店裡，打量著展示櫃上的商品。

店鋪裝修得很漂亮，到處是閃閃發光的鏡子，水晶貨架上擺滿了女孩子們喜歡的東西——精緻的化妝品、減肥食品、智慧塑身衣、洗漱用品，琳琅滿目。王燕妮開的是手作坊，大部分商品應該都是她親手製作的。

王燕妮穿一件乳白色華夫格半身裙，淡妝，外貌確實出眾。她把剛泡好的咖啡放到我面前，淺淺一笑。

「我在知道妳們三個人是同學之後，去過表演學院，瞭解一些妳以前的事。」我開門見山。

「妳說的是什麼事？」王燕妮深呼吸，收緊下巴——深呼吸可以增加血液攜氧量，讓大腦更活躍，注意力更集中。收緊下巴是一種自制行為，代表著積蓄力量，它是一種自我保護的動作，提醒自己不要衝動。這些補充能量的姿勢有著鎮定的作用，讓她冷靜下來。

「狐臭手術！」

「嗯，以前的事了，大一的時候。」王燕妮的臉上有些不自然。

「因為手術失敗，妳還在寢室自殺過？」

「沒有，是同學們亂八卦的，不過那種味道確實讓人嫌棄。」

「不是普通的嫌棄吧，聽當時的舍監老師說，你曾被張小麗和吳音關進廁所一夜，內衣被她們掛在男生宿舍外面，還失去了試鏡的機會。」

「那時候年輕，都不懂事。我做過兩次狐臭手術，都失敗了，是命吧！」王燕妮放下咖啡勺，把手放在桌子下面——她在迴避。

「張小麗曾經當眾說過，她的一根腳趾都比妳香。」

王燕妮的身體抖了一下。

「年輕的時候，說話口無遮攔，再說小麗是刀子嘴、豆腐心，我沒記恨過。我們三個的關係很好的，要不然她和吳音也不會大老遠來東北投靠我。」

「妳並不是真的想幫她們，妳只想報當年的羞辱之仇。妳告訴她們，妳嫁了富商，還幫她們找工作、租房子。可惜，天不遂人願，很快她們就發現了妳的祕密。妳根本沒嫁給富商，不過是那個男人眾多情人中的一個，而且很快被甩了。更糟糕的是妳的店面還著了火，連裝修的錢都沒有，甚至失去了住的地方。我不知道她們是不是又嘲笑了妳一次，嘲笑之後還主動提出資助妳的店面，又羞辱了妳一次。」

王燕妮的肩膀有點抖，臉色越來越難看。

「那也不至於殺了她們吧？」

「案子不是已經破了？是秦嘉林殺了她們，和我無關！」

「我們沒有對外公布案件審理細節，妳怎麼知道凶手一定是秦嘉林？妳從客廳的攝影機裡看到的？」

「我不知道妳在說什麼，我只是推測。」王燕妮側過臉。

「妳等這個機會很久了。張小麗是秦嘉林殺害的，但吳音不是，吳音是妳殺的。」

「我沒有。」王燕妮下意識將右手放在頸窩上，幾秒鐘之後又把手搭在左手手腕。

當說謊者感覺受到威脅時，會試圖遮掩自己的頸窩。頸窩是身體之中非常脆弱的一部分，呼吸、說話、吞嚥時都會用到這個部位，為大腦供氧的頸動脈也在這裡。一旦脖子受襲擊，會有生命危險，所以當人意識到危險時，會下意識保護自己的「七寸」。

女人在說謊時與男人不同，男人更喜歡抓頭髮、摸鼻子或者眼神錯位，女性通常會下意識將手放在頸窩、手腕、腹部、腹股溝上來掩飾自己的謊言。同時這也是一個隱藏動作，隱藏真相，隱藏情緒和事實。

「秦嘉林說他把吳音推倒，又掐住她的脖子，襲擊吳音的整個過程，吳音都沒有出血，可是我們在洗手間的地板上發現了吳音的噴濺狀血跡。

我想，過程應該是這樣的，妳的店鋪失火後，無處可去，只能投靠張小麗和吳音。她們的工作還是妳介紹的，看她們的事業風生水起，張小麗還找了個富二代男友，妳的心裡越來越不平衡。雖然妳不知道自己想做什麼，但還是在客廳裡安裝了攝影機。客廳攝影機的位置選得很細心，除了對客廳裡的情況一覽無餘，還可以同時看到張小麗的臥室和洗手間。

這個機會終於來了。看到秦嘉林入室，在強暴張小麗時，妳突然有了計劃。妳馬上打電話給吳音，隨便找了個藉口，比如張小麗不舒服，讓吳音回去照顧她。妳的本意是把吳音推進案發現場，借刀殺人，讓秦嘉林殺了她們兩個，但是透過攝影機，妳發現秦嘉林並沒有殺死吳音。

秦嘉林帶走張小麗的屍體後，妳潛回租屋處。此時，吳音已經醒過來了，只是失去了反抗能力。妳把吳音的頭按在馬桶裡，撿起掉在地上的剃眉刀殺害吳音，噴濺的血液和張小麗的血液部分重合。做案的整個過程妳戴著手套，所以我們沒有找到妳的指紋。

我們的探測儀沒有在馬桶裡發現吳音的大量血跡，因為妳用漂白劑清洗過馬桶。吳音死後，妳把她的屍體裝進行李箱，穿上吳音的衣服，假扮成吳音的樣子，故意和保全打招呼，偽造吳音還活著的假象。妳和吳音身高相近，妳們認識這麼多年，再加上專業功底，模仿吳音模仿得惟妙惟肖，輕鬆騙過了保全。我注意到妳貨架上的漂白劑和租屋處廁所的一模一樣。」

「劉警官，妳的想像力太豐富了。如果真的是我殺了吳音，吳音的屍體在哪裡？」王燕妮抿嘴搖頭，一臉無奈。

「妳已經告訴我了。」

「我？」王燕妮詫異地睜大了眼睛。

「因為這個。」我從貨架上拿起一款塑身內衣，「讓吳音穿上這款瘦身衣之後，它的智慧功能可以連動APP，設定為跑步模式，就會知道吳音的運動路徑了，還有專屬的定位功能，所以我們很容易就能找到她在哪裡。張小麗的屍體被發現時，她身上穿的就是這種內衣。我們在勘查現場時，我發現吳音的衣櫥下面也放著這款內衣的包裝袋，可是我們並沒有找到內衣，她應該穿在身上。妳送了她們每人一件，目的就是掌握兩人的行蹤。」

王燕妮的身體突然一僵。

「就算你刪掉了手機上的APP，要恢復歷史資料也很容易。」

「那只是我送給她們的禮物。」王燕妮的聲音忽然低了下來，並且把重音落在禮物兩個字上。

能掌控好自己聲音的人是經過專業練習的，她懂得怎樣讓自己的話更有說服力。比如強調關鍵字「禮物」，降低音調，會更容易讓人記住她想讓對方記住的部分。之所以會降低而不是升高音調，是因為高音調會讓人的聲音變得脆、薄，甚至失真，是沒有安全感和緊張的表現，而低音調更容易提升說話內容的可信度，更容易讓人信服。

我不得不佩服，她的演技真好。

此時，王燕妮的左腳尖呈四十五度角指向倉庫的門，上半身卻轉向相反的方向。這是一種掩飾動作，腳尖洩露了祕密。

「吳音就在這裡？」我問。

王燕妮突然用手按住招財貓不停搖晃的爪子。人在有壓力時會釋放腎上腺素，表現在身體上是心跳加快、血壓上升、能量迅速增加；另外一種是去甲腎上腺素，會讓人注意力集中，感覺變得敏銳，比如她會讓正在運動的物體保持靜止狀態，因為運動的物體或者聲音會打擾她的思緒。

沉默了許久，王燕妮忽然開口說：「她們讓我失去了一切，名譽、機會、健康和愛情。」

她深深嘆了一口氣：「上學的時候，她們嫌我有狐臭，弄來一種草藥，說是不用手術也能治好。一開始我不想喝，她們就把我反鎖在廁所裡，還把我沒洗的內衣掛到男生宿舍。她們每天諷刺我、嘲笑我、孤立我，再加上接連兩次手術失敗，第一學期還沒結束，我就得了抑鬱症，差點從樓上跳下去。後來，我妥協了，吃了她們給的藥，結果因為過敏引發了子宮肌瘤和免疫系統病變，全身起疹子，像隻癩蛤蟆。醫生還說這會導致懷孕機率降低，因此我還休學了半年。

沒想到畢業多年後她們會主動來找我。一開始我想，算了吧，讓過去的都過去吧，我還幫她們找了工作。有一次，我和男朋友請她們兩個吃飯時，張小麗借酒裝瘋，把我上大學時的事當成笑話說出來了，最後還囑咐我男朋友，說我精神狀況不穩定，讓他多當心。當天晚上，我男朋友就和我提出分手。我知道所有主意都是吳音出的，張小麗沒有那個心機。」

「遠離她們就好了，何必把自己逼上絕路。」

「是她們不想遠離我。吳音和張小麗經常來我的店裡玩，說白了是來占便宜的。她們在試用一款美體儀時插錯了電源，電路起火引起火災，把我的店也毀了。我不明白，為什麼只要遇到她們就那麼倒楣。」王燕妮的眼角、嘴角下垂，眼睛俯視地面，用右手抓住左手——表現出了沮喪。

「那個攝影機是我裝的，我想掌握一些她們的隱私，沒想到讓我發現了秦嘉林強暴張小麗。我覺得這是天賜的機會，於是打電話給吳音。後面的，妳都知道了。」

警車的笛聲由遠及近，我來之前已經佩戴了胸前攝影機——一種可攜式出警記錄儀器。此時，刑警一隊已經到了。

在王燕妮的指認下，同事們刨開倉庫的水泥地面，挖出了吳音的屍體。她裡面穿著的正是王燕妮送的那件塑身內衣。

王燕妮被帶走的時候，她忽然回頭看著我說了一句話：「我不後悔。」

坐在警車上，看著飛速後退的槐樹，我在想，秦嘉林本來前途光明，卻為情所困，一步失足，萬劫不復，這個高材生後半生算是徹底「被當」了。張小麗和吳音的死更像一種因果報應。而王燕妮呢？即使沒有辦法選擇寬容，至少可以選擇遠離，可能她心裡一直都有怨恨。當張小麗和吳音找到她的時候，那份深埋的「舊怨」終於破土而出，最終結出了一個讓所有人淪陷的惡果。

我想，無論是親人還是朋友，想要維持「關係」的平衡都需要把握好自己的底線，把握好「金錢、口舌、距離」，堅守住尊重、平等、雙向的原則，自然遠離是非，保持長久良好的關係。

平衡一旦被打破，關係的發展便會失去控制。

第十三案　由愛生恨的決裂

報告警察，我背後黏了一具屍體

案發時間：2018 年 10 月

嫌疑人：富國強、許宸非、吳四、章敏、張欣美

涉嫌案件：姐妹花凶殺案

嫌疑人陳述證詞之表現：

- 眼神閃爍，眼睛眨動頻率很快
- 吞嚥了兩次口水，皺皺鼻子
- 大張嘴巴用力吸氣
- 瞇起左眼
- 瞪大雙眼，雙手握拳
- 兩眼睜大，雙手抱住頭，表現出驚恐

我家算是警察世家。二〇一八年九月二十四日中秋節，我爸在分局值班，我媽在派出所留守，我在刑警隊待命，一家三口，分別三地，好在共享一個月亮。

我攪著泡麵，看著窗外圓圓的月亮，心裡想：但願人長久，千里共嬋娟，希望今晚是個月圓人團圓的平安夜。沒想到就在那個月圓之夜，香雲山發生了一起命案，而死者是在一週之後才被發現的。

十月二日凌晨兩點二十分，報警服務臺接到報警電話，打電話的男人叫胡爍。民警見到報警人後大吃一驚：胡爍，二十二歲，長髮不羈，留著鬍子，半裸上身，身上、臉上、手上沾染了各色顏料。他雙手叉腰，身子半弓，後背上背著一具腐爛的女屍，此刻他的表情很複雜。

凌晨兩點十分，胡爍打開頭燈，開始在香雲山西雙橋上做塗鴉橋繪。他自己也不知道怎麼會不小心踢翻了強力膠桶，之後一腳踩空，背朝下從橋上掉了下去。巧的是膠水正好灑在橋下躺著的一具屍體上，結果胡爍和橋底下的那具腐爛女屍黏在了一起。胡爍的身體和屍體的黏合度很高，幾乎是頭碰頭，腳挨腳，好在橋高不足兩公尺，他並沒有受傷。

為了不破壞屍體，胡爍也被當成證物送上了驗屍臺。經法醫檢驗，死者為一名年輕女性，年齡在二十五歲左右，透過X光片檢測，死者曾經做過三次腿部手術——這個線索對獲得死者的身分訊息很有用。在棄屍現場，死者頭南腳北，全身赤裸，面部化過妝，手指新做了美甲。一件牛仔連身裙被扔在屍體附近，裙子上有大量血跡。脖子上有掐痕，頭部有粉碎性骨折，死亡原因為顱腦損傷，沒有被性侵的痕跡。另外，被害人已經懷有兩個月的身孕，這個案件是一屍兩命。

為了讓胡爍和死者分離，李時用了絕緣油和丙酮。李時在胡爍和屍體之間的連接處先倒上混合溶液，在浸泡了半個小時後，讓胡爍雙手抱頭，然後他抱住死者的頭顱，輕輕晃動，慢慢地將整顆頭顱完整分離下來。

剛把死者頭部放在檢驗臺上，從頭骨裡便湧出無數蛆蟲，我和鄭爺不約而同後退了一步。胡爍用餘光掃到了蛆蟲場景，開始大聲嘔吐。從蛆蟲的生長程度判斷，死者的死亡時間已經超過一週。

用同樣的操作方法，四個半小時後，李時終於從胡爍身上扯下了全部屍體，胡爍恢復了自由。

李時拼湊好屍體，發現女屍的骨骼和正常人有很大的不同，下半身發育不良，左腿很細，右腿比較粗。他懷疑死者很可能是殘疾人。根據腿骨的彎曲程度判斷，死者生前很可能一直坐在輪椅上。

我現在還記得當時胡爍欲哭無淚的表情。做筆錄時他告訴我，他是自由畫家，他選的塗鴉地點是香雲山附近的一座廢橋，在電子地圖上根本找不到，他只是想在沒有人打擾的環境下創造屬於自己的藝術奇蹟，而事實證明他的確做到了「創造奇蹟」。

那麼偏僻的地方，荒草叢生，亂石密布，輪椅根本不能通行。鄭爺勘查現場時沒有發現任何有用資訊，也沒有採取到輪椅胎痕。他認為那裡應該不是第一現場，只是凶手拋屍的地點。警察以拋屍地為圓心，在周邊一公里內進行搜查，並未發現其他痕跡。

死者的臉部已經開始腐爛，損毀嚴重。從女屍的修復頭像來看，她應該是外來人口——面部比較扁平，顴骨高而寬大，骨骼結構符合蘇北人的特點。我在失蹤人口資料庫裡沒有查到吻合對象。

我拿起死者的固定照片仔細觀察，雖然屍體已經腐爛，仍舊可以看出她是精心打扮一番的：牛仔裙是新的，上面有大片蝴蝶圖案的手工刺繡，應該價格不菲。如此隆重的打扮似乎是要赴一個約會。我又盯著死者手部固定照看了一會兒，發現美甲也是新做好的——在指甲裡沒有採取到其他人的DNA。

「死者本人會不會從事美甲行業？」我自言自語地嘀咕。

「何以見得？」劉隊問。

「首先，這種工作適合殘障者。其次，從細節看，如果死者是顧客，她做美甲時，會把手平放在美甲墊上，手背朝上，方便美甲師工作；如果自己做，會出現彎曲手指，掌心朝向自己的情況，這樣的話，指甲油很容易沾染到掌心。死者的掌心留下多個小月牙痕跡，生物鑑識科的報告裡也證實那是指甲油。關鍵是死者不是隨意塗了個指甲油，她做的是凝膠粉雕，右手的粉雕一致向左傾斜。她不僅是自己做的，還應該是專業人士或者曾經從事過這個職業。」

劉隊點點頭，開始分配工作。我和鄭爺一組，負責重點排查市區的美甲工作室，拿著死者的復原照片走訪調查。

半個月之後，我們在東龍河管區找到一家尚未開業的美甲店。因為一直聯絡不到店主，於是我們到隔壁的餐廳打聽情況。餐廳的老闆娘是個三十出頭的美女，身材高䠷，為人熱情。她告訴我們，一個多月前，曾經有兩個南方口音的女孩子經常來她家餐廳吃飯。兩個女孩子長得很像，其中一個坐在輪椅上，另外一個經常穿白底粉花的睡衣。

老闆娘和她們聊過幾句，穿睡衣的女孩子說她們是雙胞胎，坐在輪椅上的是姐姐，因為小時候出過車禍，坐輪椅有十幾年了。姐妹倆還說，已經將隔壁的房子租了下來，準備開美甲店。老闆娘還說，最近這段時間沒再見過她們。

我們認為坐輪椅的姐姐和死者的情況比較吻合，如果說妹妹經常穿睡衣推姐姐過來吃飯，她們的住處應該就在附近。

我們向老闆娘打聽是否知道姐妹倆的住處在哪裡，老闆娘說她也不太清楚。

正當我們要離開的時候，老闆娘追出來說，有一個經常來餐廳吃飯的小卡車司機曾幫兩個女孩子搬過家，他可能知道她們的住處。我們留了聯絡方式給老闆娘，告訴她如果再看到司機請馬上打電話給我們。

三天之後，老闆娘打電話來，說之前提到的那個卡車司機到店裡來吃飯了。

我和鄭爺趕到的時候，老闆娘朝靠窗的位置指了指，一個三十多歲的胖男人正坐在那裡抽菸。聽說我們要找兩名南方口音的姐妹，其中一個坐在輪椅上，司機馬上就說：「是她們呀，我對那兩個女孩子印象還挺深的。」說完，他還不屑地撇了一下嘴。我感覺他和姐妹之間一定發生過什麼。

我給他看了死者的還原照片，司機說：「長得挺像坐輪椅的那個。」

司機姓王，他和我們溝通時，把已經按滅的菸頭捏了又捏，很明顯地表現出鬱悶的情緒，欲言又止。

我問他：「你是不是還瞭解一些其他情況？」

司機嘆了口氣：「我和坐輪椅的小姐吵了一架。」

「能仔細說說嗎？」

「兩個女孩一開始住在租下的美甲店隔間，可能覺得不方便，又另外租了房子。我幫她們兩個搬家之前已經講好價錢。到了地方之後，我和那個妹妹一起把輪椅抬下車，不小心刮了一下姐姐的玉鐲子。當時那個姐姐特別生氣，說那個鐲子是她未婚夫送的訂婚禮物。她抓著我的衣服，非讓我賠償，還說不賠就不給錢，把我氣得夠嗆。最後還是妹妹通情達理，偷偷把搬家費塞給我，讓我走了。」

「你知道那對姐妹叫什麼嗎？」

「公司要求僱主必須出示證件，我記得那個厲害的姐姐叫……好像叫徐愛文，妹妹叫徐愛麗。」

徐愛文那麼珍視那只手鐲，可是我們在屍體上並沒有找到，看來鐲子可能被凶手帶走了。

在司機的帶領下，我們找到了兩個女孩子的住處。姐妹倆租住的房子是二十世紀九〇年代的建築，一樓的一〇一房，應該是為了方便姐姐進出才租了最低的樓層。我們敲了半天門，屋內無人應答。鄭爺是開鎖專家，我們先打電話通知劉隊申請用技術手段進入房間，得到批准後，我們打開了房門。

房間裡的採光不好。打開壁燈，我們發現室內凌亂不堪。房間是兩房一廳，客廳裡擺了不少美甲材料、用具和衣物。主臥比較乾淨，床上放著兩套被褥；次臥放著兩個行李箱，半敞開著，看起來還沒有好好整理過。衣櫥裡只放了幾件內衣，地板上和桌面上都是灰。垃圾桶裡的速食包裝中已經生了小蟲子，房間裡充滿食物腐敗的味道。這裡應該有一段時間沒人居住了。找遍了整個房間，我們沒有發現輪椅。

我在次臥枕頭下面找到一個綠色的腰包，裡面是姐妹兩人的證件和五千多元現金，不過在房間裡沒有找到她們的手機。身分證上顯示，姐姐徐愛文二十六歲，妹妹徐愛麗二十六歲。從出生日期上看，她們確實是雙胞胎。

我們聯絡了房東。房東告訴我們，這對姐妹在兩個月前租了房子，已經繳了一年的房租。房東只知道她們打算在附近開美甲店。

姐姐被害，妹妹失蹤，我們手裡的線索少之又少。劉隊去聯繫調取周邊監控，鄭爺開始做第二次勘查。主臥的桌子上擺著一臺筆記型電腦，鄭爺開機之後，聽到光碟機裡不停發出奇怪的「哢噠」聲。打開光碟機，裡面是一張名片，上面寫著：**富國強，宏星飯店廚師長**。

「名片為什麼會放在光碟機裡？」鄭爺很是不解。

我思考了一下，分析道：「死者是殘疾人，習慣把重要或者經常使用的東西放在最方便的地方。光碟機這個地方既隱蔽又方便，所以富國強這個人對死者來說很可能非常重要，或者是關係比較特殊的人。」

當天下午，我和鄭爺穿便裝進入宏星飯店，先找到經理，向經理瞭解情況後，他帶我們去後廚找富國強。剛走到傳菜室的轉彎處，一個高大帥氣的男人迎面向我們走來。我在員工登記手冊上看過富國強的照片，眼前這個男人就是我們要找的人。和我們對視一秒之後，富國強轉身就跑。剛跑出後門，他就被早已埋伏在那裡的同事制伏，隨後被帶回了警局。

富國強身上只攜帶了一支手機，我們將他的手機轉交給技術科分析處理。技術科的同事在手機裡找到了富國強和徐愛文的合照，時間是一個月之前。

富國強坐在訊問室裡，低著頭，雙腳不停在地面上「印腳印」，看來他急於脫身。

我問：「富國強，為什麼見到我們要逃跑？」

富國強眼神閃爍，眼睛眨動頻率很快，他要開始說謊了：「我打麻將欠了錢，以為你們是債主，怕被潑油漆，所以才逃跑。」

雖然他半握著拳，我還是注意到他左、右兩手小拇指的指甲上，殘留著紅色指甲油的痕跡。我開門見山地問他：「你認識徐愛文嗎？」

富國強的雙腿明顯抖了一下，深呼吸了幾次，才回答：「我不認識。」

「可是我們在徐愛文家的電腦裡找到了你的名片。」

富國強說：「我經常隨手發名片，不記得都給了誰。」

我提醒他：「是一個坐輪椅的女孩子。」

富國強吞嚥了兩次口水，皺皺鼻子，擠出一臉無辜：「沒什麼印象了。」

我指著他的小拇指說：「上面的指甲油是徐愛文幫你塗的吧？」

富國強將兩隻手藏到桌子下面，急忙否認：「是我在廚房做漿果醬時沾到的。」

他一直沉浸在自己的慣性說謊裡，我只能戳穿他：「雖然你刪了徐愛文的微信，我們還是在你的手機裡找到了一個月前你和徐愛文的合照。」

富國強終於低下頭，他舔著乾裂的嘴唇，低聲說：「我確實認識徐愛文，可是已經很久沒見到她了。」

「據你同事反映，上個星期還看到徐愛文來飯店找過你。」

他又吞嚥了一次口水，不說話了。

「你和徐愛文到底是什麼關係？」

富國強囁嚅著說：「我們是網戀奔現。」

我指指他的手：「指甲油到底是怎麼回事？」

他摸了摸小手指，回應：「我和徐愛文約會時，她趁我睡著的時候塗的。我當時還生氣了，徐愛文埋怨我開個玩笑還發那麼大脾氣。」

此時富國強滿頭是汗，不停舔嘴唇。我裝了一杯水，放到他面前。水對情緒緊張的人來說是一種安慰劑，可以適當平復焦慮情緒，也可以透過抓握水杯增加安全感。

「徐愛文死了。」我突然說。

「不是我殺的！」富國強瞬間回應，他的反應過程太快，少了驚訝和回溯，除非預演過無數次，否則不可能做出如此迅速的回應。

「我沒有說人是你殺的，我只是想問你，你對徐愛文的情況瞭解多少？」

富國強突然變了聲調，聲音乾燥嘶啞：「我只知道她家裡開工廠，挺有錢。一開始她沒有告訴我她是殘疾人，只是說她身體不好，不好找對象，還說自己有抑鬱症要自殺什麼的。我看她可憐，安慰過她幾次，沒想到她愛上我了。」

「你們網戀多久了？」

「有半年多吧，她堅持要過來找我，我只好告訴她，我已經結婚了。一開始，她罵我是騙子，刪除了我的微信和電話，沒過幾天又加了回去，說她捨不得我，堅持要過來看我。我勸她不要來，說我們是不可能的。可徐愛文說她只是想見我，不會糾纏我。」

「徐愛文來了之後呢？」

「見到她之後，我才知道她騙我，原來她坐輪椅，是個殘疾人。我提分手，以後只做朋友，她也同意了。沒過幾天，她突然打電話給我，說在我工作的飯店訂了房間，威脅我馬上過去和她談談，否則就自殺。我沒辦法……」

「你們在飯店裡發生了什麼？」

「我……我……」富國強有口難言的樣子。

「你們發生了關係，之後你默認了徐愛文的情人身分。很快她還懷了孕，她威脅你離婚娶她，否則就告訴你老婆。你不願意，所以殺了她。」

「我沒有！」富國強張大嘴吸著氣——因為說謊時氣管收縮，容易造成缺氧。

我盯著他：「如果你說的都是真的，願意接受我們的測謊嗎？」

富國強的額頭又開始冒汗：「我沒說謊，我不接受測謊，我沒殺人。」

與此同時，鄭爺已經在富國強的宿舍裡找到一件女式內衣，還有一張手鐲的發票。很快，又在富國強窗檯上的花盆裡找到一只手鐲，它很可能是徐愛文曾經戴在手上的那只，還在抽屜的角落裡找到一瓶指甲油。所有證物都被送到了鑑定科，陸續搜索到的線索資訊也都同步到了訊問室。

「不測謊也沒關係，我們已經在你的宿舍找到證據送到鑑定科了。只要報告出來，在上面發現徐愛文的DNA，就可以結案了。」

富國強突然抱住腦袋：「我不是故意殺死她的，那是個意外，徐愛文是個騙子。」

據富國強交代，徐愛文雖然下身殘疾，但眼光很高，因此一直沒找到適合的男朋友。她在網路上認識富國強之後，兩人談得來。看到富國強很帥，怕富國強嫌棄她，所以她想出一個辦法，讓妹妹徐愛麗代替自己拍照、錄影片傳給富國強，假造自己是健康人的假象。

徐愛麗本來不願意，可是自從姐姐在九歲時出了車禍，父母一直給她灌輸要好好照顧姐姐、聽姐姐話的想法。她禁不住姐姐的懇求，答應下來。

在徐愛麗的幫助下，徐愛文和富國強兩個人很快確定了戀愛關係。富國強為了表明心意，還宅配了一只價值兩萬多塊的玉鐲子，作為兩個人的定情信物。半年之後，徐愛文覺得到了攤牌的時候，於是和妹妹一起來到北方，想和富國強奔現。

和富國強第一次見面那天，徐愛麗把盛裝打扮的徐愛文先送到預訂好的房間，將她從輪椅上扶到椅子上坐好，又把輪椅推走了。

因為雙胞胎姐妹長得非常像，富國強見到徐愛文之後沒有絲毫的懷疑。

獨處時間太久容易被發現，徐愛文把提前準備好的礦泉水遞給富國強喝。富國強沒有戒心，一口氣喝了半瓶多，他並不知道裡面已經放了催情劑。

富國強醒來之後，才發現自己和徐愛文躺在床上，徐愛文還是個殘疾人。

富國強想反悔，於是他把自己已經結婚的事實告訴了徐愛文，還說自己已有一個五歲的女兒。

徐愛文非常生氣，她又吵又鬧，罵富國強欺騙了她的感情，並且威脅富國強和妻子馬上離婚，和她一起回老家舉行婚禮。她還說自己家很有錢，富國強可以做上門女婿。富國強不答應，徐愛文拿起電話威脅要報警，說富國強強姦她。

富國強沒有辦法，只能拖延。他答應會考慮盡快離婚，再和徐愛文結婚。可是和徐愛文接觸下來，富國強發現，在父母的嬌生慣養下，徐愛文飛揚跋扈，頤指氣使，什麼都要聽她的。只要她想見富國強，無論他是否正在工作，他必須馬上趕過去，否則徐愛文會來他工作的飯店找他。

最讓富國強難以忍受的是，有一次富國強被借調去別的飯店幫忙，徐愛文以為是富國強找藉口騙她，竟然跑到富國強女兒的幼稚園，要接走孩子。幸好幼稚園老師打電話給富國強確認。

富國強不堪其擾，一直在想辦法甩掉她。

農曆八月十五日晚上，兩個人約好一起賞月。他們先在飯店吃了飯，臨近午夜，富國強提出騎摩托車帶徐愛文去香雲山賞月。兩個人來到香雲山，徐愛文把頭靠在富國強肩膀上看著月亮。

環境很好，兩個人動了情，富國強脫下了徐愛文的裙子。可是此時徐愛文又舊事重提，讓富國強馬上離婚娶她。還說，她已經懷孕了，要替富國強生個兒子。

富國強一聽懷孕兩個字，煩不勝煩，以為徐愛文又來威脅他。兩個人吵了起來，徐愛文警告富國強，如果不馬上離婚，就和他同歸於盡。富國強一氣之下，掐住徐愛文的脖子。徐愛文努力掙扎，還摸到一塊石頭要砸富國強。富國強又急又怕，搶過石頭一下接一下向徐愛文頭上砸去，直到對方沒了動靜。

把徐愛文砸死後，富國強嚇得不知道怎麼辦好。他看到徐愛文手上戴著鐲子，捨不得兩萬多塊錢，於是將鐲子取了下來；又想起遠處有一座小橋，便把徐愛文背了過去，連同裙子一起從橋上扔了下去。他還拿走了徐愛文的手機，後來賣到了二手店，回去之後又將徐愛文的輪椅扔到了資源回收場的院子裡。

刑警隊帶富國強去指認第一現場。香雲山位置十分偏僻，很少有人來，這幾天也沒有下雨，因此第一現場保存完整，掙扎的痕跡和現場車胎痕都沒有被破壞。鄭爺還採取到了遺留在第一現場的血跡和死者的頭髮。

之所以在第一次勘查時我們沒有發現這裡，是因為第一現場在距離拋屍地兩公里外的半山區，超出了預設搜索範圍。富國強在砸死徐愛文後，用裙子包裹住徐愛文的頭，所以沿途也沒有發現滴濺血跡。

徐愛文案破獲了，可是徐愛麗又去了哪裡？

我們再次提審富國強，問他是否知道徐愛麗的去向。

富國強一臉驚訝，瞪大雙眼，雙手握拳——表明他很焦躁。

「你和徐愛麗也是情人關係？」我問。

富國強愣了一下，張了張嘴，又合上了，馬上把身體靠到椅背上。

「你們一起策劃殺害了徐愛文？」

「沒有……沒有……沒有小麗的事。」

「小麗」這個稱呼太親暱，看來富國強和徐愛麗的關係不一般。

「說吧，到底是怎麼回事？」

富國強沉默了兩分鐘，終於交代了。

「一開始我也討厭徐愛麗，覺得她們姐妹倆就是一對騙子。每次我和徐愛文約會的時候，都是徐愛麗送徐愛文過來。時間長了，才發現雖然她們長得很像，但小麗的性格特別好，比她姐強一千倍。

有一次，我發燒生病，還是小麗送藥給我。徐愛文可能感覺到我喜歡她妹妹，經常吃醋。為了試探我，她告訴我，以前和我在網路上聊天的人大部分時間都是徐愛麗，因為她的腿不能長時間靜坐。知道真相後，我特別生氣。

雖然我喜歡小麗，小麗也喜歡我，但我們沒有過界。農曆八月十五那天晚上，我殺了徐愛文，回去的路上接到小麗打來的電話，讓我把她姐早點送回去。我有點心虛，告訴她我和她姐吵架了，她姐已經被我送上計程車，馬上到家了。那之後我沒再和小麗聯絡過。」

富國強沒有說謊，我們之前已經在監視裡發現了徐愛麗的身影，還是穿著那件粉花睡衣和拖鞋，應該是出來接她姐姐了，之後她的身影消失在花園路路口。

花園路通往都市邊緣區，很多人離開那裡到城市工作並居住，因此那裡廢棄的房子比較多。根據富國強的供述和監視影片，我們在搜索了兩天之後，最後來到靠近果樹農場的一棟廢棄二樓裡。

徐愛麗的屍體在二樓被找到了，粉花睡衣和拖鞋被扔在了一樓。

李時在屍體剖驗時，發現徐愛麗的屍體上有被毆打和炙烤的痕跡，但是沒有被性侵的痕跡。死者臉色青紫，口腔黏膜有出血點，致死的主要原因應該是窒息。

徐愛麗獨自一人跑出來找姐姐，之後遭遇了什麼？

進行現場勘查時，我無意中瞥到圍觀的人群外有一個年輕人，年紀在二十歲左右，染著海藻綠的頭髮。他站在比較遠的半山坡上，嘴裡叼著菸，和我的目光對撞了一下，馬上轉身離開了。

回到局裡，我打開出警記錄器，找到我勘查過的路口、街道、廣場，發現裡面都出現過「海藻綠」的身影。

凶手再次返回案發現場的情況很多，我不想放過任何一個疑點。

透過走訪，我很快查到該男子的資訊。他叫許宸非，是「飛人幫」的老大，下面還有一男、兩女共三個小跟班。男小弟叫吳四，綽號小四；兩個女孩子，一個叫章敏，一個叫張欣美。許宸非和章敏是情侶關係，吳四和張欣美也是情侶關係，四個人的平均年齡才十九歲。他們的父母常年在外地工作，四個人只受過國中教育，都沒有正當職業，經常幹些偷雞摸狗的事。

在三個小跟班中，紋花臂刺青的女孩子就是許宸非的女朋友章敏。我們在她身上找到了徐愛麗的手機。

在審問過程中，章敏和另外一對小情侶很快供認了事實。他們的生活規律是晝伏夜出，晚上出來遊蕩弄點零用錢，白天睡大覺。農曆八月十五晚上十點多，走到花園路路口時，正好遇到出來找姐姐的徐愛麗。章敏故意撞到徐愛麗身上，徐愛麗躲開她，想從旁邊繞過去，被許宸非幾個人堵住了。

「你們經常這麼幹嗎？」

章敏點點頭。

「為什麼這麼做？」

「一開始是因為無聊，後來是想搞點錢。」

「繼續說。」

「我們讓徐愛麗留下買路錢。她好像有事，很著急的樣子，把身上的一百多塊錢給了我們。我們打算把她手機也搶過來，可是那個女的不給，她說要和姐姐聯絡用。許宸非一看她居然反抗，帶著我們一擁而上，把她拖到草叢裡暴打了一頓。要是平常，打完人之後，我們就離開了。那天不知道怎麼回事，許宸非說，沒有盡興，讓我們把那個女的拖回據點樂一樂。」

「你們的據點在哪裡？」

「果樹農場附近的那棟兩層樓，那裡很少有人去。」

「回去之後，你們對徐愛麗做了什麼？」

「徐愛麗挺瘦的，被我們打得暈頭轉向，沒怎麼反抗就被我們帶回去了。許宸非讓我們把她的手腳捆住……他說玩個升級版的。」

「你們在據點待了多長時間？」

「有兩、三個小時吧。徐愛麗當時已經奄奄一息了，我有點害怕，勸許宸非趕緊走，別鬧出人命來。可是他讓我和張欣美去樓下等他，後面的事我就不清楚了。許宸非下來的時候表情很奇怪，催我們馬上走。我也沒敢多問。後來張欣美打電話告訴我，徐愛麗已經死了。」

三個人的口供基本一致，只有許宸非不承認自己殺人。

我們決定對許宸非進行測謊。他同意測謊後，又故意找麻煩。在替他連接測謊儀感測器時，他不停反抗，用憤怒的眼神盯著我。

測謊開始後，許宸非很不配合，對我提出的所有問題，除了搖頭，就是堅持說案發當晚自己在睡覺，什麼也不知道，要不然就衝我翻白眼。許宸非面對警察的鎮定和表演式耍無賴倒是很專業。

測謊只進行了十分鐘，許宸非扯掉了感測器，說自己不舒服，大吵大鬧讓我們放了他。許宸非強烈的抵觸情緒影響了測謊，第一次測謊被迫中斷。

第二次測謊時，許宸非故技重施，用腳猛踢桌椅，還朝地上吐口水，甚至踢翻了面前的桌子。他每次回答問題都看向天花板，偶爾唱流行歌曲。

我調整好自己的情緒，拋出另外一套測謊問題（在應急情況下使用）。

「許宸非，你喜歡和自己的朋友在一起嗎？」我把他們四個人的合照擺到他面前。

許宸非聽到這個問題愣了一下，腿上的動作也停了。他舔舔舌頭，說：「還行吧，誰讓我是老大呢！」

「既然你是老大，能不能有點老大的氣概？我們已經找到了所有的證據，你的小跟班們也已經供認了犯罪過程。即使你不承認，零口供也會定罪，我只是給你一次解釋的機會。」

「都是他們做的，我不清楚。」

「他們三個證明你在場，並且說殺害徐愛麗是你出的主意。」

許宸非突然瞇起左眼，做出一個用槍瞄準我的姿勢。

「他們三個是叛徒，應該被槍斃。」

「既然你沒有參與做案，為什麼說他們是叛徒呢？」

「想拉我下水，沒那麼容易。」許宸非的反應很快。

「你認識被害人嗎？」我把徐愛麗的生活照放在他面前，此時他的膚電反應出現高波峰。膚電反應是人體大量分泌汗液時，皮膚的電阻反應。人在說謊時，膚電反應比較明顯，通常會占其他反應的百分之六十五。這種反應證明他認識徐愛麗，並且很緊張。

「不認識，這女的挺正點。」許宸非調侃地說，可是他並沒有看照片。

「這是她現在的樣子。」我又把經過殯儀館遺容師整理後的照片放在他面前──徐愛麗躺在冰棺裡，面色慘白。

許宸非看了一眼，不再說話，看著自己的鞋，翹起的手指微微發抖。看鞋子是一種視線轉移，表明他對照片很介意，而手指微微發抖是擔心和害怕的表現。

「你們沒有證據。」許宸非突然說。

「現場採取到了你的DNA，還有你擦手的衛生紙。」

許宸非又不說話了。

「你不認識她，為什麼要殺她？」

許宸非的手抖得很厲害：「能給我支菸嗎？」交感神經興奮會引起手抖，通常在緊張、害怕的狀態下，身體會不自主地出現這些反應。

「測謊過程中不允許吸菸。」我盯著他。

許宸非吞嚥了一下口水：「沒有，我一開始沒有。後來覺得生活太無聊了，我想像遊戲裡一樣，找點刺激的。」

「無聊就可以傷害一個和你素不相識的人？」

「怪她自己倒楣！我就是想找點樂子，找點刺激。」許宸非脫口而出。

許宸非承認找樂子，也就是說開始承認對本案知情。在日常群組問題中，拋出涉案問題，很容易引出慣性真相。直到此時，許宸非也沒有意識到自己已經在敘述事實。

「你知道那樣會致人死亡嗎？」

「我不是真的想殺她，就是想找點什麼發洩一下。」

「許宸非，你在說謊！」我突然發起襲擊。

許宸非的左膝蓋條件反射性彈起。一個人處於高度緊張狀態，當他突然被擊中問題的關鍵點時，神經中樞受到刺激會導致身體出現這種反應。

「那天晚上，你就是衝著徐愛麗去的。」

許宸非沉默了。

「是誰讓你殺害徐愛麗的？給了你多少錢？」

「我……」他抬起頭斜眼看我，說：「你怎麼知道的？」

「章敏說，那天晚上你有點奇怪，你請大家喝了酒，本來大家有點喝過頭了，都不想出去，可是你堅持要帶他們幾個出去逛逛。你還說，要帶他們去個地方。平常搶劫之後，你們會馬上逃跑，那一次你堅持帶走徐愛麗。章敏還說，平常據點裡沒有棍棒、繩子、黑色塑膠袋之類的東西，這些都說明你事先有準備。」

「是誰讓你殺死徐愛麗的？」我步步緊逼。

許宸非咬了咬嘴唇：「是她姐，徐愛文。」

其實這個答案我已經猜到了。

「你和徐愛文是怎麼認識的？」

「徐愛文準備開美甲店的房子是我父母留下的，她給租金的時候很大方，還請我們四個吃了一頓飯，甚至還給了我們一點錢花。徐愛文說，等店面開業了，讓我女朋友去她店裡幫忙。我當時只是覺得這個女人挺大方。」

「我們去查過和徐愛文簽合約的房東，是一個年紀很大的老人，那位是你奶奶？」

「是。」

「徐愛文為什麼會讓你幫她殺死徐愛麗？」

「我也不清楚。農曆八月十五前一天晚上，徐愛文打電話給我，她說想讓我幫她一個忙，事成之後會買最新款的手機給我，還轉了一個五千塊大紅包過來。我問她什麼事，她說讓我們幫她收拾她妹妹。

我問她為什麼，她說妹妹搶她的男人。我問她怎麼收拾，她說，隨便，最好是永遠不會再見到她，還說不要在租屋處弄，把她帶到外面。我一下就想到了據點。那天晚上本來想去她家找她妹的，沒想到走到半路正好撞上了，我就把她帶回去了。」

「你是怎麼殺死徐愛麗的？」

「我本來也沒打算殺了她。一開始讓大家一起動手打她，是想以後被抓了，誰也跑不了。沒想到讓章敏用打火機燒她頭髮的時候，章敏開始哆嗦，還不停在我耳邊囉唆，要我們快點走。我只好讓兩個女的先下樓，帶著小四繼續整她。」

「當時你覺得自己特別強大，可以主宰一切，就像遊戲裡一樣……」

「其實我不是故意的，就是鬧著玩。我把黑塑膠袋套在她頭上時她還在掙扎。沒想到她太弱了，一下子就不動了。」許宸非說著低下了頭。

「為什麼沒有處理屍體？比如將屍體掩埋或者拋屍？」

「把塑膠袋拿下來的時候，她還睜著眼睛，正看著我，我……太害怕了，後來我也跑了。接下來的幾天，我不敢睡覺，一睡著就聽到那個女的在大喊大叫。看到女朋友露在被子外面的頭髮也會嚇一跳，耳邊總聽到那個女的在哭。實在沒辦法，我在家裡貼了很多符。」

「我會被槍斃嗎？」許宸非臉色慘白。

「你父母離家多久了？」我沒有直接回答他的問題。

「三年前回來過一次，我已經忘記他們長什麼樣了。」

和基準問題相比，涉案問題的各種反應波動很大，就算沒有測謊儀也可以斷定許宸非是一個有嚴重心理缺陷的人。一個已經十九歲的成年人真的不知道什麼是死亡嗎？還是他們對生活已經失去信心，對社會充滿仇恨，因此對別人的死亡根本就不在乎？

在審完許宸非的那天晚上，我又重新整理了整個案件經過——徐家姐妹一起長大，因為一個男人反目，姐姐僱凶殺人，這裡面似乎漏掉了什麼。

我再次提審了富國強。

「徐愛麗已經死了，是被徐愛文買凶殺害的。」

富國強聽到徐愛麗已經死亡，兩眼睜大，雙手抱住頭，表現出驚恐。

「你還隱瞞了什麼？」

「你手指上的指甲油不是徐愛文幫你塗的，而是徐愛麗，所以你不捨得擦掉。」

富國強的眼神裡突然表現出了驚愕，然後他垂下了頭：「是，小麗說從小到大什麼都是姐姐的，還要照顧她吃喝拉撒，當她的小跟班，她受夠了，想過自己的生活。我們在一起的時候，她幫我塗指甲油，給我做記號，說以後我就是她的了。我們忘記擦掉，被徐愛文發現了。當時她說過徐愛麗是她的影子，就是為了照顧她才活在這個世界上，還警告我，會讓我們付出代價。我沒想到她真的會殺了小麗。」

富國強紅著眼睛說：「兩年前，我已經離婚了，只是孩子太小，沒有告訴任何人。我和小麗相愛之後，打算離開這裡，一起去別的城市生活。徐愛文偷看了小麗的手機，發現了我們的祕密。她大鬧了一場，罵我們是姦夫淫婦，說要讓我身敗名裂，讓妹妹不得好死。」

「為了穩住她，你才和她一起吃飯，然後帶她上山？」

「是……她逼我們做個了斷，我只好當著她的面假裝和小麗分手，還答應馬上和她回老家結婚。」

富國強雙手抱頭，很悲憤地說：「同樣是姐妹，性格差異怎麼那麼大？是我害了所有人！」

因為一個男人，一對姐妹花就這樣在世界上永遠消失了，涉案的四個年輕人也將受到法律的嚴懲。

這個悲劇的開始源於一個愛情的謊言，誰說謊言沒有力量？

｜ 第十四案　罪典 ｜

仇恨清單上的每一個名字，都是他扭曲世界中的祭品

案發時間：2019 年 8 月

嫌疑人：吳延、王十里、褚鐳

涉嫌案件：連續殺人拋屍案

嫌疑人陳述證詞之表現：

- 東張西望，不停搓手
- 用手掌抓住手腕，手在鼻子下面摸了一下
- 兩腳由外開轉為內合
- 雙膝不自主地內扣
- 身體後傾，雙手攤開

姐妹花雙雙殞命的案件過去快一年了，姐姐的死亡原因我還能夠理解，但妹妹的死亡確實太意外了。特別是殺人主犯許宸非，才十九歲。他的世界觀和我不一樣，我真有點搞不懂現在年輕人的想法。很快，又一起凶案徹底顛覆了我的價值觀。

二〇一九年八月二十三日，動物園的管理人員報案稱，在獅虎山裡發現一具被老虎咬死的女屍。我們立即趕到動物園，在案發現場找到一段影片。

影片裡是本市動物園的獅虎山，一個穿碎花裙的女孩對著鏡頭招了招手，遠處依稀可以看到老虎的身影。緊接著，女孩費力地爬上護欄，探頭向虎池裡看了看。突然腳下一滑，她掉了下去。與此同時影像一黑，影片結束。

掉下去的這個人叫黃文文，十六歲，網路女主播。她是之前「513」案的重要線索人物。我們趕到現場時，她已經被老虎咬死了。

有關這次獅虎山探險，一週前她就在網路平臺上發過預告影片。

我無數次放大她掉入虎池之前的表情，看起來有些緊張，但緊張得很自然，不像失足，不像有人脅迫，更不像是自殺。

技術科從動作的連貫性入手，也沒有發現影片的剪輯痕跡，可是李時堅持認為，黃文文是被人推下去的。

黃文文的屍體被發現時，除了老虎的齒痕、爪印和骨折外，在她後背上還有一條長約十五公分的傷口。

一開始李時判斷，黃文文在下墜過程中被假山石劃傷，可是鑑定科的報告出來之後，我們看到上面寫著傷口裡有氧化鐵成分，也就是鐵銹。同時，鄭爺在一截有倒刺的圍欄上找到了血跡，經DNA檢測屬於黃文文。

如果是他殺，我們推測做案過程可能是這樣的：黃文文的身上綁了安全繩，所以她才會假裝失足掉下去。之後凶手推倒拍攝支架，造成黃文文失足跌落的假象。黃文文拍完影片之後爬出虎池，並不知道上面發生了什麼事，坐在圍欄邊緣，開始解安全繩。

凶手衝過去，準備將黃文文再次推入虎池，她本能地抓住圍欄邊緣，後背抵在有倒刺的圍欄上，不讓自己掉下去。凶手用力推她，最終她力量不足，被推了下去。凶手隨後處理了現場痕跡，將拍好的影片和拍攝設備留在現場，製造主播因為疏忽，意外落入虎池的假象。

以上推測就能解釋為什麼黃文文的背部會被圍欄倒刺劃傷。

鄭爺問：「凶手布置的現場自相矛盾。如果換成我，一開始在安全繩上做手腳或者乾脆在黃文文跳下去之後弄斷安全繩，設計成意外跌落，會顯得更合理。」

「凶手應該和你想的一樣。可能中途發生了意外，他不得不帶走那條繩子。又或許那條繩子能證明他的身分。」

劉隊問：「為什麼影片裡看不到你們說的安全繩？」

鄭爺說：「網路上有一種拍影片專用的隱形安全繩，在拍攝過程中很難被發現。」

我們找到了負責虎池的王師傅，他告訴我們，最近兩年，經常會有年輕主播半夜翻鐵門，來拍惡搞動物的影片。為了防止危險，動物園不僅換了大門，還加高了圍欄，可還是防不勝防。

我們查找了監視器，動物園的占地面積很大，監視器有不少死角，沒有拍到黃文文入園的鏡頭。回到局裡，我們開始查看黃文文在網路上發布的多段影片。

從發布日期看，她屬於定時更新的主播，每三天一次，但是從六月到八月她斷更了。我們聯絡網路平臺，從網站後臺瞭解到，主播自己刪除了這段時期的影片。

我們在黃文文的粉絲團裡找到幾名忠實粉絲，他們說黃文文在那段時間，做了好多場直播，其中有一名粉絲保留了部分直播影片。那名粉絲還說，以前都是黃文文單人出鏡，但從五月中旬開始出現了一個戴蜥蜴頭套的男人。自從蜥蜴男加入後，黃文文的關注度增加了不少。黃文文一開始直播美妝購物，影響力不大，粉絲數量寥寥無幾，在和蜥蜴男合作後，影片風格產生了很大的改變。

我們查看了他們合作的所有影片，以惡搞、讓對方出糗為主。為獲得可觀的收入，他們會盡可能滿足打賞者（類似送禮物、超級感謝）的所有要求。

劇本通常由兩個人配合完成，蜥蜴男會在黃文文身上塗辣椒醬、撒麵粉，在她頭上放活章魚。時間久了，普通的惡搞、嬉鬧已經滿足不了粉絲們的要求，蜥蜴男開始對黃文文實施暴力和辱罵。與此同時，粉絲們的打賞金額也跟著不斷上升。

噴胡椒水、燒壞衣物、把黃文文浸泡在冰桶裡……無論這些打賞者的要求有多麼不可理喻，只要達到一定的金額，兩人都會滿足對方的要求。

在不間斷的直播中，黃文文也會強忍著痛苦堅持照做。網路警察曾多次追查、禁播過這類影片，可是黃文文解釋他們拍的是搞笑影片，用的都是道具，並沒有對表演者造成實質性傷害。她還上傳了購買道具的電子發票，所以她的帳號在禁播一段時間後，很快被解禁了。

粉絲保留的影片顯示，七月起，黃文文的粉絲團開始分成兩派，直播現場變成了對抗劇本：一組支持蜥蜴男，一組支持黃文文。他們還開啟了分別打賞的制度，比如一組要求放過女孩子，另外一組堅持加強惡搞程度，雙方開始打賞PK，因此黃文文可以賺到雙份收益。

隨著兩隊打賞金額不斷增加，蜥蜴男的行為更加瘋狂。他開始用更激烈的劇本來吸引打賞者的眼球，以此拿到更多的錢。在七月十三日的一段影片裡，黃文文自稱已經懷孕三個月。宣布消息之後，她和蜥蜴男上演了一出吵架分手的戲碼。

黃文文被綁著雙手，戴著上鎖的封口鏈，穿著黑色比基尼出場了。

她進入鏡頭時踉蹌了兩步，還回頭看了看，似乎是突然被人從幕後推出來的。

她用雙手護住微微隆起的孕肚，全身都在顫抖——這次出場的黃文文似乎沒拿到劇本，是即興表演，她恐懼的肢體反應非常真實。接著，黃文文發出嗚嗚的聲音，動作和表情是掙扎、後退、躲閃、慌張。

蜥蜴男開始對她謾罵，甚至毆打，黃文文跪在地上求饒。蜥蜴男看了看打賞金額，自己一方比較高，於是突然一拳打在黃文文的鼻子上，黃文文的鼻子瞬間出血。

有粉絲質疑，說他們用了血漿道具。為了證明血是真實的，蜥蜴男用衛生紙擦拭黃文文的鼻血，還拿出了紫光燈檢驗。

粉絲開始騷動，彈幕鋪天蓋地。

李時緊盯著螢幕說：「這一拳下去，肯定會造成鼻骨粉碎性骨折。」

黃文文不斷躲閃、哀求，蜥蜴男完全沒有停手的意思。

螢幕上炸開的各種打賞禮物特效已經讓蜥蜴男開始癲狂，為了討好粉絲，蜥蜴男開始更加暴力，從動作上看沒有遲疑，沒有心疼。

退到角落的黃文文又被拖回到鏡頭前，她突然抓起桌上的酒瓶，開始反抗，似乎是想保護自己和腹中胎兒的安全。

留言區迎來高潮，有粉絲甚至打賞了一萬塊。

蜥蜴男用偽裝後的低沉聲音說：「你想要我做什麼都可以。」

打賞者說：「我不想看到這個女人在你身邊，把她清除掉，清除掉！」

蜥蜴男沒有猶豫，舉起身旁的一桶液體，向黃文文身上淋去。

我們不知道那桶液體是什麼，只看到黃文文扔掉酒瓶，抱住自己的頭，蜷成一團。

蜥蜴男將她從地上拖起來，塞到身後的一臺冰櫃裡，用鎖鎖住櫃門，接著把攝影機對準透明的冰櫃門。裡面起了一層水霧，隱約能看到黃文文的輪廓——她在不停拍打並撞擊櫃門。

半個小時過去了，冰櫃裡沒有了動靜。

蜥蜴男終於打開冰櫃，將黃文文拖了出來。

李時指著螢幕說：「這個女人被凍死了。」

蜥蜴男沒有實施任何的搶救措施，也沒有關掉攝影機。他先將凍死的女人拖到玄關處，蹲在地上考慮了一會兒，又把死者放到沙發上，然後用毯子蒙住。

蜥蜴男回到鏡頭前，向網友們宣布——「她好像沒有脈搏了」，甚至假裝打電話要搶救。我們向警務平臺確認後，沒有查到相關報警紀錄。

剩下兩個小時的直播中，屍體完全暴露在鏡頭之前，網路上的狂歡也達到了高潮，彈幕上流動著蜥蜴男和「僵屍」直播的字樣。讓人匪夷所思的是，很多網友阻止報警，甚至有人開始教蜥蜴男如何處理屍體，線上教學怎麼隱瞞警方。

此時直播間有將近五千名觀眾，最終還是有網友報警了。

根據我們後來瞭解到的情況，警察趕到後，發現黃文文好端端地活著。他們向警察展示了冰櫃為魔術道具，房間裡也沒有發現屍體，而蜥蜴男向黃文文潑出的那桶液體經確認後為白酒。

「被凍死的女人不是黃文文。蜥蜴男利用了『換頭術』，拍下黃文文的臉，用網站自帶的換臉選項修改了直播影片。」我盯著螢幕說。

李時點點頭：「和我的想法一致，我在替黃文文屍檢時沒有發現她懷孕。如果說懷孕可以偽裝，鼻骨骨折則不可能，她的鼻子沒有受傷痕跡。」

「他們的線上直播可以偽造嗎？」劉隊問。

「網路特效可以改變很多東西，比如換頭、切換場景，沒有什麼是一個專業APP

解決不了的。」鄭爺說。

我在想，他們是怎麼處理屍體的？那個被凍死的女人會不會是我們一直在尋找的「513」案失蹤者許秋月？她在失蹤時已經懷孕一個月了。

黃文文是「513」案的關鍵人物，可是現在她被老虎咬死了，線索也中斷了。技術科修復黃文文的手機之後，排查了所有聯絡人，並沒有發現可疑人員。她的手機裡也沒有蜥蜴男的聯絡方式，看來凶手比我們想像中更謹慎。

我又打開卷宗，重新回顧了「513」案的細節。

五月十三日凌晨，接案臺接到一對老夫妻的報警，說他們的女兒下班之後一直沒有回家。我們的常識會以為成人失蹤要超過四十八小時才可以報案，其實只要有充足的證據證明人員已經失蹤就可以立案，警方也會馬上受理。

失蹤的女孩叫許秋月，長相漂亮，性格溫柔，獨自經營一家服飾店，賣女性服裝和配飾。案發當天她一直在服飾店工作，直到深夜都沒有回家，她的電話也一直打不通。

許秋月是個非常懂事、體貼的女孩子，和父母同住，從來沒有出現過晚上不回家的情況。家人已經去服飾店找過，發現店門沒有上鎖，鐵捲門也沒有放下來，裡面的燈還亮著，但是人不見了。

種種跡象表明她只是離開一會兒，很快會回來。

許家父母一直在店裡等到晚上十二點，也沒見到女兒回來，所以馬上報了警。

我們瞭解了一下許秋月的情況：她家庭條件很好，父母早年經營一家食品廠，食品廠在本市還有一定知名度。

警方考慮到可能是綁架案，但如果是綁架案應該收到勒索電話，到報警前也沒人聯繫許秋月的父母。許秋月的父母懷疑自己的女兒很可能發生了意外，許秋月是開車出門的，但在店面附近並沒有找到她的車。

我們馬上調取了交通監控，指揮中心表示，幾起交通事故和許秋月無關，受傷送醫者都是男性。最後警方在許秋月店鋪附近的一個地下停車場找到了她的車。監視顯示，她在早晨停好車之後，再沒出現過。

我們一隊負責調取許秋月店鋪附近的監視器，許秋月的身影很快被找到了。監視畫面顯示，晚上八點三十五分，許秋月從店鋪出來，過了馬路，快速走進附近一家飯店，而這家飯店距離許秋月的服飾館只有一百多公尺。

調取飯店監視器後，我們看到飯店大廳裡有一個和許秋月身高差不多的長髮女孩子在門口等她。

她一進轉門，長髮女孩子就向她招手，似乎很熱情。進入飯店後，在長髮女子的帶領下，兩人乘電梯進入一一一三號房，隨後再沒有拍到許秋月從房間裡走出來的影像。

長髮女子有幾次進出房間的紀錄，第一次外出是在附近超市買了很多食物和飲料。我們已經和附近超市的老闆確認過，並在超市監視畫面中得到相關證實。

最後一次，長髮女子拖了一個巨大的行李箱回來，進入房間之後，沒有再外出。當天十一點三分，一個男人和接許秋月的長髮女子拖著行李箱從一一一三號房離開，沒有辦理退房手續。

從背影看，男人個子很高，穿黑色衣服、戴黑色帽子和口罩，肩膀很寬，穿一雙始祖鳥運動鞋。

這個案子看起來簡單明瞭，許秋月被人騙進房間，然後被裝進行李箱運走，我們只要找到影片中的一男一女即可破案。

入住飯店需要實名制登記，我們很快找到了登記的資訊。

登記的男子叫吳延，十八歲，無業。

我的第一感覺是，影片中的男子身形看起來是壯年男子，和吳延的年紀不太吻合。

警方透過身分證上的住址沒有找到嫌疑人，該地區已經拆遷，不知道居民搬到什麼地方去了。

我們開始大規模排查，終於在一家地下私營的網咖找到了吳延。他剛在一場組團大戰中被「擊斃」，此刻頭髮凌亂，趴在桌上的泡麵碗中間。一張蒼白憔悴的臉，讓吳延看起來像個大菸鬼。從體態和身高判斷，他和影片裡的男人不是同一個人。

我們把吳延帶回局裡，據吳延交代，因為沒有錢上網，他賣了自己的身分證，得到兩百元，而在那個私營網咖上網不需要身分證。

吳延很怕我們，回答問題時有些口吃。

我問他：「你家裡有誰？」

吳延說：「我……我父母離婚了，我和奶奶住……住在一起。」

「你們怎麼生活？」

「我奶奶收垃圾。」

「你是怎麼把身分證賣掉的？」

「我……我記不得了。好像是要買身分證的人用微信發了個紅包給我，我按照他提供的地址把身分證寄過去了。」

「買家的地址還記得嗎？」

「不記得了。那個人的微信我也給刪了。」

「是用哪一家快遞，什麼時間寄的？」

他撓著亂蓬蓬的頭髮，回憶了半天：「不記得了。」

吳延眼圈發黑，精神萎靡，一看就是網癮族。這種精神狀態，不記得實屬正常。

「這是我的電話，如果你想到什麼線索，一定要打電話聯絡我。」吳延接過我的電話號碼，點了點頭。

鄭爺對飯店房間的勘查也已經結束。

一一一三房是普通標準房型，面積不大，鄭爺在被子上發現了一處血跡。經過檢測科檢驗，這處血跡不屬於許秋月，我們認為很可能是凶手留下的。

我們用採取的血液樣本在DNA資料庫中進行了幾輪比對，很快發現了血跡是一個叫王十里的男人留下的。

王十里，男，三十三歲，單身，獨居，目前住在舊城區的出租房，由於沒有固定經濟來源，經常會做一些順手牽羊的事。

從資料庫裡的資料看，王十里身形高大威猛，雙肩很寬，他的體貌特徵和飯店監視裡的男人十分吻合。

我們把王十里叫來訊問，他一邊東張西望，一邊不停搓手。

我們向他說明案情之後，他一再說：「警官，我是被冤枉的，床單上的血跡的確是我的，但那是我住飯店，削蘋果皮的時候不小心被水果刀割傷手留下的。」

我們問他：「為什麼不回租屋處，要跑去住飯店？」

他擠了半天左眼，說：「我沒錢繳房租，沒地方睡覺，只能找家飯店勉強睡了一個晚上。」

王十里的供詞自相矛盾，沒錢繳房租，卻有錢住飯店？從他目前的經濟情況來看，每月打工的薪水不到兩千元，一一一三號房一晚的費用是三百六十六元，對他來說算是大數字了。

「如果你不交代，嫌疑更大。」

王十里囁了半天嘴，終於告訴我：「最近我認識了一個按摩小妹。本來想把小妹帶到租屋處，可是人家不幹，我只能預訂了普通標準房。在去旅館的路上，我還買了一袋子蘋果，想哄小妹高興，在旅館裡削蘋果的時候，不小心割傷了自己的手。」

「我真的沒有殺人，也不認識妳說的什麼秋月。」

我問他：「五月十三日晚上，你在幹什麼？」

王十里撓撓頭：「在客再來牌屋打麻將。」

我又問他：「賭博的錢是從哪裡來的？」

「工作賺來的，我可沒有做違法的事。」

「沒有做」就是做了，這是一種強調式規避。當一個人回答問題時，如果第一句能說明白，通常就不會再補充第二句。如果他補充了第二句，並且在第二句中使用了強調或者否定詞，例如「沒有」、「不可能」、「絕對不會」，他想表達的含義其實是與第二句話相反的，這是逃避嫌疑的一種自保反應。

在後續調查中，我們發現在許秋月失蹤的期間，王十里果然和一群朋友在麻將館打麻將。麻將館裡有監視器，他並沒有做案時間。

警方找到他的牌友進行查證。據牌友說，當天晚上王十里輸了不少錢，卻特別大方地請了宵夜，出手比平常闊綽。

王十里的嫌疑雖然被排除了，但是他的錢可能來路不正。

我們查了一下王十里「發達」期間的報警紀錄，發現西城區有兩起持刀搶劫案。找到第一案的受害人查證，王十里被當場指認。原來他搶了兩個女人的手機，還包括六百多元現金和一只金鐲，贓物也很快被我們找到了。

我們回到案件起點，開始分析目前掌握的線索。

劉隊說：「謀殺案有三大定律，財殺、仇殺和情殺。許秋月的社會關係比較簡單，仇殺的可能性小，會不會是情殺？」

我曾經詢問過許秋月的父母，他們說女兒一直單身，性格內向，沒有交往的對象。

許秋月雖然外表看起來年輕漂亮，像二十多歲的女孩，實際上已經三十三歲。從她父母的態度來看，我不太相信他們不瞭解女兒的感情狀況——許秋月的母親在說女兒是單身時，下意識地迴避了我的目光，而許秋月的父親則將手放進了褲子口袋。

我決定去許秋月父母家再瞭解一下情況。

許秋月家住在花園連棟別墅區，環境很好。我向許家父母提出想看許秋月的房間，兩位老人互看了一眼，臉上露出些許為難的表情。我向他們解釋，這樣是為了能盡快找到線索以幫助破案，他們才同意。

許秋月的房間在二樓，採光很好，外面有一個寬闊的露天陽臺，陽臺的晾衣竿上掛著一條男式內褲。許秋月睡的是雙人床，床頭櫃上擺著兩個杯子。

我拉開許秋月的衣櫥，在裡面發現了幾件男士衣物，廁所裡有一套男士洗漱用具。

許母跟在我身後，看我的表情有些尷尬。

回到客廳，她終於告訴我，許秋月和一個叫丁大慶的男人已經同居好幾年了，之前之所以不方便告訴我們，是因為考慮到女兒的名聲。丁大慶是有婦之夫，許秋月的身分是情人，可是許家父母在知道這件事之後，還是默許了。

許秋月的母親和父親異口同聲地向我解釋說，丁大慶這個人特別好，對許秋月非常體貼，對他們也照顧有加，他的已婚身分也是無奈的。

許母說，許秋月在幾年前去貴州旅遊時，發生過一次車禍，她被卡在駕駛座裡不能動彈。開車經過的丁大慶馬上打了急救電話，還幫許秋月墊了治療費，所以丁大慶算是許秋月的救命恩人。

許秋月在向丁大慶要聯絡方式時，才發現兩個人在同一座城市。在之後的接觸中，兩人慢慢發展成情侶關係。從許家父母的態度看，他們早已經把丁大慶當成準女婿，並且對這個女婿非常認可。

在隨後的周邊調查中，丁大慶身邊的親友、同事都異口同聲地表示許秋月和丁大慶的關係極為親密，丁大慶不可能是殺害許秋月的凶手。至於丁大慶和原配的事，知情者說他們的感情早已破裂，兩人分居多年，只是為了顧慮孩子的情緒才沒有離婚。丁大慶準備等孩子高考之後辦理離婚手續，再和許秋月正式結婚。

我們對丁大慶的社會關係進行了排查：丁大慶，三十八歲，外地人，在本市沒有親屬。他經營一家醫藥用品公司，效益不錯。

丁大慶在女友失蹤後，表現得非常焦慮、擔憂。他不僅把公司交給副總打理，還聯絡過幾個平常和許秋月關係比較親密的朋友，詢問許秋月的下落。而且，丁大慶在此期間對許秋月的父母也非常照顧，我們沒有發現他有異常表現。

警方考慮到丁大慶的身高較矮，身材也瘦小，和飯店監視影片中出現的嫌疑人相差甚遠，但不排除買凶殺人的可能。

我們在調查他的財務狀況時，發現他在案發後有過大筆的資金變動。他曾多次匯款至一個外地帳戶，每次匯款的金額都在五萬以上。

一週之後，我們查清了帳戶資金的變動原因，是丁大慶借給朋友在生意上應急。這位朋友還寫了電子借據給丁大慶，所以情殺的可能性也暫時被排除了。

此時，許秋月失蹤已經三個多月，這次整理卷宗時，我把注意力集中在吳延身上。他說他是在網路上把身分證賣出去的，因為網咖的電腦經常出現問題，重裝系統成了家常便飯，因此我們沒有找到交易紀錄。

吳延還說，買家透過微信付款，錢一到手，他便刪除了對方。把身分證寄過去需要一個住址，吳延說自己忘記了。我問他是本地還是外地、哪家快遞公司，他說是南方的一座城市，又說不記得詳細地址，至於是哪家快遞公司也含糊不清，甚至連郵遞身分證的時間都忘記了。

寄快遞需要身分資訊，我們用吳延的資料查遍本市所有的快遞公司，都沒有查到他郵寄快遞的資訊。我們推斷，吳延一定是隱瞞了一些東西，而他隱瞞的東西很可能成為破案的關鍵。

我在城市建設委員會[10]的幫助下拿到了吳延的新住址，來到吳延家，看到吳奶奶一個人在整理撿到的紙板。

我問奶奶：「吳延在家嗎？」

奶奶說：「吳延啊，每天都睡在網咖裡面，幾乎不回家，回家就是要錢，妳去網咖找吧！」接著嘆了口氣，像是自言自語地說，「這也不能怪這個孩子，要不是爸媽都不要他，沒人教育，也不會變成現在這樣子。」

我又問：「奶奶，吳延有沒有關係要好的朋友？」

奶奶一邊用繩子捆紙箱一邊說：「朋友倒是不多。」

我把在監視影片中列印出來的照片拿給奶奶看，其中包括兩名嫌疑人離開的背影，另外一張是許秋月的照片和接許秋月上樓的女生。奶奶瞇著眼睛，指著在旅館門口接許秋月的女孩子說：「這孩子有點像黃文文。」

「黃文文是誰？」

「黃文文以前住在我家隔壁，和吳延是國中同學，後來父母離婚都搬到外地去了，

10 專門負責城市規劃、建設與管理的政府機構。

也是沒人管，怪可憐的。她在我家吃過幾次飯。」

「您最近見過黃文文嗎？」

「好長時間沒見到了。」

看來吳延真的沒有說實話，我再次把吳延帶進訊問室。

吳延低著頭，臉上的肌肉跳了跳。

「吳延，你是不是把身分證借給黃文文了？」

吳延咬著下嘴唇不說話。

「『513』案是重案，如果黃文文和壞人在一起，她也很危險。」

吳延沉默了一會兒，終於開口了：「黃文文說借我的身分證用一下，我不知道她拿去做什麼。沒錢的時候，黃文文經常給我錢，所以……」吳延的聲音越來越低。

我拿出監視拍的那張許秋月走進旅館的照片，指著接許秋月的長髮女子問：「這個是不是黃文文？」

吳延點點頭。

我又拿出兩個嫌疑人的背影照片，指著黑衣男人問：「你認識和黃文文在一起的這個男人嗎？」

吳延搖搖頭：「不認識，黃文文只提過，有個『師父』帶她賺錢。」

「知道黃文文住在哪裡嗎？」

「不知道。」

吳延用手掌抓住手腕，表現出輕微緊張的情緒，接著手在鼻子下面摸了一下——他在隱藏什麼。這是典型的「皮諾丘症狀」，人在說謊時，臉部血液流量會減少，但鼻子的血液流量會增加。突然增加的血液流量，容易讓人感覺不舒服或者發癢，會讓人用手去抓。

「說實話！」我嚴厲地說。

「一個多月前，我在慶陽路附近遇到她。她不讓我說出去，還給了我五百塊錢。」

我們馬上調取了慶陽路附近所有的社區監控，終於在大陸公寓發現黃文文的身影。透過物業，我們很快便找到了黃文文的住處：房間裡非常凌亂，到處是衣物和速食餐盒的外包裝。

我們搜了黃文文的住處很多次，可是什麼也沒發現。更讓我們鬱悶的是，好不容易找到黃文文這條線索，但是她又掉進老虎池被咬死了，我們的線索徹底斷了。

在黃文文死後，我們準備對她的房間做最後一次清理。

劉隊看了看牆上的男團海報，扯開領口說：「我女兒也喜歡這個團體，她才比我女兒大一歲。」

「您不是說別帶感情辦案嗎？」

剛說完這句話，我突然發現海報的左下角折了一個角，輕輕翻開，上面用口紅寫著一個聯絡電話。

經過查詢，我們發現號碼主人是本市一個富二代叫褚鐳，三十歲。褚鐳的家庭條件很好，父母做海產生意，衣食無憂。他已經結婚生子，怎麼看都和殺人凶手沾不上邊。

我準備先從周邊入手。

我找到褚鐳的髮小，他告訴我們，作為有錢人家的獨生子女，褚鐳從小想要什麼有什麼，父母從來都是毫不猶豫地滿足他。他性格比較古怪，在進入學校之後，和同學老師都相處不來，經常打架、鬥毆。學校老師多次找家長，希望家長能嚴加管教，但是家長都以忙為理由拒絕了。

他還說，去褚鐳家玩的時候，聽到褚鐳的父親暗示兒子，只要在外面不受欺負，惹了什麼禍，他都會拿錢擺平。褚鐳上大學時，他們兩個人還成了室友。

褚鐳曾經因為住在上鋪的同學打擾他休息，往同學的飲用水裡下過安眠藥。因為這件事，褚鐳差點被學校退學，最終還是他爸和對方私了了。

在我看來，在父母的嬌生慣養下，褚鐳的性格越來越囂張跋扈，也越來越病態。他把自己當成了世界的中心，因此很容易極端化，並且心理脆弱。這種人可能因為某人的一句話就徹底失去控制，不想方設法報復，心情就很難平復，自己都說服不了自己。

我們傳喚了褚鐳。見到褚鐳的第一面，我的感覺是他的眼神很特別，眼睛裡充滿了不屑、傲慢，目空一切。

我注意到他的肩膀特別寬，腳上穿著一雙始祖鳥鞋，這種奢侈品牌的限量版不是誰都能買到或者說買得起的。

褚鐳否認認識黃文文，我直接向隊裡申請測謊和訊問相結合，申請很快就批准了。

最近幾年，隨著測謊技術普及和發展，測謊在案件偵破中的作用越來越明顯，涉及範圍也越來越廣泛。測謊可以介入刑法所涉及的各類案件，只要是與案情相關的內容，比如嫌疑人否認自己參與案件、不供述有關情節、供詞前後矛盾、給出虛假口供，或者不交代做案工具、贓物、被害人屍體的藏匿位置等，都可以使用測謊。

褚鐳讓我產生了興趣，他的身上有一種不可一世的霸氣。

在他身上，我還嗅到了「另類案件」的味道。

有時候，測謊師需要和嫌疑人「共用靈魂」，才能找到對方的「殺人靈感」和「犯罪動機」。有一類特異凶手為了讓自己的犯罪動機「合理化」甚至「合法化」，做案前會在大腦裡形成一張「犯罪圖譜」。這個圖譜是他們自己想像和勾畫出來的，因此這類犯罪也被稱為「心安理得型犯罪」。測謊師的心理要盡量與他們同「譜」，甚至同頻，才能找出他們的犯罪動機。

當我向他介紹測謊儀的科學性、準確性時，他聽得非常認真，並且自願在測謊協議書上簽字，主動接受測謊。

「你們快點，我不想浪費時間。」很明顯，褚鐳想掌握主導權。

「我們要開始正式測謊了，準備好了嗎？」

褚鐳點點頭。

「你的名字叫褚鐳？」

「是。」

「今年三十歲？」

「是。」

「夫妻感情好嗎？」我們瞭解到褚鐳已婚，但夫妻已經分居四個月。

當問到這個問題時，褚鐳的兩腳由外開轉為內合，這表明他對相關問題有所顧忌。

「還可以。」

呼吸感測器的藍色曲線有波動。

「認識黃文文嗎？」

「不認識。」

褚鐳的雙膝不自主地內扣，看來是有所隱瞞。

「我們已經在你的手機裡找到了黃文文的微信，你們聯絡得頻繁。」

「那能說明什麼？有很多女孩子找我，我記不了那麼多。」

「黃文文死了，你能推測一下她的死亡方式嗎？跳樓、割腕、服藥？」

「妳太無聊了，和我有什麼關係？」

褚鐳低頭，看地面。當人想隱藏一些想法時，就會減少頭部的曝光面積，目的是「縮小」自己，防止被發現。

我面前的圖譜上顯示：在我提到跳樓時，褚鐳的反應明顯大於基準問題的反應，尤其是膚電反應的圖譜高峰迭起，幾乎接近臨界點。將說謊時的生理反應值與基準問題（例如姓名、年齡之類有固定答案的問題）比較，說謊對應率達到了百分之七十五以上——跳樓和跳虎池這種類似關聯讓他產生了意識回應。意識回應是指人在進行視覺回憶過程形成的身體反應，比如皺眉、縮頭、握拳，言辭或目光迴避，這些生理反應是不受自主控制的。

「妳能不能不用這些亂七八糟的問題來煩我？」褚鐳很易怒。

「傳喚你之後，我們發現你還有另外一個住處，是一棟近郊別墅。警方在搜查別墅地下室時，發現裡面設有一個直播間，我們還找到了這個。」

我把蜥蜴頭套放在他面前。

「我和她合作錄影片，犯法嗎？」褚鐳變相承認了認識黃文文。

「不犯法，我們只是想知道影片裡被凍死的女人去哪了？」

「妳說的我統統不知道，我的律師快到了，你們和他談吧。」褚鐳轉過頭。

「你思緒清晰，語調平和，異常反應很小，心理素質很好，只是出了太多的汗。」

褚鐳狠狠瞪了我一眼，沒有說話。看起來他討厭別人定義他。

我有條不紊地說：「根據綜合計算測評系統的結論，你對本案知情，我會在測謊鑑定書上認定你『有說謊反應』。根據我們目前掌握的證據，無論你是否承認，都可以給你定罪。」

終於，褚鐳吼道：「煩死了，拿一臺破儀器嚇唬誰？妳到底想知道什麼？」

「我想知道許秋月在哪裡。」

褚鐳舔了舔嘴唇：「我可以告訴妳，但是妳必須答應我一個條件。」

「什麼條件？」

「把我的《罪典》還給我。」

我考慮了一下，點點頭。

當時，我並不清楚他所提到的《罪典》是什麼，聽起來似乎像一本書。直到我們再次複勘了褚鐳在市中心的住宅，才弄清楚《罪典》的真面目。

褚鐳對犯罪事實供認不諱，還指認了拋屍地點。

打撈人員很快把行李箱打撈上岸，但讓我們萬萬沒想到的是，箱子裡的屍體不是許秋月的。

屍體很快被帶回來做了檢驗，經過李時鑑定，這具屍體的腐爛程度在半年以上，雖然不是許秋月，但拋屍手法和地點非常相似，都是裝在行李箱裡，都是仙鶴湖東段。

我們懷疑褚鐳和黃文文曾經做案多起。

再次審問褚鐳時，他滿不在乎地用嘴吐出一口氣：「你們找到的那個叫孫靜，是黃文文的朋友。」

褚鐳供述，他和黃文文是在直播間認識的。褚鐳經常送禮物給她，教她吸引粉絲的辦法。兩個人漸漸熟悉起來，黃文文開始叫褚鐳「師父」，還約他出來一起玩。

第一次線下見面，黃文文為了安全起見，帶上了好朋友孫靜。褚鐳出手闊綽，請她們去太陽島度假村玩，結果趁黃文文去洗手間的工夫，褚鐳把孫靜掐死了。

褚鐳若無其事的表達讓我很震驚。我問他殺死孫靜的原因，他回答說：「那個女孩子吸菸、喝酒，還文身，我為了保護自己的徒弟黃文文不受這種人薰染，所以把她人道地毀滅了。」

他這個殺人理由太邪門了，以致我啞口無言。

更奇怪的是黃文文，當她看到自己朋友的屍體，不但沒有害怕，反而幫忙把朋友的屍體裝進行李箱，扔到了仙鶴湖。過後，她還興奮地對褚鐳說，感覺很刺激。

我們在查找孫靜家人的過程中，發現她的父母根本不清楚自己女兒的下落。直到我們找上門，死者家屬才意識到已經半年多沒見過自己的孩子了。

孫靜的母親哭著說，因為女兒叛逆不聽話，常年不回家，不和家裡人聯絡是常態，所以習慣了，便沒有覺得異常。

警方再次在湖裡打撈，終於找到了另外一個行李箱，這一次是許秋月的屍體。

根據褚鐳的供述，他殺害許秋月的動機比殺害孫靜更邪門。

兩個人的矛盾發生在兩年前。褚鐳父母替他找了一份國企的工作，只是他不喜歡按時打卡上班，於是把許秋月的店面租下來，開了餐廳。可是他根本沒有經商的頭腦，每天弄一群狐朋狗友到店裡吃喝玩樂，很快便經營不下去了。此時，租約將要到期，許秋月要結束租賃關係。

許秋月的店鋪位置很好，褚鐳做過裝修，雖然他不想續租，卻想要把裝修費要回來。他要求許秋月把店面從他手上租出去，想從中賺取五萬塊轉租費。

身為房東的許秋月沒有答應，還質問他：「我是房東，你賺什麼轉租費？」

兩個人陷入了拉鋸戰。

其實褚鐳不差這五萬，但他覺得自己是個人物：「我認為對的事，妳必須聽我的，所有人都要聽我的，否則我就生氣。」

這就是褚鐳的理論，關鍵是他還聽說許秋月的男朋友沒離婚，覺得這個女人一定不是好東西。

租約到期之後，許秋月把店面收了回來。

一年後，所有人都以為這個事過去了。結果有一次，褚鐳路過這家店時，突然想起了他和許秋月的矛盾。

褚鐳說：「我內心憤怒的火種被再次點燃，無法控制自己，必須發洩出來。」

他讓黃文文以租店的名義把許秋月騙到飯店，用迷藥迷暈，裝進箱子帶進直播間，用特效換上黃文文的臉，最後將許秋月放入冰櫃凍死。

警察去搜查時，他又讓黃文文出來替身，許秋月的屍體則被他藏在地下室的地板下面。後來，他和黃文文把許秋月的屍體裝進行李箱，也扔進了仙鶴湖。

「513」案破獲後，警方再次搜查了褚鐳的家。我從鑲嵌在牆上的保險櫃裡找到了褚鐳要的《罪典》。

其實那就是一份仇恨名單，他在名單上列舉了一長串人名，後面寫著仇恨理由、報仇時間和報仇方式，已經了結的仇恨便打了個紅勾。

這些名單中，有人看了他一眼，因眼神不對，他在後面標注了「褻瀆」；有人和他拌過嘴，他在後面標注了「冒犯」；有人踩了他的腳，他在後面標注為「傷害」……這些人都成了他的暗殺目標。在他的心裡，這些人都有罪，非殺不可。殺之前他還計畫好虐待方式，他要仇人們跪在他面前，承認自己犯的罪，進行審判後再殺掉。

名單裡他用紅筆劃掉了三個人的名字：孫靜、許秋月和黃文文。

褚鐳的變態心理，讓我們一度懷疑他是精神病人。

醫生經過鑑定之後，給出的結論是他在殺人時很理智，思緒正常，不屬於精神疾病患者。

他害死了三個女孩，其中兩名未成年。因為家庭關係疏離，家人沒有報過失蹤。如果不是案件峰迴路轉，她們如何消失，將成為永遠的祕密。

而在殺害許秋月的過程中，那些在直播中助威，甚至教授處理屍體方法的粉絲屬於在網路上傳播有害訊息，同樣構成了犯罪，公安機關將依法追究其刑事責任；對於直播平臺違反治安管理和網路管理規定的行為，相關部門也依法進行了查處。

看著一臉無所謂的褚鐳，我說：「還有一個疑問，你為什麼要殺死黃文文？」

「為了節目效果呀，老虎吃人是多吸引人的噱頭！打賞多多！」

褚鐳挺起後背，身體後傾，雙手攤開——一種逆向掩飾。

說謊的人由於緊張，怕被人發現，身體會本能呈現收縮狀態，這是一種自我保護機制。但有些嫌疑人為了掩蓋真實想法，在緊張時，反而會採取逆向開放的姿勢來誤導對方，他們會透過挺起後背、攤開雙手、正視對方、提高聲音等行為來證明自己的誠實。但是外部表現可以掩飾，生理反應卻不能。我面前的心電圖譜波動很大，峰值比較高，和他身體表現出來的狀態是矛盾的，毫無疑問，他在說謊。

「前面都已經交代了，不用在這個問題上說謊吧？」我再次問他，「為什麼要把黃文文拉上來，再推下去？」

褚鐳歪嘴一笑：「影片只錄到她掉進虎池，我在安全繩上做了手腳，本來希望她自己爬上來的時候安全繩斷開，可以造成意外的假象，沒想到安全繩沒有斷。黃文文爬上來的時候，因為害怕，懸在半空又喊又叫。我怕被人發現，只能先把她拉上來，解開安全繩之後，再把她推下去。」

「為什麼黃文文的表情看起來像一場意外？」

「那是我替她策劃的劇本，我給她安排的設定是意外掉入虎池，這會吸引更多的粉絲。」

我拿起桌面上的《罪典》晃了晃：「殺死她真正理由到底是什麼？黃文文的『罪』你還沒有寫出來。」

褚鐳的眼神裡，突然透出一種狂熱的亢奮，又漸漸暗淡下去：「她總是纏著我，說崇拜我，要當我女朋友，說我是她在這個世界上最愛的人。她還背著我，打電話給我老婆，害得我們夫妻分居，她犯了淫罪。」褚鐳面無表情，一張一合的嘴，像在講述別人的事情。

不過，他很快會被判處死刑，也許這才是通往他的「《罪典》世界」的唯一方式。

褚鐳的案子雖然已經結案三個月了，但我的內心依然無法平靜。

他的認知、情緒、意志和普通人不同，他在自己的大腦中構建出來的意識世界不受正常社會道德和法律的約束。他用違背人性的方式建造出一堵保護自己的牆，讓自己永遠生活在牆後的陰影裡。更可怕的是，他還要把別人拖進陰影當中，將傷害別人當成一種救贖，試圖讓所有人臣服於他打造出來的想像中的世界。

高寶書版集團
gobooks.com.tw

BK 078
罪惡鑑定人：資深測謊專家與14名殺人犯的心理對決，識破連續殺人、分屍凶案、滅門謀殺的暗黑真相

作　　者　劉　一
主　　編　林子鈺
責任編輯　高如玫
封面設計　林政嘉
內頁排版　賴姵均
企　　劃　陳玟璇
版　　權　張莎凌

發 行 人　朱凱蕾
出　　版　英屬維京群島商高寶國際有限公司台灣分公司
　　　　　Global Group Holdings, Ltd.
地　　址　台北市內湖區洲子街88號3樓
網　　址　gobooks.com.tw
電　　話　(02) 27992788
電　　郵　readers@gobooks.com.tw（讀者服務部）
傳　　真　出版部(02) 27990909　行銷部 (02) 27993088
郵政劃撥　19394552
戶　　名　英屬維京群島商高寶國際有限公司台灣分公司
發　　行　英屬維京群島商高寶國際有限公司台灣分公司
法律顧問　永然聯合法律事務所
初版日期　2024年11月

國家圖書館出版品預行編目(CIP)資料

罪惡鑑定人:資深測謊專家與14名殺人犯的心理對決,識破連續殺人、分屍凶案、滅門謀殺的暗黑真相/劉一著. -- 初版. -- 臺北市:英屬維京群島商高寶國際有限公司台灣分公司,2024.11
　　面；　公分. --

ISBN 978-626-402-122-7（平裝）

1.CST：讀心術　2.CST：肢體語言　3.CST：行為心理學

175.92　　113016361